STEP
UP ステップ アップ

建築構造力学
Structural Mechanics

JN108477

大田和彦 著

学芸出版社

はじめに

　建築を学びたいと思い建築の道に進む多くの若者にとって、構造力学は大事な学問であるとわかっていても、その内容を理解することは容易ではない。一方、構造力学の教科書は二つに分類される。一つは入門書、もう一つは専門書である。入門書では興味・関心をそそる工夫がされていて、初心者にとってやさしくわかりやすい反面、深みが足りない。それに対して、専門書では学ぶべき内容が網羅されていて深みがある反面、初心者にとってはわかりづらく理解しづらい。

　本書は、上述の事柄を踏まえて、基礎から発展までを一冊の本で理解できるように執筆した。その具体的な施策は、1）大学等で学ぶべき内容を吟味・厳選、2）簡潔でわかりやすい文章とイラストに注力、3）親しみのある明るいデザインを採用、4）初心者の誤りやすい箇所に対する懇切丁寧な留意を喚起、5）基礎から応用まで豊富な演習問題を掲載、6）構造力学の問題を解くために必要な基本数学の知識を掲載、7）構造力学に関心を持つ読者にとって、ためになる知識を掲載している。

　本書に限らず、教科書は学び手の手助けにこそなるが、あくまで主役は読者の皆さんである。構造力学の上達の秘訣は、わかりやすい絵を描き、最後まで根気よく解くことである。そして、ある程度解き方が理解できたら、何度も基本問題を解き直すことである。この作業はアスリートたちの練習に似ている。練習は辛く厳しいものであるが、練習の成果が競技において生かされたときの喜びはアスリートにとってこの上なく大きい。本書を一助として、力学的感性を涵養されて一人の建築技術者として羽ばたかれるならば本望である。

　本書は、建築構造力学を一度学ばれた方に対して、学び直しの読本の一冊として手元に置かれても価値があると信ずる。若い日々にいかに一所懸命勉強したとしても、ときが過ぎれば忘れてゆくものである。しかし、再び学び直したときに、若い頃に理解できなかったことが理解でき、「目から鱗が落ちる」ことが度々ある。これこそが学問の喜びである。長年構造技術者や建築技術者として活躍されてきた方々が本書を読書されて、日々の業務の一助になれば、これもまた本望である。

　構造力学には多くの名著があるが、本書が構造力学をこれから学ぶ方々に、また構造力学を学び直す方々に、構造力学の根本を少しでも理解でき、多少とも役に立ち、将来の糧の一つになるならば幸甚である。

　本書の出版にあたり、ご尽力くださいました関係各位に厚くお礼申し上げます。特に学芸出版社の中木保代様には執筆にあたり長い間ご尽力とご支援を賜りました。ここに深謝申し上げます。本書を、亡き恩師の花井正實先生に捧げたい。

2022 年 9 月

著者

目次

第1章
力と力の釣り合い

　読者の皆様、建築構造力学の世界にようこそ。世の中には、無数の建築物があり、それらは様々な構造形式で作り上げられています。しかし、これらの複雑な構造形式も基本は力の釣り合いにあります。本章では、最初に力と力の釣り合いを学びます。

■1 ラーメン構造とトラス構造

1. はじめに

　読者の皆様、建築構造力学の世界にようこそ。世の中には、数多くの建築物があり、それらは様々な構造形式で作り上げられています。

　西欧では、カテナリー→アーチ→ヴォールトの構造形式が発展して教会建築物に、東洋では、梁・ラーメンの構造形式が発展して社寺仏閣の建築物が築かれてきました。エジプトで誕生したトラスは、西欧を経てアメリカの西部開拓時代に鉄橋の構造形式として発展していきました。

　西欧で産業革命が起きると、鋼とコンクリートを用いたラーメンが発展して近現代の多くの建築物に用いられてきました。現代では、素材の開発や科学技術の進歩によって、シェル構造をはじめ様々な構造形式の建築構造物が造られています。

　しかし、これらの複雑な構造形式も基本は力の釣り合いにあります。それゆえ、本章では最初に力と力の釣り合いを学びます。また、本書ではその力の釣り合いを学ぶために、ラーメンとトラスを対象にしています。

2. ラーメンとトラス

　本書では、図1.1に示すラーメン構造とトラス構造の二つを取り扱います。いずれの構造形式も細長い棒材（部材と呼ぶ）を組み合わせて骨組を構成しています。二つの構造形式の大きな違いの一つは接合部にあります。ラーメンでは部材同士を頑強に接合します。それゆえ、通常つなぎ合わされた部材同士の角度は力を受けても変わりません。一方、トラスでは部材同士はつなぎ合わされますが、接合部は自由に回転することができます。

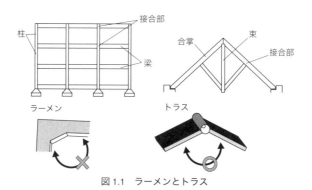

図1.1　ラーメンとトラス

2 力と力の釣り合い

1. 力と力の表示

　ところで、力は質量と加速度との積で求められます。つまり、質量を持つ物体に加速度が生じると、物体には力が作用します。構造物は地盤の上に築かれるので、地球の引力を受けます。それゆえ、構造物の質量に重力加速度が生じて、構造物には重力が作用します。重力を受けるのは、我々人間も同じです。例えば、質量60kg（日常会話では体重）の人は、重力加速度が9.8m/sec.^2ですから、$60\times9.8=588\text{N}$の力を受けています。人が月に行けば、月の重力加速度は1.6m/sec.^2ですので、$60\times1.6=96\text{N}$になります（図1.2）。

　力は目に見えませんので、図1.3に示すように矢印を用いて表します。矢印の方向が向きを、矢印の長さが大きさを表します。力は作用線上を自由に移動させても、その効果は変わりません。また、構造物（物体）に作用している点を作用点と呼びます。作用点には矢印の先端（または末端）がくるように描きます。

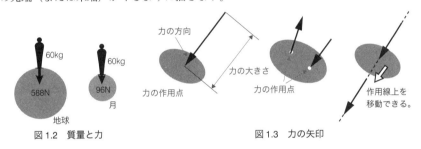

図1.2　質量と力　　　　　　　　　図1.3　力の矢印

2. 荷重と反力

　構造物は重力を受けますので、鉛直荷重が作用します。荷重とは物体に外部から加える力のことです。建築構造物は重力の他にも、地震や風荷重によって慣性力を受けます。建築構造物の質量は床スラブに多く存在しますので、これらの慣性力の多くは床スラブ位置に水平方向に作用します。それゆえ、水平荷重と呼びます（図1.4）。

　例えば、ラーメン構造物では鉛直荷重による力は床スラブから梁、梁から柱、柱から基礎へと流れ、最後に地盤へ伝わります。つまり構造物は地盤に支えられています。逆にいえば、構造物は地盤から反力を受けています。この荷重や反力のことを外力と呼びます。

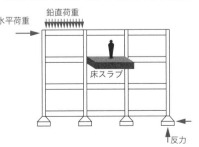

図1.4　鉛直荷重と水平荷重

3．力の合成と分解

　さて、力はベクトルですので、単純に足したり引いたりすることができません。そこで矢印を描いて、図1.5に示すように力を合成したり分解したりする方法が考えられます。このような図式解法は、現実には多くの力を扱うことはできません。また、図示の過程で、不正確になりがちです。

　そこで直交座標軸を利用します。直交座標軸によって、図1.6に示すように力を x 方向と y 方向に分解すれば、同じ方向の力は足したり引いたりすることができます。この場合、三角関数の知識が必要になりますが、本書の場合、基礎知識に示す直角三角形の比とその活用法を知っていれば大丈夫です。

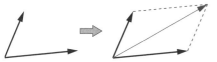

手順1：力の平行四辺形を描く。
手順2：始点から力の平行四辺形の対角線を引く。
手順3：その先端に矢印を書くと合力になる。

力の合成

手順1：力の平行四辺形を描く。
手順2：始点から力の平行四辺形の2つの辺を引く。
手順3：その先端に矢印を書くと分力になる。

力の分解

図1.5　力の合成と分解

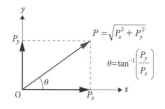
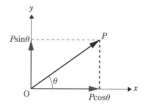

図1.6　直交座標軸を用いた力の合成（左）と分解（右）

基礎知識　三角関数

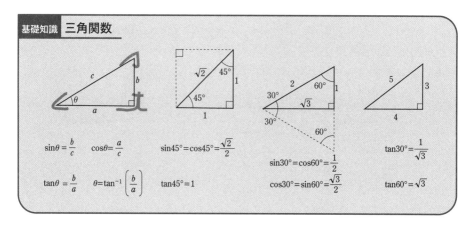

4．力のモーメント

　ところで、もう一つ、力のモーメントを説明しておく必要があります。力のモーメントとは物体をある軸または点の周りに回転させようとする力の働きです。図1.7に示すように、力のモーメントは力と距離の積によって求めることができます。距離は、モーメントの作用点から力の作用線までの垂線になります。この距離を正しく求めることが大事です。

　さて、物体（剛体）に図1.8のようなお互いに平行な作用線上にお互いに同じ大きさで反対向きの力が作用している場合、この物体は回転運動をします。その回転を起こさせるような力のモーメントは、ある一定の大きさを持ちます。この二つの力を偶力と呼び、回転させようとする偶力の働きを偶力のモーメントと呼んでいます。

　また、分力のモーメントの総和は、合力のモーメントになります。これをバリニオンの定理と呼んでいます。これを応用すれば、例えば**例題1-2**のような棒の釣り合う支点を簡単に求めることができます。

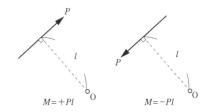

$M=+Pl$　　$M=-Pl$

通常、右回り（時計回り）を正とすることが多い。
この場合、左回り（反時計回り）は負となる。

図1.7　力のモーメント

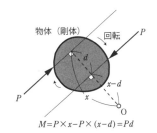

物体（剛体）　回転

$M=P \times x - P \times (x-d) = Pd$

任意点O周りの偶力のモーメントは一定になる。

図1.8　偶力のモーメント

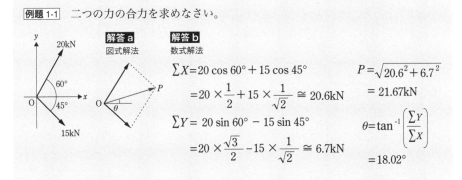

例題1-1　二つの力の合力を求めなさい。

解答a
図式解法

解答b
数式解法

$$\sum X = 20\cos 60° + 15\cos 45°$$
$$= 20 \times \frac{1}{2} + 15 \times \frac{1}{\sqrt{2}} \cong 20.6\text{kN}$$
$$\sum Y = 20\sin 60° - 15\sin 45°$$
$$= 20 \times \frac{\sqrt{3}}{2} - 15 \times \frac{1}{\sqrt{2}} \cong 6.7\text{kN}$$

$$P = \sqrt{20.6^2 + 6.7^2}$$
$$= 21.67\text{kN}$$
$$\theta = \tan^{-1}\left(\frac{\sum Y}{\sum X}\right)$$
$$= 18.02°$$

例題 1-2 棒が釣り合う支点の位置（A点からの距離）を求めなさい。

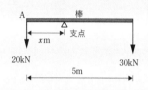

解答

合力 $20 + 30 = 50\mathrm{kN}$

バリニオンの定理：

A点周りの分力のモーメントの総和
=A点周りの合力のモーメント

$$30 \times 5 = 50 \times x$$
$$\therefore x = 3\mathrm{m}$$

5．力の釣り合い

　話を建築構造物に戻しましょう。建築構造物は通常地盤の上で静止しています。静止している物体に作用する力は釣り合い状態にあります。逆に、物体に作用する力が釣り合い状態にあれば、物体は静止しています。したがって、建築構造物に作用する力もまた、釣り合い状態にあります。

　それでは力の釣り合い条件とは何でしょうか。条件は二つです。一つは構造物に作用するすべての力の総和がゼロであること。もう一つは、任意点周りのすべての力のモーメントの総和がゼロであることです。

　力の釣り合い条件は、数式解法では、

$\sum X = 0$ (1-1)

$\sum Y = 0$ (1-2)

$\sum M = 0$ (1-3)

と表されます。式（1-1）は、式中の X が x 方向の力を表し、その総和がゼロであることを意味します。また、式（1-2）は、式中の Y が y 方向の力を表しその総和がゼロであることを意味します。最後に、式（1-3）は、式中の M が任意点周りの力のモーメントを表しその点周りの力のモーメントの総和がゼロであることを意味します。

　他方、図式解法では示力図と連力図が用いられます。示力図は最初の力の釣り合い条件に対応し、静定トラスの応力解析で使用します。他方、連力図はもう一つの力の釣り合い条件に対応しますが、トラスの応力解析では使用しません。しかし、示力図と連力図は力の釣り合いを理解する上で有意義ですので、次節でその仕組みを解説します。

例題 1-3 糸の張力を力の釣り合い式を用いて求めなさい。

a

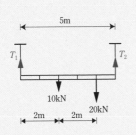

b

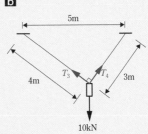

解答 a

T_1 側を基点にして、モーメントの釣り合いを考える。

$-T_2 \times 5 + 20 \times 4 + 10 \times 2 = 0$

$\therefore T_2 = 20\,\text{kN}$

T_2 側を基点にして、モーメントの釣り合いを考える。

$T_1 \times 5 - 10 \times 3 - 20 \times 1 = 0$

$\therefore T_1 = 10\,\text{kN}$

解答 b

$\sum X = 0$

$\dfrac{4}{5} \times T_3 - \dfrac{3}{5} \times T_4 = 0$ ────── ①

$\sum Y = 0$

$\dfrac{3}{5} \times T_3 + \dfrac{4}{5} \times T_4 - 10 = 0$ ───── ②

①、②を連立させて

$T_3 = 6\,\text{kN}$

$T_4 = 8\,\text{kN}$

別解 b

A点周りのモーメントの釣り合いを考えて、

$-T_4 \times 4 + 10 \times \dfrac{16}{5} = 0$

$T_4 = 8\,\text{kN}$

B点周りのモーメントの釣り合いを考えて、

$T_3 \times 3 - 10 \times \dfrac{9}{5} = 0$

$T_3 = 6\,\text{kN}$

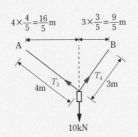

演習問題 1.a

1.a-1 合力を①力の平行四辺形と②直交座標軸を利用して求めなさい。

1

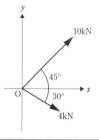

2

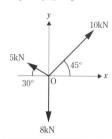

1.a-2 棒が釣り合う支点の位置をバリニオンの定理を利用して求めなさい。

1

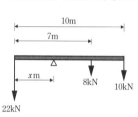

2

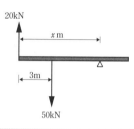

1.a-3 糸の張力を力の釣り合い式を用いて求めなさい。

1

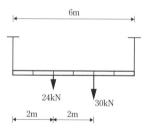

2

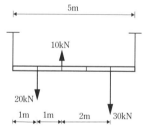

3

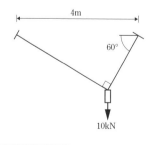

4

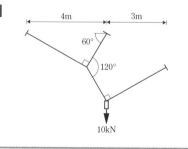

3 示力図と連力図

1. 示力図

　図1.9に示すように、いくつかの力を受ける物体が静止しているとします。当然、物体に作用するこれらの力は釣り合い状態にあります。釣り合い条件の一つは、「すべての力の総和はゼロである」ですから、作用する力を平行移動させて、図に示すように力を並べていくと、最後の力の終点は最初の力の始点に来ます。このような図を示力図と呼んでいます。示力図の力は始点、終点の順で描きます。図の例にあるように、力の始点同士あるいは終点同士を結んではいけません。

　釣り合い状態にある力の示力図を描くと、閉じた図形が描かれますので、このとき「示力図は閉じている」と表現されます。もし示力図が閉じなかった場合、図1.9に示すように、示力図を閉じるように描く力を釣り合い力と呼びます。また、この力の矢印を逆向きにした力をこれらの力の合力と呼んでいます。

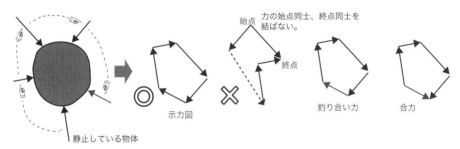

図1.9　示力図

2. 連力図

　最初に元の問題の近く（図1.10では破線で囲まれた範囲）に示力図を描きます。力の順番は関係ありませんが、すべての力を作図します。最後に釣り合い力を描いて示力図を閉じます。また、図に示すように適当な点（極点と呼ぶ）をとって、示力図に描いた力の矢印の始点や終点と結びます。結ばれた線を極線と呼びます。

　次に、モーメントに関するもう一つの釣り合い条件を満たすための連力図の描き方を説明します。示力図を描くときは力の順番は関係ありませんでしたが、連力図を描くときは、示力図で作図した最初の力（P_1）から始め、以後順番に作図していきます。元の問題の最初の力（P_1）の作用線上の任意点に、示力図で描いた最初の力（P_1）の二つの極線（1と2）

手順1

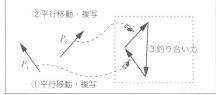

②平行移動・複写

P_2

③釣り合い力

P_1

①平行移動・複写

元の問題
手順1：破線の囲み枠内に示力図を
描く。

Point ! ▶▶

力の釣り合い条件

1 すべての力の総和はゼロである。

2 任意点周りのすべての力のモーメントの総和はゼロである。

手順2

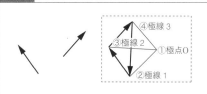

④極線3
③極線2
①極点O
②極線1

手順2：極点を適当なところにとり、
極線をひく。

手順1

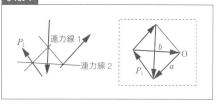

P_1　連力線1
連力線2
b
O
P_1
a

元の問題上では、最初の力（P_1）と連力
線1と2は一点で交わり、示力図は閉じ
ている。

手順3

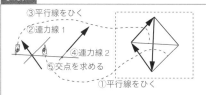

③平行線をひく
②連力線1
④連力線2
⑤交点を求める
①平行線をひく

手順3：最初の力の作用線上に任意
点をとり、連力線1と2をひく。ま
た、次の力の作用線との交点を求め
る。

手順2

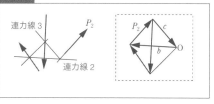

連力線3　P_2
P_2
c
連力線2
b
O

元の問題上では、次の力（P_2）と連力線
2と3は一点で交わり、示力図は閉じて
いる。

手順4

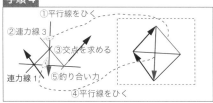

①平行線をひく
②連力線3
③交点を求める
連力線1
⑤釣り合い力
④平行線をひく

手順4：連力線3をひき、連力線3と1の交点を
求める。最後に釣り合い力を描く。

図1.10　連力線の描き方

手順3

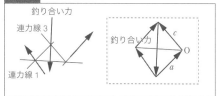

釣り合い力
連力線3
釣り合い力
c
連力線1
a
O

元の問題上では、釣り合い力と連力線3と1は一
点で交わり、示力図は閉じている。

図1.11　連力線のしくみ

と平行な線を作図します。

　この平行な線を連力線と呼びます。このうちの一つは、次の力の連力線の一つですから、この連力線（2）と次の力（P_2）の作用線との交点を求めます。力の矢印上に交点がない場合は、作用線を伸ばして交点を見いだします。

　この作業をすべての力に対して行います。最後に描いた連力線と最初に描いた連力線の一つは、釣り合い力の二つの連力線（3と1）ですから、釣り合い力の作用線はこの二つの連力線の交点を通ります。作用点は実際の構造物に依存しますので、構造物が与えられていない問題では作用点を気にすることはなく、釣り合い力の作用線上に適当に釣り合い力を作図します。もし合力を求める問題であれば、力の矢印を逆向きに描きます。

　次に、連力線のしくみについて説明します（図1.11）。力の釣り合い条件は二つあります。一つは、「すべての力の総和はゼロである」です。もう一つは、「任意点周りのすべての力のモーメントの総和はゼロである」です。一つ目の条件は示力図が閉じていれば満たされます。二つ目の条件は、すべての力の作用線がある一点で交われば満たされます。

　そこで最初の力（P_1）とその力の二つの連力線（1と2）を取り上げて観察すると、示力図において最初の力（P_1）と極点とを結ぶ極線も力（力 a と力 b）であるとみなせば、これら三つの力は閉じた示力図を描くので、一つ目の条件を満たしていることがわかります。一方、連力図では、これら三つの力の作用線（P_1 と連力線1と2）はある一点で交わっていますので、二つ目の条件も満たされています。次の力（P_2）も同様に二つの条件を満たしています（示力図では P_2 と力 b と力 c、連力図では P_2 と連力線2と3）。作用する力が増えようとも、釣り合い力を含むすべての力において、これらの関係は成り立ちます。それゆえ、連力図の最後の交点は、釣り合い力の作用線上の一点になります（示力図では

Point !

示力図と連力図を使った解き方の注意点

1　力の順番は自由だが、すべての力について示力図を描く。
2　釣り合い力は示力図が閉じるように矢印を付ける。合力はその反対向き。
3　複数の力の作用線が平行のとき、示力図ではほんの少し作用線をずらして描く。
4　極点は適切にとる。また、極線の名前は最初の力から順番につけていく。
5　元の問題上に連力線を描くが、その場合示力図で描いた力の順番通りに行う。
6　極線に対応する連力線は平行線である。
7　連力図によって釣り合い力（または合力）の作用線は求まるが、作用点は構造物に依存する。

釣り合い力と力 c と力 a、連力図では釣り合い力と連力線 3 と 1）。

　なお、極点はすべての力とその連力線が示力図を描けるように決める必要があります。また、作図によっては用紙をはみ出してしまうこともありますので、気をつけてください。

例題 1-4 　示力図と連力図を用いて、合力を求めなさい。

破線の枠内に示力図を描くこと。

解き方の手順

1）力に名前を付ける（力①、力②、力③）。

2）示力図を描き、合力を求める。

3）極点（O）をとり、極線を引く。

4）極線に名前を付ける（極線 a、極線 b、極線 c、極線 d）。

5）力①の作用線上に任意点をとり、連力線 a と b を描く。

6）力②と連力線 b の交点を求め、連力線 c を引く。

7）力③と連力線 c の交点を求め、連力線 d を引く。

8）連力線 d と a の交点を求め、合力を描く。

解答例

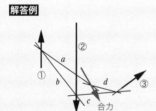

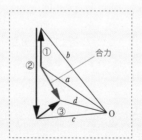

演習問題 1.b

1.b-1 示力図と連力図を用いて、合力を求めなさい。

1

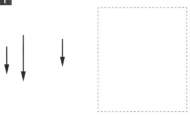

2

3

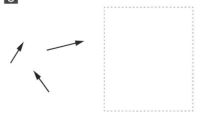

4

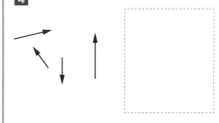

1.b-2 示力図と連力図を用いて、釣り合い力を求めなさい。

1

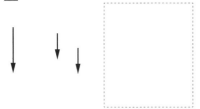

2

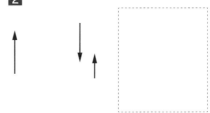

3

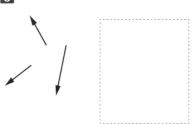

4

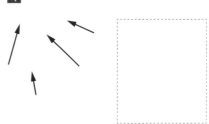

挑戦問題

1.1 棒が釣り合う支点の位置をバリニオンの定理を利用して求めなさい。

1

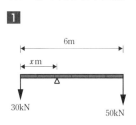

2

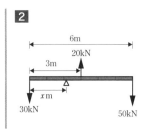

3

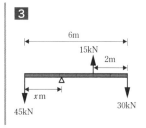

1.2 糸の張力を力の釣り合い式を用いて求めなさい。

1

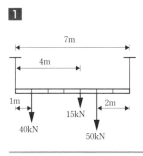

2

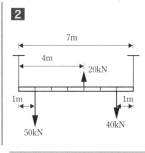

3

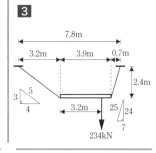

1.3 示力図と連力図を用いて、合力を求めなさい。

1

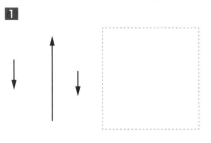

2

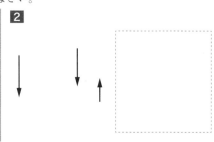

3

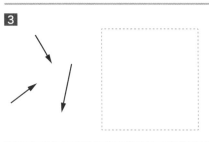

4

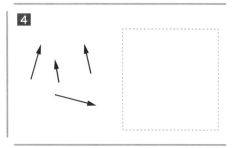

第2章
静定構造物の反力計算

本章では、建築構造物のモデル化と静定構造物の反力計算を学びます。
建築構造物のモデル（理想）化は私たちが構造解析をする上で最初にする作業です。また、静定（力の釣り合いのみで解ける）構造物の構造部材に生じる抵抗力の大きさを求めるためには反力計算から始めます。

1．節点と支点

　本書で扱う部材は細長い棒材です。材軸を横切るように棒材を切ると、断面が現れます。この断面のいたるところに質量が存在しています。この質量が断面のある一点に集約されているとすれば、棒材は線材に置き換えられて、構造物の解析は単純化され、構造の原理が明確になります。ラーメンとトラスの解析モデルの例を図2.1に示します。解析モデルでは、部材は要素、接合部は節点と呼びます。また、基礎は支点（支持点）と呼びます。ラーメンの節点は剛節点、トラスの節点はピン節点（滑節点）と名づけられています。ラーメンでは外力は節点や支点、要素に作用しますが、トラスでは外力は節点と支点のみに作用し、要素には作用しません。

　最初に節点について説明します。図2.2に示すように、剛節点ではお互いの要素のなす角度は力を受けても変化しません。一方、ピン節点では、お互いの要素は自由に回転させることができます。ピン節点では、剛節点との違いを明確にするために節点の位置を○印で表します。

　次に、支点は3種類あります。図2.3に示すローラー支点（可動支点）、ピン支点（回転支点）、固定端（固定支点）です。ローラー支点は通常、水平方向に移動することができます。また自由に回転することもできます。しかし、鉛直方向には動かすことができません。したがって鉛直方向に動かせないように、鉛直反力（V）が生じます。次に、ピン支点は回転はしますが水平方向にも鉛直方向にも動きません。それゆえ、水平方向にも鉛直方向にも動かせないように、水平反力（H）と鉛直反力（V）が生じます。

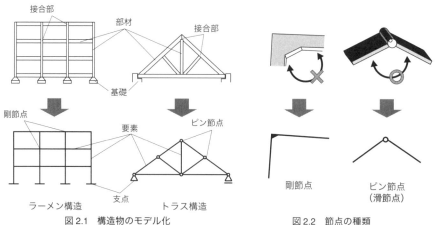

接合部　　部材　　接合部

基礎

剛節点　　　　　要素　　　ピン節点

支点

ラーメン構造　　　　トラス構造

図2.1　構造物のモデル化

剛節点　　　ピン節点（滑節点）

図2.2　節点の種類

　最後に、固定端は水平方向にも鉛直方向にも移動しないばかりか回転もしません。反力は、水平反力（H）、鉛直反力（V）の他にモーメント反力（$_RM$）が生じます。なお、水平反力と鉛直反力の単位には N または kN、モーメント反力の単位には Nmm または kNm を用います。

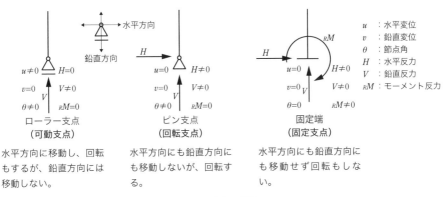

u ：水平変位
v ：鉛直変位
θ ：節点角
H ：水平反力
V ：鉛直反力
$_RM$：モーメント反力

ローラー支点
（可動支点）

水平方向に移動し、回転もするが、鉛直方向には移動しない。

ピン支点
（回転支点）

水平方向にも鉛直方向にも移動しないが、回転する。

固定端
（固定支点）

水平方向にも鉛直方向にも移動せず回転もしない。

図 2.3　支点の種類

2．安定と不安定・静定と不静定

　第 1 章でも述べたように、荷重と反力のことを外力と呼びます。これらの外力に対して、構造物内には内力（応力）と呼ばれる抵抗力が生じます。構造物に荷重が作用したとき、支点反力や部材応力の抵抗によって、安定して静止状態を維持できる構造物を安定構造物、反対に静止状態を維持できない構造物を不安定構造物と呼んでいます。図 2.4 の例に示すように、不安定構造物では力の釣り合い条件が成り立ちません。それゆえ、わずかばかりの荷重によって構造物は移動や回転が生じます。

　また、安定構造物には静定構造物と不静定構造物があります。静定構造物は力の釣り合い式のみで支点反力や部材応力を求めることができる構造物のことをいいます。例えば、図 2.5 に示す単純梁、片持梁、張り出し梁、ゲルバー梁、3 ヒンジラーメンは静定構造物の仲間です。単純梁と張り出し梁はピン支点とローラー支点（中間ローラー支点）で支持された梁になります。また、片持梁は一方を固定端で支持された梁で、他端は反力のない自由端です。これらの静定構造物は三つの力の釣り合い式と同じ数の反力数を持っていますので、力の釣り合い式のみで解くことができます。一方、ゲルバー梁は中間にヒンジと呼ばれるピン接合部を設け、単純梁と張り出し梁によって構成されている連続梁です。また、3 ヒンジラーメンは二つのピン支点と一つの中間ヒンジを持っています。反力数は四つですが、中間ヒンジでは曲げに対して抵抗しませんので、その力の条件（$M=0$）を加えると解くことができます。

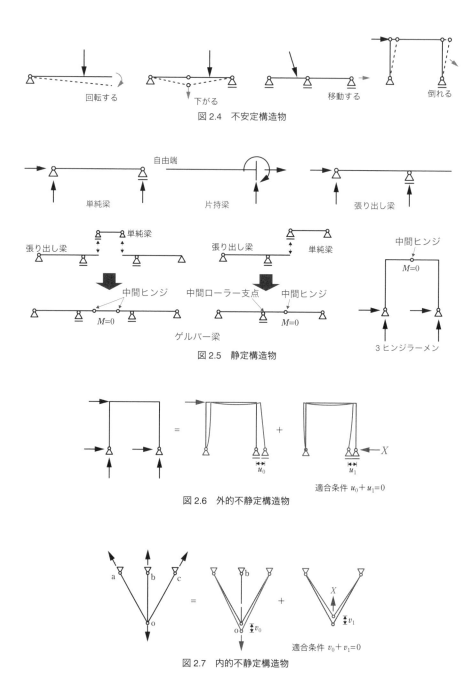

回転する　　　　　　　下がる　　　　　移動する　　　　倒れる

図 2.4　不安定構造物

自由端

単純梁　　　　　　　　片持梁　　　　　　　　張り出し梁

張り出し梁　単純梁　　　　　張り出し梁　　　単純梁　　　中間ヒンジ

$M=0$

中間ヒンジ　　　　　　中間ローラー支点　　中間ヒンジ

$M=0$　　　　　　　　　　　　　　　　　$M=0$

ゲルバー梁

3 ヒンジラーメン

図 2.5　静定構造物

$=$　　　　　$+$　　　X

u_0　　　　　　u_1

適合条件 $u_0+u_1=0$

図 2.6　外的不静定構造物

a　b　c

$=$　　　　$+$　　　X

o　　　o v_0　　　　o v_1

適合条件 $v_0+v_1=0$

図 2.7　内的不静定構造物

対して、不静定構造物は力の釣り合い式のみだけでは支点反力や部材応力を求めることができず、適合条件を必要とします。不静定構造物を解くために必要な適合条件の数を不静定次数といいます。例えば、図2.6に示す構造物には支点反力が四つあります。力の釣り合い式は三つなので、この構造物の不静定次数は1で、一次不静定構造物と呼ばれます。もし、ピン支点の一つをローラー支点に置き換えれば静定構造物となりますが、置き換えた支点は水平方向に移動します。そこでローラー支点を元の位置まで押し返せば元の不静定構造物となりますので、この変位の条件が適合条件になります。このように支点反力(外力)が不静定次数を持つような構造物を外的不静定構造物と呼びます。

一方、図2.7に示すようなトラスの部材応力は力の釣り合い式だけでは求まりません。例えば、部材 bo を切断してしまえば静定構造物となりますが、部材 bo の不在によって荷重点は下がります。そこで下がった変位分だけ吊り上げれば元の不静定構造物になりますので、この変位の条件が適合条件になります。この構造物の場合には部材応力(内力)が不静定次数を持ち、内的不静定構造物と呼ばれます。

3．解析における荷重の種類

解析に用いられる荷重にも種類があります。図2.8に示す集中荷重、分布荷重、モーメント荷重です。このうち、分布荷重には等分布荷重と等変分布荷重があります。荷重の記号は、集中荷重には P、分布荷重には w、モーメント荷重には M が通常用いられています。また、集中荷重の単位には N または kN、分布荷重の単位には N/m または kN/m、モーメント荷重の単位には、Nmm または kNm が使われます。

反力計算をするときに、直交座標軸に対して斜めに作用する集中荷重や反力について図2.9に示すように分力をあらかじめ求めておくと、反力計算がやりやすくなることがあります。また、分布荷重の場合には、その合力の大きさと作用線をあらかじめ求めておいてから反力計算を行います。ただし、これは反力計算を行う上での便宜上のものであって、決して荷重が他の荷重に変化するものではありません。後述の応力計算をする際にはその点に留意してください。

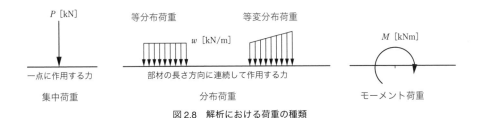

図2.8　解析における荷重の種類

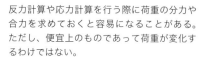

斜めに作用する集中荷重

反力計算や応力計算を行う際に荷重の分力や合力を求めておくと容易になることがある。ただし、便宜上のものであって荷重が変化するわけではない。

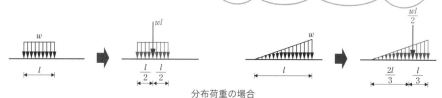

分布荷重の場合

図2.9　荷重の合力と分力

基礎知識　**分布荷重の合力と作用線**

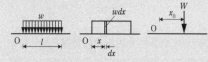

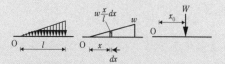

分布荷重の合力 W

$$W=\int_0^l wdx=w\Big[x\Big]_0^l=wl$$

分布荷重によるモーメントの総和

$$\int_0^l wxdx=w\left[\frac{x^2}{2}\right]_0^l=\frac{wl^2}{2}$$

合力によるモーメントの総和

$$Wx_0=wlx_0$$

バリニオンの定理を用いて、合力の作用線の位置を求める。

$$wlx_0=\frac{wl^2}{2}$$

$$\therefore x_0=\frac{l}{2}$$

分布荷重の合力 W

$$W=\int_0^l w\frac{x}{l}dx=w\left[\frac{x^2}{2l}\right]_0^l=\frac{wl}{2}$$

分布荷重によるモーメントの総和

$$\int_0^l \frac{wx^2}{l}dx=w\left[\frac{x^3}{3l}\right]_0^l=\frac{wl^2}{3}$$

合力によるモーメントの総和

$$Wx_0=\frac{wl}{2}x_0$$

バリニオンの定理を用いて、合力の作用線の位置を求める。

$$\frac{wl}{2}x_0=\frac{wl^2}{3}$$

$$\therefore x_0=\frac{2l}{3}$$

2 静定構造物の反力計算

1．反力計算の手順

　静定構造物の反力計算には、数式解法と図式解法があります。一般には数式解法を使って解くことが多いので、本書でも数式解法を取り上げます。数式解法では、三つの力の釣り合い式 (1-1) 〜式 (1-3) を使用して解きます。以下に、反力計算の基本的な手順を説明します。

1）各支点に応じた支点反力を仮定する（例題 2-1 参照）

　このとき力の向きは問いません。しかし、慣例的に鉛直反力は V を用いて上向きに仮定します。同様に水平反力は H を用いて右向きに、モーメント反力は $_RM$ を用いて時計（右）回りに仮定します。もちろん熟練してくると反力の向きがどちらに向くかは見当がつくようになりますので、見当がつけば最初からその向きに仮定してください（**例題2-4 参照**）。反力の向きが斜めに作用するときは R などの記号を用いて表すこともあります。また、反力の場所を表す添字を右下につけてどの位置の反力であるかを区別します。

2）荷重によっては分力や合力を求めておく

　前項（図 2.9）で説明したように、斜めに作用する集中荷重や反力および分布荷重がある場合は、それぞれの分力や合力およびそれらの作用線をあらかじめ求めておきます。

3）三つの力の釣り合い式を用いて反力を求める

　モーメントの釣り合い式は支点位置で立てるのが一般的です。これは支点位置に生じる水平反力や鉛直反力を釣り合い式中に現れないようにして、未知数をできるだけ減らすためです。具体的な釣り合い式の立て方は次項以降に後述します。

4）反力の数値と単位および向きを書く

　モーメント反力の単位は kNm または Nmm、それ以外の反力は kN または N です。釣り合い式の解の値が正の符号になった場合は、その反力の向きが最初に仮定した向きと同じ向きであることを意味しています。逆に負の符号になった場合は、その力の向きが最初に仮定した向きとは反対の向きであることを意味しています（**例題 2-3 参照**）。反力の値と単位を書いた後に括弧書きで正しい力の向きを書きましょう。

　静定構造物の反力計算は三つの力の釣り合い式を駆使して求めればよいのですが、できれば効率のよい解き方を考えてから解くとよいでしょう。その力を身に付けるため、まずは、例題を参考にしながら演習問題を解いてください。また、演習問題は何度も解き直すことをお勧めします。それが力学上達の心得の一つですから。それでは、いくつか求め方を以下にご紹介しましょう。

２．単純梁系静定構造物の反力計算

最初に取り上げるのは、単純梁系構造物の反力計算です。もう少し具体的にいえば、ピン支点とローラー支点を持つ構造物のうち、ピン支点の水平反力の作用線がローラー支点を通る構造物の場合です。このような構造物では、$\Sigma M_i=0$ かつ $\Sigma M_j=0$ と $\Sigma X=0$ または $\Sigma Y=0$（すなわち、二つ支点（i点とj点）周りのモーメントの釣り合い式と水平方向または鉛直方向の力の釣り合い式）を使用すると、効率よく反力を求めることができます。

例題 2-1 下図の単純梁の反力を求めなさい。

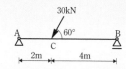

解答

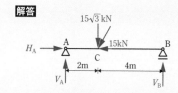

1）反力を仮定する。
- ・力の向きは問わない。
- ・反力に名前を付ける。

2）斜めの集中荷重の分力を求める。
- ・作用点はC点であることに注意。
- ・水平分力

$$30\times\frac{1}{2}=15\text{kN}$$

- ・鉛直分力

$$30\times\frac{\sqrt{3}}{2}=15\sqrt{3}\text{kN}$$

3）釣り合い式を立てて反力を求める。
- ・水平方向の力の仲間を見つけて左辺に書き出す。

$$\Sigma X=0 \quad H_A-15=0$$
$$\therefore H_A=15$$

・A点周りのモーメントの仲間を見つけて左辺に書き出す。
・作用線がA点を通る力（H_A、V_A、15kN）はモーメントを引き起こさないことに留意。

$$\Sigma M_A=0 \quad 15\sqrt{3}\times 2-V_B\times 6=0$$
$$\therefore V_B=5\sqrt{3}$$

$$\Sigma M_B=0 \quad -15\sqrt{3}\times 4+V_A\times 6=0$$
$$\therefore V_A=10\sqrt{3}$$

4）解答を書く。
- ・値が正なので、最初に仮定した向きに作用している。

$$H_A=15\text{kN （→）}$$
$$V_A=10\sqrt{3}\text{kN （↑）}$$
$$V_B=5\sqrt{3}\text{kN （↑）}$$

参考 下記のように釣り合い式を立てることもできる。

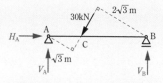

$$\Sigma M_A=0 \quad 30\times\sqrt{3}-V_B\times 6=0$$
$$\Sigma M_B=0 \quad -30\times 2\sqrt{3}+V_A\times 6=0$$

例題 2-2 下図の単純梁の反力を求めなさい。

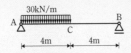

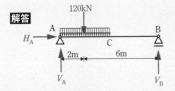

解答

1）反力を仮定する。

2）分布荷重の合力と作用線を求める
（図2.9参照）。

3）釣り合い式を立てて反力を求める。

$\sum X=0$　∴$H_A=0$

$\sum M_A=0$　$120\times2-V_B\times8=0$

　　　　　　∴$V_B=30$

$\sum M_B=0$　$-120\times6+V_A\times8=0$

　　　　　　∴$V_A=90$

4）解答を書く。

$H_A=0$

$V_A=90kN$（↑）

$V_B=30kN$（↑）

例題 2-3 下図の単純梁の反力を求めなさい。

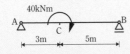

解答

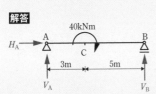

$\sum X=0$　∴$H_A=0$

$\sum M_A=0$　$40-V_B\times8=0$

　　　　　　∴$V_B=5$

$\sum M_B=0$　$40+V_A\times8=0$

　　　　　　∴$V_A=-5$

・V_Aは負の値を持つので、最初に仮定した
向きとは反対の下向きである。

$H_A=0kN$　$V_A=5kN$（↓）　$V_B=5kN$（↑）

Point !

モーメントの留意点

・モーメント荷重（反力）に距離をかけてはならない。

・モーメント荷重（反力）がどこにあろうとも、モーメントの釣り合い式に含める。

ゲルバー梁の反力計算も単純梁系構造物の仲間です。ゲルバー梁の反力計算は、中間ヒンジ位置で分解して解くのが一般的です（図2.10参照）。

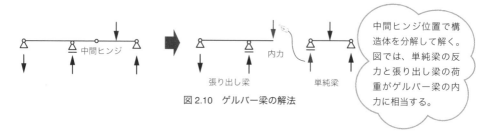

図2.10　ゲルバー梁の解法

中間ヒンジ位置で構造体を分解して解く。図では、単純梁の反力と張り出し梁の荷重がゲルバー梁の内力に相当する。

例題 2-4　下図のラーメンの反力を求めなさい。

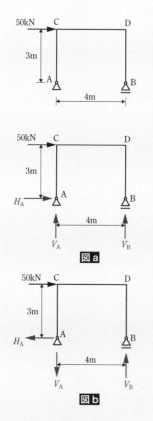

図a

図b

解答a 図aの反力に対する解答例

図aでは、慣例的に反力を仮定している。

$\sum X = 0$　$H_A + 50 = 0$　$\therefore H_A = -50$

$\sum M_A = 0$　$50 \times 3 - V_B \times 4 = 0$　$\therefore V_B = 37.5$

$\sum M_B = 0$　$50 \times 3 + V_A \times 4 = 0$　$\therefore V_A = -37.5$

$H_A = 50 \text{kN}$　（←）

$V_A = 37.5 \text{kN}$　（↓）

$V_B = 37.5 \text{kN}$　（↑）

解答b 図bの反力に対する解答例

ピン支点（A点）にのみ水平反力が生じるので、反力の向きは左向きであることは自明である。したがって、水平荷重と水平反力は右回りの偶力のモーメントを引き起こすので、鉛直反力は左回りの偶力となることから、鉛直反力の向きは図bのように設定できる。

$\sum X = 0$　$H_A - 50 = 0$　$\therefore H_A = 50$

$\sum M_A = 0$　$50 \times 30 - V_B \times 4 = 0$　$\therefore V_B = 37.5$

$\sum M_B = 0$　$50 \times 30 - V_A \times 4 = 0$　$\therefore V_A = 37.5$

演習問題 2.a

2.a-1　下図の梁の反力を求めなさい。

1

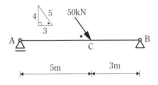

2

3

4

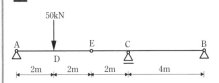

5

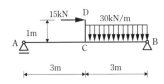

6

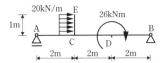

2.a-2　下図のラーメンの反力を求めなさい。

1

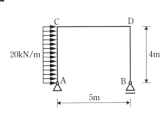

2

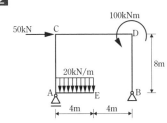

３．片持梁系静定構造物の反力計算

　次に取り上げるのは、片持梁系構造物の反力計算です。片持梁系構造物では、三つの力の釣り合い式（$\Sigma X=0$、$\Sigma Y=0$、$\Sigma M_i =0$）を用います。例えば、**例題 2-5** に示すような固定端を持つ梁やラーメンでは、モーメントの釣り合い式（$\Sigma M_i =0$）はi点を固定端の位置にとってモーメント反力を求めます。残りの二つの力の釣り合い式から、固定端の水平反力と鉛直反力は求まります。また、**例題 2-6** に示すようなピン支点とローラー支点を持つ構造物のうち、ピン支点の水平反力の作用線がローラー支点を通らない構造物では、ピン支点（i点）周りのモーメントの釣り合い式からローラー支点の鉛直反力を求め、残りの二つの力の釣り合い式からピン支点の水平反力と鉛直反力を求めます。

４．３ヒンジラーメンの反力計算

　３ヒンジラーメンは二つのピン支点を持つので、反力数は４です。それゆえ、三つの力の釣り合い式だけでは解けない構造物です。解くためには中間ヒンジが鍵になります。

　最初に静止している物体に作用する外力は釣り合い状態にあります。物体の一部を取り出して観察すると、取り出された物体に作用する外力と内力もまた釣り合い状態にあります。それゆえ、**図 2.11** に示すように３ヒンジラーメンの中間ヒンジを取りはずして二つの構造体に分解しても、分解されたそれぞれの構造体に作用する外力と内力はやはり釣り合い状態にあります。中間ヒンジ位置に働く内力は未知ですが、ヒンジは回転装置ですので、曲げに対して抵抗はしません。したがって、分解された構造体の中間ヒンジ位置でモーメントの釣り合い式を立てれば、釣り合い式の右辺をゼロとおくことができます。これにより四つ目の力の釣り合い式を立てることができるので、３ヒンジラーメンの反力を求めることができます。

　しかし、ピン支点の高さが異なる場合の３ヒンジラーメンの反力計算は、難易度が高くなります。ここでは解き方の一つを以下に説明します（**例題 2-7** 参照）。

1）二つのピン支点のうちのどちらか一つの支点反力を標的に決める
2）３ヒンジラーメンの標的にした反力の支点とは別のピン支点位置でモーメントの釣り合い式を立てる
3）次に中間ヒンジでラーメンを分解し、標的にした支点反力側の構造体に対して、中間ヒンジ周りのモーメントの釣り合い式を立てる
4）二つの釣り合い式を連立させることによって標的にした二つの反力を求める
5）水平方向と鉛直方向の力の釣り合い式を用いて、残りの二つの反力を求める

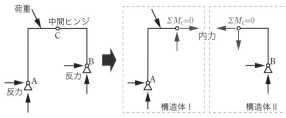

三つの釣り合い式（$\Sigma X=0$、$\Sigma Y=0$、$\Sigma M=0$）と構造体 I または構造体 II において、中間ヒンジ周りのモーメントの釣り合い式（$\Sigma M_C=0$）を立てて解く。

図2.11　3ヒンジラーメンの解法

例題 2-5　下図の片持ち梁の反力を求めなさい。

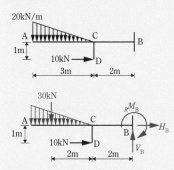

解答

$\Sigma X=0$　$H_B+10=0$　$\therefore H_B=-10$

$\Sigma Y=0$　$V_B-30=0$　$\therefore V_B=30$

$\Sigma M_B=0$　${}_RM_B-30\times4-10\times1=0$

$\qquad\qquad\qquad\therefore {}_RM_B=130$

$H_B=10\text{kN}\ (\leftarrow)$

$V_B=30\text{kN}\ (\uparrow)$

${}_RM_B=130\text{kNm}\ (\curvearrowright)$

例題 2-6　下図のラーメンの反力を求めなさい。

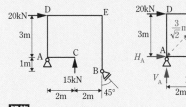

解答

1）ピン支点（A点）のモーメントの釣り合いから、反力Rを求める。

$\Sigma M_A=0$

$-R\times\dfrac{3}{\sqrt{2}}+20\times3-15\times2=0$

$\qquad R=10\sqrt{2}$

2）水平方向の力の釣り合いから、水平反力を求める。

$\Sigma X=0$　$H_A+20-10=0$

$\qquad\therefore H_A=-10$

3）鉛直方向の力の釣り合いから、鉛直反力を求める。

$\Sigma Y=0$　$V_A+15+10=0$

$\qquad\therefore V_A=-25$

4）解答を書く。

$H_A=10\text{kN}\ (\leftarrow)$

$V_A=25\text{kN}\ (\downarrow)$

$R=10\sqrt{2}\text{kN}\ (\nwarrow)$

例題 2-7 下図の3ヒンジラーメンの反力を求めなさい。

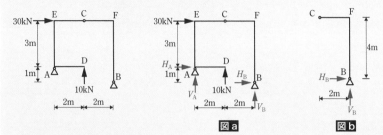

図a　**図b**

解答

1）B点の支点反力を標的に決める。

2）図aにおいて、A点周りのモーメントの釣り合い式を立てる。

$\sum M_A=0$　$-H_B\times1-V_B\times4+30\times3-10\times2=0$

$H_B+4V_B=70$ —— ①

3）図bの構造体において、C点周りのモーメントの釣り合い式を立てる。

$\sum M_C=0$　$-H_B\times4-V_B\times2=0$

$4H_B+2V_B=0$ —— ②

4）式①と②を連立させて解く。

$H_B=-10$

$V_B=20$

5）x方向の力の釣り合い式からA点の水平反力を求める。

$\sum X=0$　$H_A+H_B+30=H_A-10+30=0$

$\therefore H_A=-20$

6）y方向の力の釣り合い式からA点の鉛直反力を求める。

$\sum Y=0$　$V_A+V_B+10=V_A+20+10=0$

$\therefore V_A=-30$

7）解答を書く。

$H_A=20\text{kN}$（←）

$V_A=30\text{kN}$（↓）

$H_B=10\text{kN}$（←）

$V_B=20\text{kN}$（↑）

演習問題 2.b

2.b-1　下図の梁の反力を求めなさい。

1

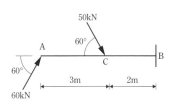

2

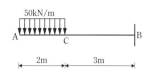

3

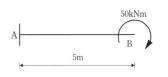

4

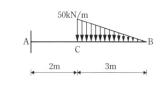

2.b-2　下図のラーメンの反力を求めなさい。

1

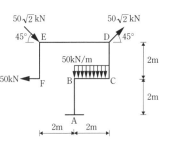

2

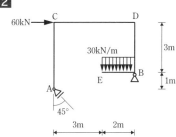

3

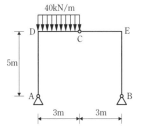

4

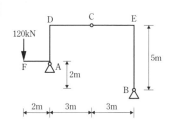

挑戦問題

2.1 下図の構造物の反力を求めなさい。

1

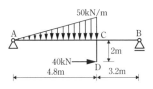

2

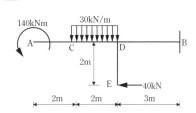

3

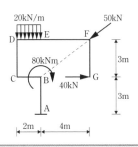

4

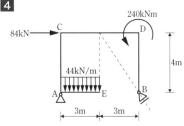

5

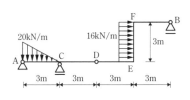

6

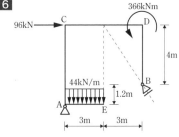

7

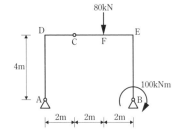

8

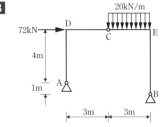

第3章
静定構造物の応力計算

本章では、静定構造物の部材内部に働く抵抗力（応力）の求め方を学びます。最初に応力の概念を紹介した後、梁やラーメンの応力計算を、最後にトラスの応力計算を解説していきます。力学の基礎である力の釣り合いを習得するために、基本問題を何度も解くことをお勧めします。

1 応力の種類と符号規則

1. 応力の種類

　前章でも述べたように、構造物の一部を取り出しても、力の釣り合いは成り立ちます。例えば、図3.1 に示す構造物において、破線部分を取り出した構造体の断面には内力が現れます。この部材断面に生じる内力を応力（他の工学分野では断面力）といい、軸方向力、せん断力、曲げモーメントとねじりモーメントの4種類があります。また、切り離された断面を再び元に戻すとこれらの応力は消えて見えなくなります。

　なお建築構造物は、なるべく偏心が生じないように設計を行うため、ねじりモーメントが問題になる場合は少なく、本書では扱いません。

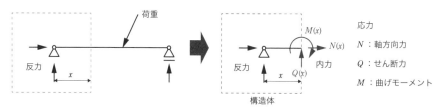

図3.1　応力の種類

2. 応力と符号規則

　図3.2 に示すように、部材の一部を材軸と直角方向にスライスしてセグメントを取り出してみましょう。セグメントの断面には応力が現れます。このとき、軸方向力は一般に N、せん断力は Q、曲げモーメントは M を用いて表します。

　最初に、軸方向力は材軸方向に生じる応力です。セグメントに作用する軸方向力に着目すると、この部材が引張を受けていればセグメントには引張力が生じます。逆に部材が圧縮されていればセグメントには圧縮力が生じます。応力を求めるとき一般には数式解法が用いられますので、引張か圧縮かは値の正負で判断します。力学では、引張を正、圧縮を負と定めています。

　次に、せん断力は材軸と直角方向に生じる応力です。セグメントに作用するせん断力に着目すると、セグメントの両断面に生じるせん断力は偶力であることがわかります。せん断力による偶力のモーメントがセグメントを右回りに回転させる場合を正、逆に左回りに回転させる場合を負と定めています。

　最後に曲げモーメントは部材の曲げに対する抵抗で、部材断面上にモーメントとして生じます。セグメントに作用する曲げモーメントに着目すると、セグメントの両断面にモー

メントの対として作用し、図3.2の場合、セグメントの上側の繊維は圧縮力を受け、下側の繊維は引張力を受けています。曲げモーメントの符号はこのセグメントを構成する繊維が引張を受ける側を正と定めています。

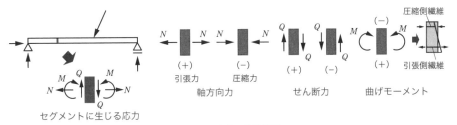

図3.2　応力の符号規則

3．応力計算の手順

1）反力計算を行う

応力計算を自由端から行う場合を除いて、最初に行う作業は反力計算です。求めた反力が正しいかどうかをよく吟味してください。また、応力計算を始める場合に正しい反力の向きを図中に書き込むことをお勧めします。

2）応力計算を行う

第3章の例題に示すように、構造体を取り出して断面に応力を仮定します。構造体に働く外力と応力は釣り合い状態にありますので、三つの釣り合い式を用いて応力を求めます。具体的な解き方は次節以降を参照してください。

3）応力図を描く

応力を求めたら、応力の分布とその大きさを表す応力図を描きます。図3.3に示すように、梁の場合、一般に軸方向力図とせん断力図では上向きの軸を正にとって描きます。しかし、曲げモーメントは向きの仮定によって値の符号が変わりますので、曲げモーメント図では符号はつけません。その代わり、部材が引張を受ける側に図示します。

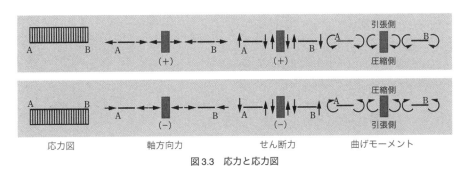

図3.3　応力と応力図

1. 静定梁の応力計算

　最初に反力計算を行います。ただし、自由端には反力が生じないため、自由端から解く場合には反力計算は不要です（**例題3-2**参照）。

　次に応力計算を行います。応力計算では区間分けが必要な場合があります。区間分けは外力（荷重や反力）が不連続になっている箇所で行います。区間分けが必要かどうか、またどこで行えばよいかは初心者には難しいかもしれません。しかし、問題を数多く解くと次第にわかってきますので、今はあまり気にしないでください。**例題3-3**や**例題3-4**は区間分けを必要とする例です。また、反対に**例題3-1**や**例題3-2**は区間分けを必要としません。

　分解された構造体の断面に応力を仮定します。このとき応力の向きの仮定が一つの要点になります。軸方向力とせん断力では、**図3.2**または**図3.3**に示す正の向きに仮定します。一方、曲げモーメントでは向きをどちらにしても構いません。ただし、梁の場合には慣例的に部材断面（紙面）の下側が引張になるように曲げモーメントの向きを仮定することが多いです。

　また、応力解析は左端から解いていくのが一般的です。しかし、実際には右端から解く方が容易な場合も多々あります。右端から解く場合は、原点の位置と座標値および仮定する応力の向きに気をつけてください。

　応力を仮定すると、三つの力の釣り合い式を立てて応力を求めます。求めた値が正ならば、最初に仮定した向きに応力が生じていることを意味します。反対に負の値であれば、仮定した向きとは反対の向きに応力が生じています。上達のコツは分解された構造体をわかりやすく描くことです。自分の頭の中で解くのではなく、紙面上に可視化することをお勧めします。

　最後に、応力が求まると応力図を描きます。応力図は**図3.3**に従って作図します。応力は座標軸 x の関数ですので、座標の位置や関数の次数に気をつけながら描いてください。また、分布荷重を受ける構造物では、曲げモーメントが二次関数となり、極値とその位置を求める必要が生じる場合があります（極値については、p.45 の基礎知識を参照）。せん断力は曲げモーメントの導関数なので、曲げモーメントの極値はせん断力がゼロになる位置で生じます（式 (4-31) と**例題3-4**参照）。

　ゲルバー梁の応力計算も同様です。最初に反力計算を行います。通常は、単純梁と張り出し梁に分解して計算しますが、詳しくは第2章を参照してください。反力が求まると、応力計算と応力図の作図は上述と同じです。曲げモーメント図を描くと、中間ヒンジ位置で値がゼロになっているはずです。

例題 3-1 下図の単純梁の応力を求めなさい。

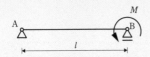

解答

1）反力計算を行う。

2）構造体を取り出して、応力を仮定する。

3）応力計算を行う。

$$\sum X = 0 \quad \therefore N(x) = 0$$

$$\sum Y = 0 \quad -Q(x) + \frac{M}{l} = 0$$

$$\therefore Q(x) = \frac{M}{l}$$

$$\sum M_x = 0 \quad -M(x) + \frac{M}{l} \times x = 0$$

$$\therefore M(x) = \frac{M}{l} x$$

$$M_A = M(0) = 0$$

$$M_B = M(l) = M$$

反力

構造体

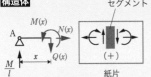

4）応力図を描く。

応力図

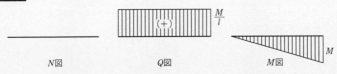

N図　　　Q図　　　M図

Point！

応力の求め方

1 最初に反力計算を行い、次に構造体を取り出して応力を仮定する。

2 応力の向きがわからない人は、セグメントと（正の）応力を描いた紙片を用意しておいて、断面にはその反作用力を描くとわかりやすい。

3 三つの力の釣り合い式を用いて応力計算をする。モーメントの釣り合い式は、軸方向力とせん断力を含まないように切断面（原点からの距離 x）の位置で立てる。

4 応力図は「関数のグラフ」である。一次関数は直線式で、始点と終点の値を求めて結ぶ。二次関数は放物線で、極値を求める必要がある場合がある。

5 先を急がず、手順に沿って解く。特に構造体をわかりやすく描くことが大事。

例題 3-2 下図の片持ち梁の応力を求めなさい。

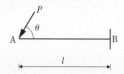

解答

1）自由端（A点）から解く場合には反力計算は不要である。荷重の分力を求めておく。

2）構造体aを取り出して、応力を仮定する。

3）応力計算を行う。

$\sum X=0 \quad N(x)-P\cos\theta=0$

$\therefore N(x)=P\cos\theta$

$\sum Y=0 \quad -Q(x)-P\sin\theta=0$

$\therefore Q(x)=-P\sin\theta$

$\sum M_x=0 \quad -M(x)-P\sin\theta\times x=0$

$\therefore M(x)=-Px\sin\theta$

$M_A=M(0)=0$

$M_B=M(l)=-Pl\sin\theta$

4）応力図を描く。

構造体 a

応力図

N図　　　　　Q図　　　　　M図

別解

1）固定端（B点）から解く場合には反力計算が必要である。

2）構造体bを取り出して、応力を仮定する。

3）応力計算を行う。

$\sum X=0 \quad -N(x)+P\cos\theta=0$

$\therefore N(x)=P\cos\theta$

$\sum Y=0 \quad Q(x)+P\sin\theta=0$

$\therefore Q(x)=-P\sin\theta$

$\sum M_x=0 \quad M(x)+Pl\sin\theta-P\sin\theta\times x=0$

$\therefore M(x)=P(x-l)\sin\theta$

$M_B=M(0)=-Pl\sin\theta$

$M_A=M(l)=0$

4）応力図は上図と同じ。

構造体 b

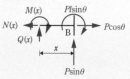

・仮定する応力の向きに注意すること。

・B点が原点である。また、xの座標軸は左向きになっている。

例題 3-3 下図の単純梁のせん断力と曲げモーメントを求めなさい。

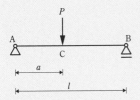

構造体 a

・軸方向力は省略。

構造体 b

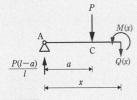

構造体 c

応力図

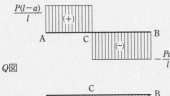

Q図

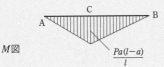

M図

解答

1）反力計算を行い、AC間の構造体aを取り出して応力計算を行う。

AC 間

$0 \leq x < a$（A点→C点）

$\sum Y = 0 \quad -Q(x) + \dfrac{P(l-a)}{l} = 0$

$\therefore Q(x) = \dfrac{P(l-a)}{l}$

$\sum M_x = 0 \quad -M(x) + \dfrac{P(l-a)}{l} \times x = 0$

$\therefore M(x) = \dfrac{P(l-a)}{l} x$

$M_A = M(0) = 0$

$M_C = M(a) = \dfrac{Pa(l-a)}{l}$

2）CB間に関しては、一般的には構造体bについて解くが、釣り合い式が複雑になるので、ここでは構造体cについて解く。

CB 間

$0 \leq x < l - a$（B点→C点）

$\sum Y = 0 \quad Q(x) + \dfrac{Pa}{l} = 0 \quad \therefore Q(x) = -\dfrac{Pa}{l}$

$\sum M_x = 0 \quad M(x) - \dfrac{Pa}{l} \times x = 0$

$\therefore M(x) = \dfrac{Pa}{l} x$

$M_B = M(0) = 0$

$M_C = M(l-a) = \dfrac{Pa(l-a)}{l}$

3）応力図を描く。

3章

第3章　静定構造物の応力計算　43

例題 3-4　下図の単純梁のせん断力と曲げモーメントを求めなさい。

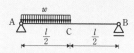

解答

1）反力計算を行い、AC間の構造体aを取り出して応力計算を行う。

構造体 a

$\sum M_x = 0$

$-M(x) - wx \times \dfrac{x}{2} + \dfrac{3wl}{8} \times x = 0$

$\therefore M(x) = -\dfrac{wx^2}{2} + \dfrac{3wl}{8}x$

$M_A = M(0) = 0$

$M_C = M\left(\dfrac{l}{2}\right) = \dfrac{wl^2}{16}$

AC 間

$0 \leq x < \dfrac{l}{2}$ （A点→C点）

$\sum Y = 0 \quad -Q(x) - wx + \dfrac{3wl}{8} = 0$

$\therefore Q(x) = -wx + \dfrac{3wl}{8}$

$Q_A = Q(0) = \dfrac{3wl}{8}$

$Q_C = Q\left(\dfrac{l}{2}\right) = -\dfrac{wl}{8}$

・AC間でせん断力ゼロの点が極値となり、この場合、最大曲げモーメントはその点で生じる。

$Q(x) = -wx + \dfrac{3wl}{8} = 0 \quad \therefore x = \dfrac{3l}{8}$

$M_{max} = M\left(\dfrac{3l}{8}\right) = \dfrac{9wl^2}{128}$

2）CB間の構造体bを取り出して応力計算を行う。

CB 間

$0 \leq x < \dfrac{l}{2}$ （B点→C点）

$\sum Y = 0 \quad Q(x) + \dfrac{wl}{8} = 0$

$\therefore Q(x) = -\dfrac{wl}{8}$

$\sum M_x = 0 \quad M(x) - \dfrac{wl}{8} \times x = 0$

$\therefore M(x) = \dfrac{wl}{8}x$

$M_B = M(0) = 0$

$M_C = M\left(\dfrac{l}{2}\right) = \dfrac{wl^2}{16}$

構造体 b

応力図

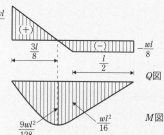

3）応力図を描く。M図において、AC間は放物線、CB間は直線である（図3.4参照）。

また、AC間でせん断力ゼロの点において、最大曲げモーメントが生じる。

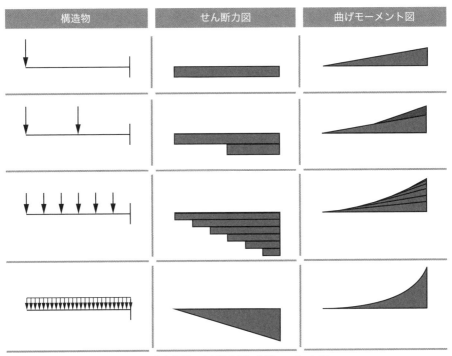

構造物	せん断力図	曲げモーメント図

図3.4　分布荷重のせん断力図と曲げモーメント図

基礎知識　**導関数と極値**

　関数 $f(x)$ が $x=a$ で微分可能であるとき、

$$f'(a) = \lim_{h \to 0} \frac{f(a+h) - f(a)}{h}$$

を $f(x)$ の $x=a$ における微分係数という。微分係数は曲線 $y=f(x)$ 上の点 $(a, f(a))$ における接線の傾きを表し、$f(x)$ が微分可能である点 x に、その点の微分係数 $f'(x)$ を対応させて得られる関数 $f'(x)$ を $f(x)$ の導関数という。そして、導関数 $f'(x)$ を求めることを $f(x)$ を微分するという。

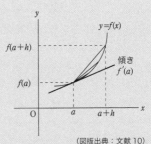

（図版出典：文献10）

　また、$f'(x)>0$ になる区間では、$f(x)$ は増加し、$f'(x)<0$ になる区間では、$f(x)$ は減少するので、$f'(x)$ の符号の変わるところで $f(x)$ は極大か極小となり、このときの $f(x)$ の値が極値である。

演習問題 3.a

3.a-1 下図の梁の応力を求め、応力図を図示しなさい。

1

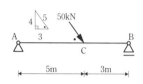

2

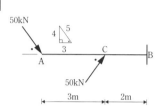

3.a-2 下図の梁のせん断力と曲げモーメントを求め、応力図を図示しなさい。

1

2

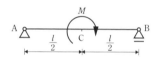

3

4

5

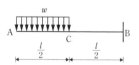

6

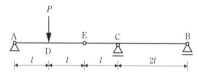

2．静定ラーメンの応力計算

　静定ラーメンの応力計算も梁の応力計算と同様です。気をつけなければならない点は区間分けと応力の向きの仮定でしょう。区間分けは外力の不連続な点で行う以外に、要素ごとに行う必要があります。また、柱の応力の向きも梁の場合と同じですが、わからない人は例題に示すようにセグメントと正の応力を書き込んだ紙片を用いるとよいでしょう。3ヒンジラーメンも、反力計算を行えば以後の応力計算は同じです。ピン支点と中間ヒンジでは曲げモーメントはゼロですので、応力図を描いたときに確認するとよいでしょう。

　以下にいくつかの例題を示しますので、解き方を確認してください。

例題 3-5　下図のラーメンの応力を求めなさい。

50kN

A　　　　B

5m

4m　　C

構造体 ab

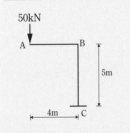

紙片

構造体 ac

50kN

4m

A　　B

x

$M(x)$

$Q(x)$

$N(x)$

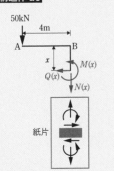

紙片

解答

1）要素ABと要素BCに区間分けする。

2）区間ABについて構造体abを取り出して、応力を仮定して応力計算を行う。

　$0 \leq x < 4$　（A 点→B 点）

　$\sum X = 0 \therefore N(0) = 0$

　$\sum Y = 0 \quad -Q(x) - 50 = 0 \quad \therefore Q(x) = -50$

　$\sum M_x = 0 \quad -M(x) - 50x = 0 \quad \therefore M(x) = -50x$

　　　　　$M_A = M(0) = 0$

　　　　　$M_B = M(4) = -200$

3）要素BCについて構造体acを取り出し、応力を仮定して応力計算を行う。

　$0 \leq x < 5$　（B 点→C 点）

　$\sum X = 0 \quad \therefore Q(0) = 0$

　$\sum Y = 0 \quad -N(x) - 50 = 0 \quad \therefore N(x) = -50$

　$\sum M_x = 0 \quad -M(x) - 50 \times 4 = 0 \quad \therefore M(x) = -200$

4）応力図を描く。

応力図

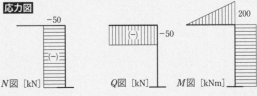

N図 [kN]　　　　Q図 [kN]　　　　M図 [kNm]

例題 3-6　下図のラーメンの応力を求めなさい。

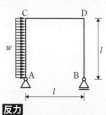

反力

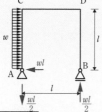

構造体 ac

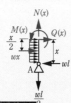

構造体 bc

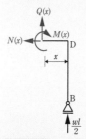

構造体 bd

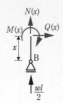

解答

1）反力を求める。

2）区間ACについて構造体acを取り出して応力を求める。
$0 \leq x < l$ （A点→C点）

$\sum X = 0$

$Q(x) + wx - wl = 0$

$\therefore Q(x) = w(l - x)$

$Q_A = Q(0) = wl$

$Q_B = Q(l) = 0$

$\sum Y = 0$

$N(x) - \dfrac{wl}{2} = 0$

$\therefore N(x) = \dfrac{wl}{2}$

$\sum M_x = 0$

$-M(x) - wx \times \dfrac{x}{2} + wl \times x = 0$

$\therefore M(x) = \dfrac{wx}{2}(2l - x)$

$M_A = M(0) = 0$

$M_C = M(l) = \dfrac{wl^2}{2}$

3）区間DCについて構造体bcを取り出して応力を求める。
$0 \leq x < l$ （D点→C点）

$\sum X = 0$

$\therefore N(x) = 0$

$\sum Y = 0$

$Q(x) + \dfrac{wl}{2} = 0$

$\therefore Q(x) = -\dfrac{wl}{2}$

$\sum M_x = 0$

$M(x) - \dfrac{wl}{2} \times x = 0$

$\therefore M(x) = \dfrac{wl}{2}x$

$M_D = M(0) = 0$

$M_C = M(l) = \dfrac{wl^2}{2}$

4）区間BDについて構造体bdを取り出して応力を求める。
$0 \leq x < l$ （B点→D点）

$\sum X = 0 \quad \therefore Q(x) = 0$

$\sum Y = 0 \quad N(x) + \dfrac{wl}{2} = 0 \quad \therefore N(x) = -\dfrac{wl}{2}$

$\sum M_x = 0 \quad \therefore M(x) = 0$

5）応力図を描く。

応力図

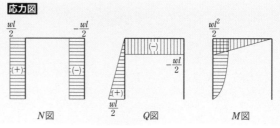

N図　　　Q図　　　M図

例題 3-7　下図の3ヒンジラーメンの曲げモーメントを求めなさい。

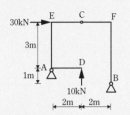

反力

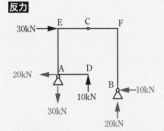

構造体 da　　　**構造体 de**

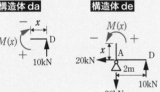

構造体 be

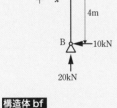

構造体 bf

解答

1）反力を求める。

2）区間DAについて構造体daを取り出して曲げモーメントを求める。

0≤x<2 (D点→A点)

$\sum M_x=0$　$M(x)-10\times x=0$　$\therefore M(x)=10x$

$M_D=M(0)=0$

$M_A=M(2)=20$

3）区間AEについて構造体deを取り出して曲げモーメントを求める。

0≤x<3 (A点→E点)

$\sum M_x=0$　$-M(x)-10\times 2+20\times x=0$

$\therefore M(x)=20(x-1)$

$M_A=M(0)=-20$

$M_E=M(3)=40$

4）区間EFについて構造体beを取り出して曲げモーメントを求める。

0≤x<4 (F点→E点)

$\sum M_x=0$　$M(x)+10\times 4-20\times x=0$

$\therefore M(x)=20(x-2)$

$M_F=M(0)=-40$

$M_E=M(4)=40$

5）区間BFについて構造体bfを取り出して曲げモーメントを求める。

0≤x<4 (B点→F点)

$\sum M_x=0$　$M(x)+10\times x=0$

$\therefore M(x)=-10x$

$M_B=M(0)=0$

$M_F=M(4)=-40$

6）応力図を描く。

応力図

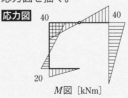

M図〔kNm〕

構造体図中の符号を参考にして、M図の描く側に気をつけて作図する。

演習問題 3.b

3.b-1 下図のラーメンの応力を求め、応力図を図示しなさい。

1

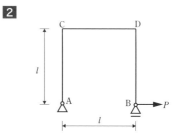

2

3

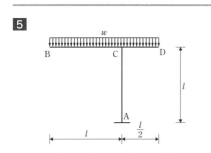

4

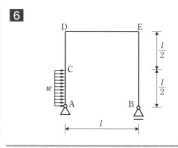

5

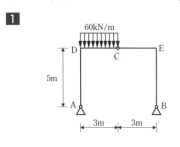

6

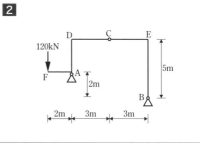

3.b-2 下図の 3 ヒンジラーメンの曲げモーメント図を図示しなさい。

1

2

１．静定トラスの応力解析法

　トラスは三角形を基本単位としてその集合体で構成する構造形式です。トラスはすべての節点がピン節点（滑節点）から成り立っています。また、荷重は節点または支点に作用します。それゆえトラス部材には曲げモーメントやせん断力は生じず、軸方向力のみが作用します。しかしながら、実際の構造物では節点は完全なピン節点にはなりません。また、部材の途中に荷重が作用することもありますが、便宜上前記のようにモデル化して計算の簡略化を図ります。実際とモデル化の相違は後に工学的判断の元に補正を行います。

　静定トラスの応力解析は、昔から多くの方法が考案されてきました。本書では、代表的な節点法と切断法を取り上げます。節点法は一般にトラスを構成するすべての部材応力を求める必要があるときに有効な手法です（例えばトラスの変位を求める必要がある場合）。一方、切断法はトラスを構成する部材の中の特定の部材応力を求める際に有効です。

２．節点法

　力の釣り合い条件は、一つは構造物に作用するすべての力の総和がゼロであること、もう一つは任意点周りのすべての力のモーメントの総和がゼロであることでした。二つの条件のうち、任意点周りのすべての力のモーメントの総和がゼロであるためには、すべての力の作用線がある一点で交わればよく、これはトラスにおいては各節点（支点を含む）で成り立っています。それゆえ、すべての節点でその節点に作用するすべての力の総和がゼロであればよく、このことを利用して解く方法を節点法と呼んでいます。節点法の計算手順は次の通りです。

１）トラスの反力を求める

　トラスでも梁やラーメンの場合と同様に図 2.5（p.24）に示す静定構造物が考えられ、そうしたトラスを静定トラスといいます。静定トラスでは、梁やラーメンの反力計算と同様に、最初に反力を求めます。ただし、片持ち梁系トラスについては自由端から解く場合には反力計算は不要です。

２）未知の軸方向力が二つ以下の節点から解く

　数式解法では $\Sigma X=0$ と $\Sigma Y=0$ を用いて解きます（例題 3-8）。このとき未知の軸方向力は（節点から離れる方向に）引張力と仮定します。得られた値が正であれば、その部材には引張力が生じています。逆に負の値であれば、その部材には圧縮力が生じています。

　一方、図式解法では示力図を用いて解きます（例題 3-9）。示力図は既知の力（荷重、反力、既知の軸方向力）から描き、最後に示力図が閉じるように図を作成することで、未知

の軸方向力が求められます。得られた軸方向力の矢印が節点から離れた方向に向いていれば引張力、逆に対象節点に向いていれば圧縮力になります。

3）上記2）の作業をすべての節点で繰り返し行う

　一つの節点の軸方向力が求まれば、同じ要素の他端の軸方向力が既知となりますので、順次パズルを解くようにすべての軸方向力を求めることができます。

4）軸方向力図を描く

　梁やラーメンと同じような軸方向力図を描くには図が煩雑になりますので、ここではトラスの符号規則に基づいて各軸方向力の値を記入します。

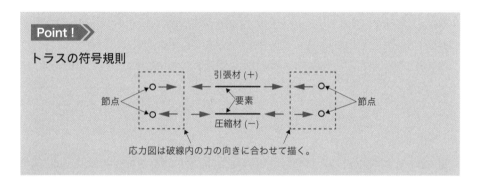
基礎知識 クレモナの応力図

　計算機のない時代は、図式解法で解くことが主流であった。その代表例がクレモナの応力図である。例えば、**例題3-9**では、各節点について示力図を描いているが、これを一つにまとめると下図のように表せる。これをクレモナの応力図という。クレモナの応力図では各節点を時計回りに順次解くので、トラスの空間に①～⑥、②'～⑥'の記号をなるべく時計周りにつける。例えばA点では①②③⑥、B点では③④⑤⑥の順に解いていくことになる。また、この記号がクレモナの応力図の数字に対応している。

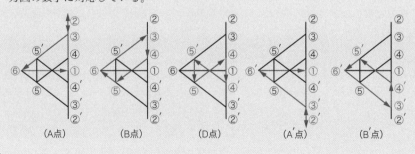

例題 3-8 下図のトラスを節点法（数式解法）で解きなさい。

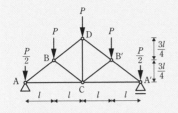

解答

1）反力を求め、A点について力の釣り合い式を立てて解く。未知の軸方向力は節点から離れる方向に描く（引張力に仮定する）。また、トラスは3:4:5の直角三角形で構成されていることを利用して分力を求める。

A点

$$\sum Y=0 \quad \frac{3}{5}N_{AB}-\frac{P}{2}+2P=0 \quad \therefore N_{AB}=-\frac{5}{2}P$$

$$\sum X=0 \quad \frac{4}{5}N_{AB}+N_{AC}=0 \quad \therefore N_{AC}=-\frac{4}{5}N_{AB}=+2P$$

2）B点について力の釣り合い式を立てて解く。AB材の軸方向力が既知となったので、B点を解くことができる。

B点

$$\sum X=0 \quad \frac{4}{5}N_{BD}+\frac{4}{5}N_{BC}+\frac{4}{5}\times\frac{5}{2}P=0 \quad \therefore N_{BD}+N_{BC}=-\frac{5}{2}P$$

$$\sum Y=0 \quad \frac{3}{5}N_{BD}-\frac{3}{5}N_{BC}-P+\frac{3}{5}\times\frac{5}{2}P=0 \quad \therefore N_{BD}-N_{BC}=-\frac{5}{6}P$$

$$\therefore N_{BD}=-\frac{5}{3}P,\ N_{BC}=-\frac{5}{6}P$$

3）D点について力の釣り合い式を立てて解く（左右対称構造物なので、C点についても解くことができる）。

D点

$$\sum Y=0 \quad 2\times\frac{3}{5}\times\frac{5}{3}P-P-N_{CD}=0 \quad \therefore N_{CD}=+P$$

4）応力図（軸方向力図）を描く。C点においても力の釣り合い条件が成立していることを確かめておく。

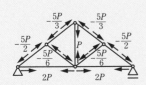

N図

C点

$$\sum X=\frac{4}{5}\times\left(\frac{5}{6}P-\frac{5}{6}P\right)-2P+2P=0$$

$$\sum Y=P-2\times\frac{3}{5}\times\frac{5}{6}P=0$$

下図のトラスを節点法（図式解法）で解きなさい。

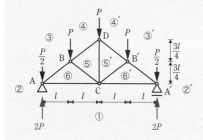

解答

1）例題3-8と同じ問題を図式解法で解いてみる。トラスは左右対称で、3：4：5の直角三角形で構成されている。

2）反力を求め、A点の示力図を描いて、部材ABと部材ACの軸方向力を求める。次に、B点、D点の順に示力図を描きながら解き、最後にC点の示力図を描くことで正解かどうか確かめる。

示力図

トラスの左側について示力図を描いて解く。

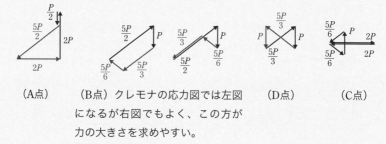

（A点）　（B点）クレモナの応力図では左図になるが右図でもよく、この方が力の大きさを求めやすい。　（D点）　（C点）

もちろんトラスの右側について示力図を描いて解くこともできる。

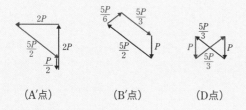

（A′点）　（B′点）　（D点）

応力図

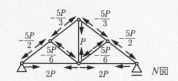

N図

演習問題 3.c

3.c-1 下図のトラスを節点法（数式解法）で解きなさい。

1

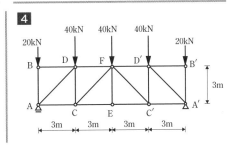

2

3

4

3.c-2 下図のトラスを節点法（図式解法）で解きなさい。

1

2

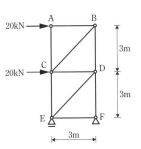

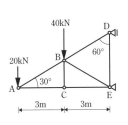

3

4

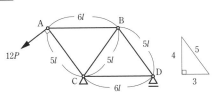

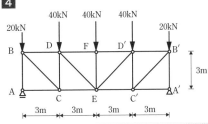

3．切断法

切断法は、梁の解法と同様です。反力計算の後に、**図3.5**に示すように求めたい部材を含む仮想の切断線で構造体を切り離します。このとき釣り合い式は三つですので、切断する部材数は3以下でなければなりません。仮想的に切断された構造体もまた、外力と内力によって力の釣り合い条件が成り立ちます。トラスの内力は軸方向力のみですので、部材の切断面に（節点から離れる方向に）引張力を仮定します。構造体に作用する荷重と反力および軸方向力に対して、力の釣り合い式を適用して軸方向力を求めます。

力の釣り合い式の立て方にはリッター法とカルマン法があります。一般にはリッター法を用いて解きます。リッター法はモーメント法とも呼ばれ、一直線上に並ばない任意の3点周りのモーメントの釣り合い式を立てることによって解きます。リッター法の適用が困難な場合はカルマン法が用いられます。カルマン法は三つの釣り合い式（$\Sigma X=0$、$\Sigma Y=0$、$\Sigma M=0$）を立てることによって解きます。得られた値が正であれば、その部材には引張力が、逆に負の値であれば圧縮力が生じています。

切断法の計算手順は以下の通りです。

1）求めたい部材を横切る切断線を引く

この場合、切断できる部材数は3以下です。

2）トラスの反力を求める

切断線で切り取られた構造体に支点反力が存在しない場合は不要です。

3）リッター法を用いて未知の軸方向力を求める

一般にはリッター法によって未知の軸方向力を求めることができます。リッター法を習得すると容易に解くことができますが、モーメントの腕の長さを正確に求める必要があります。リッター法がどうしても苦手な方はカルマン法によって求めてください。

4）値と単位を書く、また、引張材か圧縮材かの判別を行う

最後に値と単位を書きます。値に符号は不必要ですが、引張材か圧縮材かの判別は必要です。また、単位は通常 kN か N です。

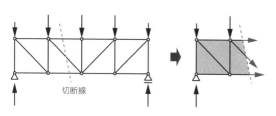

①切断線に沿って構造物を仮想切断する。
②切断された部材には引張力が生じているものとして内力（軸方向力）を仮定する。
③力の釣り合い式を用いて解く。

図3.5　切断法

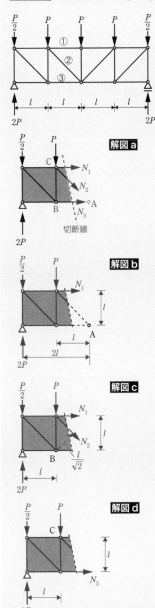

例題 3-10 下図のトラス①〜③部材の応力を切断法で解きなさい。

解答

1) 解図aに示すように、切断線によって構造物を切断し、構造体を取り出す。また、切断した部材に生じる軸方向力をN_1、N_2、N_3と名づける。

2) モーメントの釣り合い式を立てる節点3箇所（A点、B点、C点）を決める。
A点周りのモーメントの釣り合い式を立てるとN_1が求まる。次に、B点周りのモーメントの釣り合い式を立ててN_2を求め、最後にC点周りのモーメントの釣り合い式から、N_3を求める。

3) N_1を求める（解図b）。

$$N_1 \times l + 2P \times 2l - \frac{P}{2} \times 2l - P \times l = 0$$

$$N_1 = -2P$$

4) N_2を求める（解図c）。

$$N_1 \times l + N_2 \times \frac{l}{\sqrt{2}} + 2P \times l - \frac{P}{2} \times l = 0$$

$$\frac{N_2}{\sqrt{2}} = -2P + \frac{P}{2} - N_1 = -2P + \frac{P}{2} - (-2P) = \frac{P}{2}$$

$$N_2 = \frac{\sqrt{2}}{2}P$$

5) N_3を求める（解図d）。

$$-N_3 \times l + 2P \times l - \frac{P}{2} \times l = 0$$

$$N_3 = \frac{3}{2}P$$

6) 解答を書く。

N_1	$2P$	圧縮材
N_2	$\dfrac{\sqrt{2}}{2}P$	引張材
N_3	$\dfrac{3}{2}P$	引張材

演習問題 3.d

3.d 下図のトラスの部材（丸数字）を切断法（リッター法）で解きなさい。

1

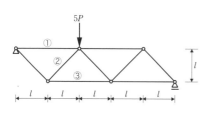

2

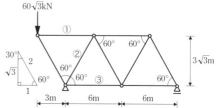

3

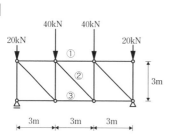

4

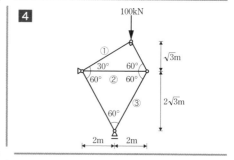

5

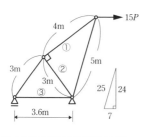

6

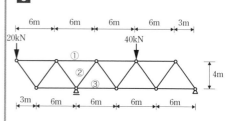

7

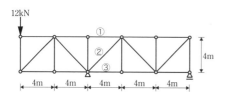

8

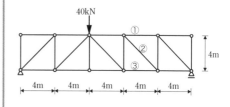

挑戦問題

3.1 下図の梁のせん断力と曲げモーメントを求め、応力図を図示しなさい。

1

50kN
20kN/m
A
B
5m

2

20kN/m
A
B
50kN
5m

3

50kNm
A
50kNm
B
5m

4

12kN
60kNm
A
C
D
B
2m　2m　2m

5

40kN
A
C
B
3
5　4
3m　2m

6

28kN/m
A
C
D
B
3m　2m　2m

3.2 下図の梁のせん断力図および曲げモーメント図を図示しなさい。また、BC 間の最大曲げモーメントの値とその位置を求めなさい。

1

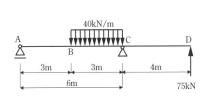

2

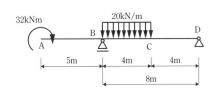

3.3 下図のゲルバー梁のせん断力図と曲げモーメント図を図示しなさい。

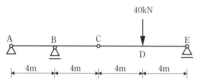

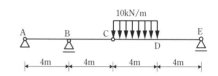

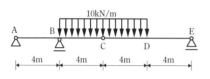

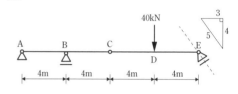

3.4 下図のラーメンの曲げモーメント図を図示しなさい。

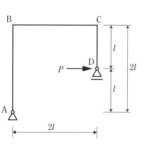

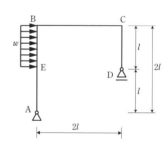

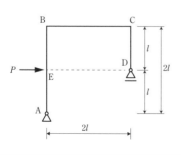

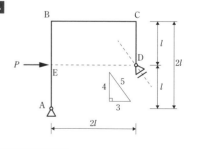

挑戦問題

3.5　下図のラーメンの曲げモーメント図を図示しなさい。

1
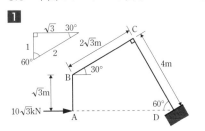

2
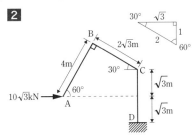

3
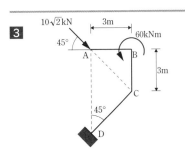

4
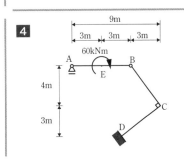

5
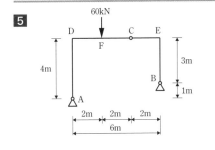

6
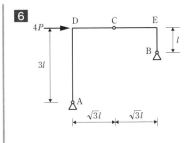

7
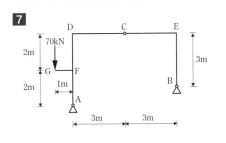

8
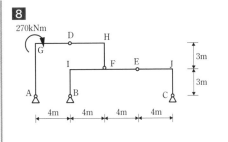

3.6 下図のトラスを節点法（数式解法）で解きなさい。

1

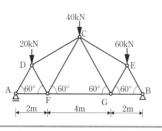

2

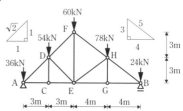

3.7 下図のトラスを節点法（図式解法）で解きなさい。

1

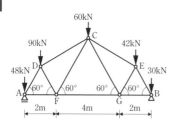

2

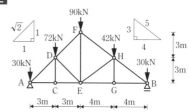

3.8 下図のトラスを切断法（リッター法）で解きなさい。

1

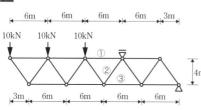

2

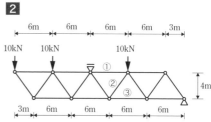

3

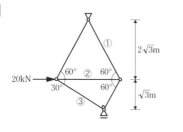

4

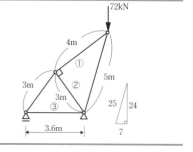

第4章
断面の応力度と部材の変形

本章では、最初に応力度と歪度について学び、次に部材の断面上に作用する応力度と変形について学びます。また、部材断面の応力度や変形を求める際に必要な断面の諸係数についても学習します。本章の内容は部材断面の算定や不静定構造物の解析の基礎になりますので、しっかり習得しましょう。

■1 応力度と歪度<ruby>歪度<rt>ひずみど</rt></ruby>

1．垂直応力度とせん断応力度

　図 4.1 に示すような静止した物体（平板）内部の微小要素（$dx \times dy \times dz$ の微小な直方体要素、ただし本書では、z 方向の厚みは無視できるほど小さい平面応力場を扱う）を取り出して観察すると、微小要素の各面には図に示すような力の成分が作用しています。力の成分は垂直応力度とせん断応力度の 2 種類です。垂直応力度は直方体の側面に対して垂直に作用します。一方、せん断応力度は直方体の側面に対して平行に作用します。

　x 方向に作用する垂直応力度は σ_x、y 方向に作用する垂直応力度は σ_y と名づけられます。また、せん断応力度は τ_{xy} と名づけられ、直方体の四面に作用するせん断応力度はすべて同じ値であることが知られています。

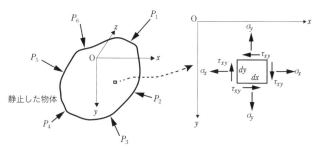

図 4.1　垂直応力度とせん断応力度

2．モールの応力円

　図 4.2 に示すように、平板内の点を P とします。点 P は、応力成分 σ_x、σ_y、τ_{xy} を受けています。点 P と点 P から微小な距離にある面 AB で構成される微小三角柱 PAB を平板から取り出します。AB 面に作用する垂直応力度（σ）とせん断応力度（τ）の x 方向の成分を X、y 方向の成分を Y とするならば、これらは、

$X - \sigma_x \cos\alpha + \tau_{xy} \sin\alpha = 0$
$Y - \sigma_y \sin\alpha + \tau_{xy} \cos\alpha = 0$

で与えられます。

　したがって、AB 面に作用する垂直応力度とせん断応力度は、

$\sigma = X\cos\alpha + Y\sin\alpha = \sigma_x \cos^2\alpha + \sigma_y \sin^2\alpha - 2\tau_{xy}\sin\alpha\cos\alpha$
$\tau = -Y\cos\alpha + X\sin\alpha = \tau_{xy}(\cos^2\alpha - \sin^2\alpha) + (\sigma_x - \sigma_y)\sin\alpha\cos\alpha$

となります。

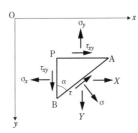

図 4.2　微小三角柱に作用する力

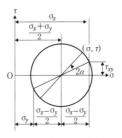

図 4.3　モールの応力円

上式は、三角関数の倍角の公式（p.76 参照）を用いると下式で表されます。

$$\sigma = \frac{\sigma_x + \sigma_y}{2} + \frac{\sigma_x - \sigma_y}{2}\cos 2\alpha - \tau_{xy}\sin 2\alpha$$

$$\tau = \frac{\sigma_x - \sigma_y}{2}\sin 2\alpha + \tau_{xy}\cos 2\alpha \tag{4-1}$$

さらに、α を消去すると、次式になります。

$$\left(\sigma - \frac{\sigma_x + \sigma_y}{2}\right)^2 + \tau^2 = \left(\frac{\sigma_x - \sigma_y}{2}\right)^2 + \tau_{xy}^2 \tag{4-2}$$

モールの応力円は、図 4.3 に示す式（4-2）で表される円です。AB 面に作用する垂直応力度とせん断応力度の座標点は、モールの応力円上を角度 α の変化に応じて移動します。

基礎知識　ギリシャ文字

大文字	小文字	読み	大文字	小文字	読み
A	α	アルファ	N	ν	ニュー
B	β	ベータ	Ξ	ξ	クサイ
Γ	γ	ガンマ	O	o	オミクロン
Δ	δ	デルタ	Π	π	パイ
E	ε	イプシロン	P	ϱ	ロー
Z	ζ	ゼータ	Σ	σ	シグマ
H	η	イータ	T	τ	タウ
Θ	θ	シータ	Υ	υ	ユプシロン
I	ι	イオタ	Φ	ϕ	ファイ
K	$\varkappa$	カッパ	X	χ	カッパ
Λ	λ	ラムダ	Ψ	ψ	プサイ
M	μ	ミュー	Ω	ω	オメガ

例題 4-1 断面積 8000mm^2 のコンクリート円筒形試験体に 160kN の圧縮力を加えたとき、荷重方向と 30° 傾いたコンクリート内部の微小要素側面に生じる応力度を求めよ。

解答

次の条件でモールの応力円を描く。

$\sigma_1 = 0\text{N/mm}^2$

$\sigma_2 = -\dfrac{160 \times 10^3}{8000} = -20\text{N/mm}^2$

$2\alpha = 60°$

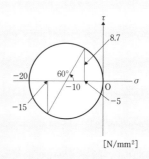

$\sigma_x = -\dfrac{20}{2} + \dfrac{20}{2} \cos 60° = -10 + 5 = -5\text{N/mm}^2$

$\sigma_y = -\dfrac{20}{2} - \dfrac{20}{2} \cos 60° = -10 - 5 = -15\text{N/mm}^2$

$\tau = \dfrac{20}{2} \sin 60° = 10 \times \dfrac{\sqrt{3}}{2} = 8.7\text{N/mm}^2$

例題 4-2 ある微小要素が引張応力度 σ_x=60N/mm^2、圧縮応力度 σ_y=-20N/mm^2、せん断応力度 τ=40N/mm^2 を受けている。主応力度とその方向を求めなさい。

解答

次の条件でモールの応力円を描く。

$\sigma_x = 60\text{N/mm}^2$

$\sigma_y = -20\text{N/mm}^2$

$\tau = 40\text{N/mm}^2$

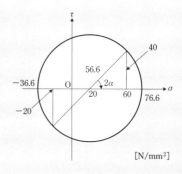

$\sigma_1 = 20 + 40\sqrt{2} = 76.6\text{N/mm}^2$

$\sigma_2 = 20 - 40\sqrt{2} = -36.6\text{N/mm}^2$

$2\alpha = -\tan^{-1}\left(\dfrac{40}{40}\right) = -45°$

$\alpha = -22.5°$

ここで、せん断応力度 τ が 0 になるように角度 α を選択すると次式が得られます。

$$\tan 2\alpha = -\frac{2\tau_{xy}}{\sigma_x - \sigma_y} \tag{4-3}$$

この式から、せん断応力度が 0 である二つの直角の方向を見いだすことができます。これらの方向を主方向と呼び、主方向の垂直応力度を主応力度と呼んでいます。主応力度の大きさは図 4.3 中の σ_1 と σ_2 に相当し、下式で与えられます。

$$\sigma_1 = \frac{\sigma_x + \sigma_y}{2} + \sqrt{\left(\frac{\sigma_x - \sigma_y}{2}\right)^2 + \tau_{xy}^2}$$

$$\sigma_2 = \frac{\sigma_x + \sigma_y}{2} - \sqrt{\left(\frac{\sigma_x - \sigma_y}{2}\right)^2 + \tau_{xy}^2} \tag{4-4}$$

モールの応力円を用いた例を**例題 4-1** と**例題 4-2** に示します。

3. 垂直歪度とせん断歪度

x 方向の変位を u、y 方向の変位を v でそれぞれ表します。ここでは、弾性体の微小要素（$dx \times dy$）を考えます（図 4.4）。もし物体が変形し、u、v が P 点の変位成分であるならば、x 軸上の近傍点 A の x 方向の変位は、テイラー展開（p.68 基礎知識参照）において高次の微小項を無視すると、$u + (\partial u/\partial x)dx$ で表されます。ここで $(\partial u/\partial x)dx$ は変形による要素 PA の長さの増分です。それゆえ、x 方向の点 P における垂直歪度は $(\partial u/\partial x)$ と定義されます。同様に y 方向の垂直歪度は $(\partial v/\partial y)$ と定義されます。

次に図 4.5 に示す要素 PA と PB 間の角度の変化を考えましょう。u と v が x 方向と y 方向の点 P の変位であるならば、y 方向の点 A の変位は $v + (\partial v/\partial x)dx$ で、x 方向の点 B の変位は $u + (\partial u/\partial y)dy$ でそれぞれ表されます。図に示すように、要素 PA の新しい方向 P$'$A$'$ と最初の方向 PA とのなす微小変形角は $\partial v/\partial x$ であることがわかります。同様に要素 PB の新しい方向 P$'$B$'$ と最初の方向 PB とのなす微小変形角は $\partial u/\partial y$ です。このことから、二つの要素 PA と PB 間の最初の直角 APB は角 $\partial v/\partial x + \partial u/\partial y$ ほど減じられます。これをせん断歪度と呼びます。

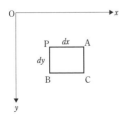

図 4.4　弾性体の微小要素

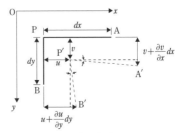

図 4.5　微小要素の変形　（出典：文献 6）

垂直歪度に対してはεを用います。また、せん断歪度に対してはγを用います。すなわち、x方向の垂直歪度は$\varepsilon_x = \partial u / \partial x$、$y$方向の垂直歪度は$\varepsilon_y = \partial v / \partial y$、せん断歪度は$\gamma = \partial v / \partial x + \partial u / \partial y$で表されます。

4. 応力度と歪度との関係

応力度の成分と歪度の成分との比例関係は、一般にフックの法則として知られています。例えば、鋼材（棒鋼）の引張試験を想定しましょう。棒鋼の材軸と直角な断面には一様な垂直応力度σ_xが分布し、垂直歪度は比例限界まで次式によって与えられます。

$$\varepsilon_x = \frac{\sigma_x}{E} \tag{4-5}$$

ここで、Eは引張時のヤング係数（または縦弾性係数）と呼ばれる材料の伸びにくさを表す定数で、例えば、鋼材のヤング係数は$2.05 \times 10^5 \mathrm{N/mm^2}$です。鋼材の比例限界の応力度を$205\mathrm{N/mm^2}$とすれば、鋼材に生じる垂直歪度は$0.001$となるので、鋼材の垂直歪度はこれよりも小さくなるのが普通です。

このx方向の縦歪度は（y方向の）横歪度を誘発させます。すなわち、

$$\varepsilon_y = -\nu \frac{\sigma_x}{E} \tag{4-6}$$

ここで、νはポアソン比と呼ばれる定数で、0.5未満の正値です。また、材料のポアソン比は固有の値を持ち、例えば、鋼材では通常0.3、コンクリートでは通常0.2です。

また、圧縮時のヤング係数とポアソン比は、引張時と同じ値になります。

もし、平板内部の直方体要素がそれぞれ一様な垂直応力度σ_xとσ_yを同時に受けているならば、垂直歪度の成分は二つの応力度のそれぞれによって生じる垂直歪度を重ね合わせることによって得られます。すなわち、

図 4.6　純せん断

$$\varepsilon_x = \frac{1}{E}(\sigma_x - v\sigma_y)$$
$$\varepsilon_y = \frac{1}{E}(\sigma_y - v\sigma_x)$$

(4-7)

　次に、図 4.6 に示す特殊な微小要素 abcd を考えましょう。この微小要素の各側面には
せん断応力度のみが作用し、垂直応力度は作用していません。この場合、モールの応力円
に示すように主応力度も $\sigma=\tau$ となります。このような応力状態を純せん断と呼んでいます。
変形に伴なって要素の長さ ab と ad は変化しませんが、側面 ab と ad のなす角度が変化
します。要素 Oa の垂直歪度を ε とすれば、要素 Oa の伸びは $1+\varepsilon$ に対して、要素 Ob
の縮みは $1-\varepsilon$ になります。一方、角度 Oab は変形後に $\pi/4-\gamma/2$ に減じられますので、
γ が十分に小さいとすれば、次式が成り立ちます（p.76 と p.80 を参照のこと）。

$$\frac{\overline{\mathrm{Ob}}}{\overline{\mathrm{Oa}}} = \frac{1-\varepsilon}{1+\varepsilon} = \tan\left(\frac{\pi}{4} - \frac{\gamma}{2}\right) = \frac{\tan\frac{\pi}{4} - \tan\frac{\gamma}{2}}{1 + \tan\frac{\pi}{4}\tan\frac{\gamma}{2}} = \frac{1 - \frac{\gamma}{2}}{1 + \frac{\gamma}{2}}$$

上式から、垂直歪度とせん断歪度は $\varepsilon=\gamma/2$ の関係にあることがわかります。ゆえに、

$$\gamma = 2\varepsilon = \frac{2}{E}\left\{\sigma - (-v\sigma)\right\} = \frac{2(1+v)\sigma}{E} = \frac{2(1+v)\tau}{E}$$

　したがって、せん断歪度とせん断応力度はヤング係数とポアソン比によって定義され、

$$G = \frac{E}{2(1+v)}$$

(4-8)

とおくと、

$$\gamma = \frac{\tau}{G}$$

となります。ここで、G はせん断弾性係数と呼ばれる定数です。
　それゆえ、図 4.1 に示す要素のせん断応力度とせん断歪度の関係は下式で表されます。

$$\gamma_{xy} = \frac{\tau_{xy}}{G}$$

(4-9)

2 軸方向力による応力度と変形

1．軸方向力による垂直応力度

第3章で述べた応力は、部材を線材に理想化したときの内力でした。現実には部材は断面を有していますので、線材に理想化することは断面をある一点に集約することと解釈できます。ここで、図4.7に示す両端部に引張荷重が作用する直線部材を想定しましょう。この部材の一部を材軸に対して直角に切断すると垂直応力度が現れます。この垂直応力度は断面上のあらゆるところにある一定の大きさで存在します。したがって、軸方向力はこれらの断面上に作用する垂直応力度の総和になります。

$$N=\int_A \sigma dA = \sigma \int_A dA = \sigma A \tag{4-10}$$

ここで、A は断面積を表します。また、軸方向力による垂直応力度は軸方向力を断面積で除することで求められることがわかります。

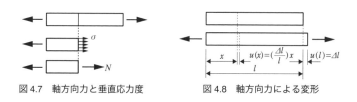

図 4.7　軸方向力と垂直応力度　　　　図 4.8　軸方向力による変形

基礎知識 **微分と積分**

　関数 $f(x)$ に対して、微分すると $f(x)$ になる関数 $F(x)$ を $f(x)$ の不定積分といい、

$$F(x) = \int f(x)\,dx + C$$

と表す。ここで C は積分定数を表す。

　また $F(x)$ から $f(x)$ を求めることを微分するというのに対して、$f(x)$ から $F(x)$ を求めることを積分するという。つまり、微分と積分は逆の運算になっている。

　本書においては、有理関数に関して知っていれば特に困ることはないと思われるので、有理関数の微分と積分を右に示す。なお、三角関数に関しては p.76 を参照。

$f(x)$	$f'(x)$	$f(x)$	$\int f(x)\,dx$
x^a	ax^{a-1}	$x^a(a\neq-1)$	$\dfrac{1}{a+1}x^{a+1}$

2．軸方向力による変形

　直線部材において、図4.8に示すように部材長さをl、伸縮量をΔlとすれば、直線部材の一端からxの距離の変位関数は$u(x)=(\Delta l/l) \times x$で表されますので、直線部材の垂直歪度は下式で与えられます。

$$\varepsilon = \frac{\Delta l}{l} \tag{4-11}$$

　したがって、直線部材の伸縮量は、軸方向力Nが材軸方向に対して変化しなければ、フックの法則から下式によって求められます。

$$\Delta l = \frac{Nl}{EA} \tag{4-12}$$

例題 4-3　下図に示すように、直径22mm、長さ1mの棒鋼の両端を100kNの力で引っ張ったときの棒鋼の伸びを求めなさい。ただし、鋼のヤング係数は$2.0 \times 10^5 \mathrm{N/mm^2}$とします。

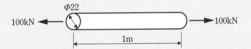

100kN ←　Φ22　→ 100kN

|←　1m　→|

解答

1) 断面積（A）を求める。

$A = 3.14 \times 11^2 = 379.9 \mathrm{mm^2}$

2) 垂直応力度（σ）を求める。

$$\sigma = \frac{N}{A} = \frac{100 \times 10^3}{379.9} = 263.2 \mathrm{N/mm^2}$$

3) 垂直歪度（σ）を求める。

$$\varepsilon = \frac{\sigma}{E} = \frac{263.2}{2 \times 10^5} = 1.32 \times 10^{-3}$$

4) 伸び量（Δl）を求める。

$\Delta l = \varepsilon l = 1.32 \times 10^{-3} \times 1000 = 1.32 \mathrm{mm}$

別解

式（4-12）を用いて求める。

$$\varepsilon = \frac{Nl}{EA} = \frac{100 \times 10^3 \times 10^3}{2 \times 10^5 \times 379.9} = 1.32 \mathrm{mm}$$

3．断面一次モーメントと図心

　最初に座標軸を図4.9に示します。本書では右手系座標を採用していますので、直線部材を論じる場合の断面はy-z座標系で表されます。しかし、断面の諸係数を計算する場合は断面をx-y座標系で表した方が読者の皆さんにはなじみやすいと思います。そこで、断面においてy-z座標軸を使用している場合は、直線部材を論じているとご理解ください。反対にx-y座標軸が用いられている場合は主に断面の諸係数を論じています（図4.10）。

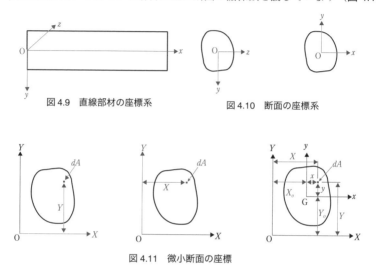

図4.9　直線部材の座標系　　　　図4.10　断面の座標系

図4.11　微小断面の座標

　さて、ここでは断面の諸係数を論じますのでx-y座標系を用います。本書では図心位置を通る座標系をx-y座標で表します。また、図心（G）を通らない座標系をX-Y座標で表します。

　図4.11において、任意の直交座標系X-Yを設けます。微小断面積dAの座標を(X,Y)としたとき、微小断面積dAとX軸からの距離Yを乗じた値の全断面積に対する総和と微小断面積dAとY軸からの距離Xを乗じた値の全断面積に対する総和を断面一次モーメントといい、それぞれ次式で表されます。単位は長さの3乗で、mm^3などで表されます。

$$S_X = \int_A Y dA \quad S_Y = \int_A X dA \tag{4-13}$$

　ここで、一つの点を通る座標軸に関して断面一次モーメントがゼロであるとき、その点を断面の図心と呼んでいます。図心はいかなる断面においてもただ一つ存在します。

　図4.11において、X-Y座標系の図心$G(X_0, Y_0)$を通る直交座標軸x-yを考えます。x軸およびy軸に関する断面一次モーメントは、

$$S_x = \int_A y\,dA = \int_A (Y - Y_0)\,dA = \int_A Y\,dA - Y_0 \int_A dA = S_X - Y_0 A$$

$$S_y = \int_A x\,dA = \int_A (X - X_0)\,dA = \int_A X\,dA - X_0 \int_A dA = S_Y - X_0 A$$

と表され、$S_x = 0$、$S_y = 0$ より、断面の図心は次式で与えられます。

$$X_0 = \frac{S_Y}{A} \qquad Y_0 = \frac{S_X}{A} \tag{4-14}$$

　長方形断面の例を**例題** 4-4 に示します。また、基本図形の図心の位置を**図** 4.12 に示します。長方形断面の場合、**図** 4.12 に示すように、高さと幅をそれぞれ二分する位置にあります。三角形断面や円形断面の図心の求め方は、**例題** 4-4 の補足を参考にしてください。

　一方、断面積が A_1、A_2、……、A_n で表されるいくつかの断面の集合からなるとき、この断面の X 軸および Y 軸に関する断面一次モーメントは、各断面に対して座標軸からその断面の図心までの距離 (X_i または Y_i) とその断面積 (A_i) との積を求め、その代数和として、次のように求められます。

$$S_X = \sum_{i=1}^{n} Y_i A_i \qquad S_Y = \sum_{i=1}^{n} X_i A_i \tag{4-15}$$

　したがって、X 軸および Y 軸からその断面の図心までの距離 (X_0、Y_0) は、下式のように表されます。

$$X_0 = \frac{S_Y}{\sum_{i=1}^{n} A_i} = \frac{\sum_{i=1}^{n} X_i A_i}{\sum_{i=1}^{n} A_i}, \quad Y_0 = \frac{S_X}{\sum_{i=1}^{n} A_i} = \frac{\sum_{i=1}^{n} Y_i A_i}{\sum_{i=1}^{n} A_i} \tag{4-16}$$

　断面積がいくつかの断面の集合からなる場合の例を**例題** 4-5 に示します。皆さんは、**例題** 4-5 を参考に演習問題を解いてみてください。

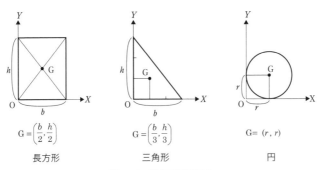

G = $\left(\dfrac{b}{2}, \dfrac{h}{2}\right)$　　　　G = $\left(\dfrac{b}{3}, \dfrac{h}{3}\right)$　　　　G= (r, r)

長方形　　　　　　　　三角形　　　　　　　　円

図 4.12　基本図形の図心

例題 4-4 下図に示す長方形断面の X 軸および Y 軸に関する断面一次モーメントと断面の図心を求めなさい。

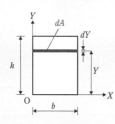

解答

1) 微小断面の面積は下式で表される。

$$dA = b \times dY$$

2) したがって、X 軸に関する断面一次モーメントは次式となる。

$$S_X = \int_A Y dA = \int_0^h b Y dY = b \left[\frac{Y^2}{2} \right]_0^h = \frac{bh^2}{2}$$

3) 全断面積は、$A = bh$ であるから、断面の図心までの距離 Y_0 は、次のように求められる。

$$Y_0 = \frac{S_X}{A} = \frac{bh^2/2}{bh} = \frac{h}{2}$$

4) 同様にして、Y 軸から断面の図心までの距離 X_0 は、次のように求められる。

$$X_0 = \frac{S_Y}{A} = \frac{b^2h/2}{bh} = \frac{b}{2}$$

補足

三角形断面や円形断面の断面一次モーメントは、下記のように求めることができる。

三角形

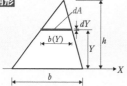

$$dA = b(Y) dY = \left(1 - \frac{Y}{h} \right) b dY$$

$$S_X = \int_0^h b(Y) Y dY = b \int_0^h \left(1 - \frac{Y}{h} \right) Y dY$$

$$= b \left[\frac{Y^2}{2} - \frac{Y^3}{3h} \right]_0^h = \frac{bh^2}{6}$$

$$Y_0 = \frac{S_X}{A} = \frac{bh^2/6}{bh/2} = \frac{h}{3}$$

円

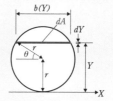

円形断面では円の中心が図心になることは対称性から直感的にわかるが、理論的に求めると以下のようになる。

$$Y = r(1 + \sin\theta), \, dY = r\cos\theta d\theta$$

$$dA = b(Y) dY = 2r^2 \cos^2\theta d\theta$$

$$S_X = \int_0^{2r} b(Y) Y dY = 2r^3 \int_{-\pi/2}^{\pi/2} \cos^2\theta \, (1 + \sin\theta) d\theta$$

$$= r^3 \left[\theta + \frac{\sin 2\theta}{2} - \cos\theta - \frac{\cos 3\theta}{6} + \frac{\cos\theta}{2} \right]_{-\pi/2}^{\pi/2} = \pi r^3$$

$$Y_0 = \frac{S_X}{A} = \frac{\pi r^3}{\pi r^2} = r$$

三角関数の公式に関しては p.76 参照。

74

下図に示す断面の図心を求めなさい。

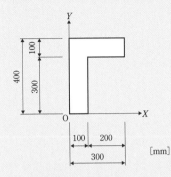

解答

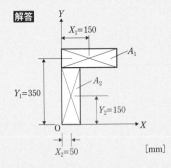

1) 断面積を求める。

$A = A_1 + A_2 = 300 \times 100 + 100 \times 300 = 6 \times 10^4 \text{mm}^2$

2) 断面一次モーメントを求める（注意:断面一次モーメントの単位は長さの3乗）。

$S_X = A_1 \times Y_1 + A_2 \times Y_2 = 3 \times 10^4 \times 350 + 3 \times 10^4 \times 150 = 15 \times 10^6 \text{mm}^3$

$S_Y = A_1 \times X_1 + A_2 \times X_2 = 3 \times 10^4 \times 150 + 3 \times 10^4 \times 50 = 6 \times 10^6 \text{mm}^3$

3) 両軸から断面の図心 (X_o、Y_o) までの距離を求める。

$X_o = \dfrac{S_Y}{A} = \dfrac{6 \times 10^6}{6 \times 10^4} = 100 \text{mm}$ $Y_o = \dfrac{S_X}{A} = \dfrac{15 \times 10^6}{6 \times 10^4} = 250 \text{mm}$

別解

常にではないが、大きい断面から小さい断面を引くことが有効な場合もある。

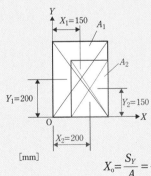

1) 断面積を求める。

$A = A_1 - A_2 = 300 \times 400 - 200 \times 300 = 6 \times 10^4 \text{mm}^2$

2) 断面一次モーメントを求める。

$S_X = A_1 \times Y_1 - A_2 \times Y_2 = 12 \times 10^4 \times 200 - 6 \times 10^4 \times 150$
$= 15 \times 10^6 \text{mm}^3$

$S_Y = A_1 \times X_1 - A_2 \times X_2 = 12 \times 10^4 \times 150 - 6 \times 10^4 \times 200$
$= 6 \times 10^6 \text{mm}^3$

3) 両軸から断面の図心 (X_o、Y_o) までの距離を求める。

$X_o = \dfrac{S_Y}{A} = \dfrac{6 \times 10^6}{6 \times 10^4} = 100 \text{mm}$ $Y_o = \dfrac{S_X}{A} = \dfrac{15 \times 10^6}{6 \times 10^4} = 250 \text{mm}$

加法定理

$\sin(x \pm y) = \sin x \cos y \pm \cos x \sin y$

$\cos(x \pm y) = \cos x \cos y \mp \sin x \sin y$

$\tan(x \pm y) = \dfrac{\tan x \pm \tan y}{1 \mp \tan x \tan y}$

2倍角公式

$\sin 2t = 2\sin t \cos t$

$\cos 2t = \cos^2 t - \sin^2 t = 2\cos^2 t - 1 = 1 - 2\sin^2 t$

$\tan 2t = \dfrac{2\tan t}{1 - \tan^2 t}$

積和公式

$\sin x \cos y = \dfrac{1}{2}\{\sin(x+y) + \sin(x-y)\}$

$\cos x \sin y = \dfrac{1}{2}\{\sin(x+y) - \sin(x-y)\}$

$\cos x \cos y = \dfrac{1}{2}\{\cos(x+y) + \cos(x-y)\}$

$\sin x \sin y = -\dfrac{1}{2}\{\cos(x+y) - \cos(x-y)\}$

和積公式

$\sin x + \sin y = 2\sin\dfrac{x+y}{2}\cos\dfrac{x-y}{2}$

$\sin x - \sin y = 2\cos\dfrac{x+y}{2}\sin\dfrac{x-y}{2}$

$\cos x + \cos y = 2\cos\dfrac{x+y}{2}\cos\dfrac{x-y}{2}$

$\cos x - \cos y = -2\sin\dfrac{x+y}{2}\sin\dfrac{x-y}{2}$

微分・積分

$f(x)$	$f'(x)$	$f(x)$	$\int f(x)\,dx$
$\sin x$	$\cos x$	$\sin px$	$-\dfrac{\cos px}{p}$
$\cos x$	$-\sin x$	$\cos px$	$\dfrac{\sin px}{p}$

演習問題 4.a

4.a-1 モールの応力円を用いて、以下の問いに答えなさい。

1 物体内部の微小要素に右図に示す応力度が作用するとき、主応力度の大きさとその方向を求めなさい。

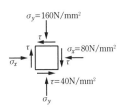

2 物体内部の微小要素に、せん断応力度 50N/mm^2 のみが作用するとき、主応力度の大きさとその方向を求めなさい。

3 地盤内部の土が鉛直土圧 60N/mm^2、側圧 20N/mm^2 を受けるとき、水平方向に対して $45°$ の方向の微小要素に作用する応力度を求めなさい。

4.a-2 直径 150mm、高さ 300mm の円筒形のコンクリート供試体に 240kN の圧縮荷重を加えたとき、以下の問いに答えなさい。

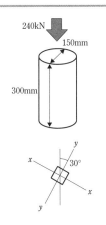

1 荷重方向（縦）に 0.16mm 縮んで、直径方向（横）に 0.016mm 伸びたときコンクリートのヤング係数とポアソン比を求めなさい。また、せん断弾性係数を求めなさい。

2 荷重方向に対して $30°$ 傾いたコンクリート内部の微小要素側面に生じる応力度を求めなさい。また、それらの応力度によって生じる微小要素の歪度を求めなさい。

4.a-3 図に示すような二つの材料でできた円筒形の供試体に圧縮荷重を加えたとき、以下の問いに答えなさい。

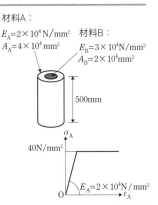

1 圧縮荷重と供試体の縮み量との関係をグラフにしなさい。ただし、供試体は弾性体であるとします。

2 二つの材料のうち材料 A が右図のような応力度－歪度の関係を持っているとしたとき、圧縮荷重と供試体の縮み量との関係はどうなるかをグラフにして説明しなさい。

演習問題 4.a

4.a-4 図に示す部材 ab の c 点に荷重 P が作用するとき、ac 間と cb 間に作用する軸方向力の大きさを求めなさい。ただし、部材の自重や座屈は考えないものとし、部材のヤング係数と断面積は E と A で表されるものとします。

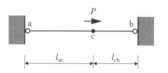

4.a-5 下図の断面の図心を求めなさい。

1

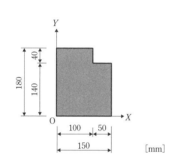

[mm]

2

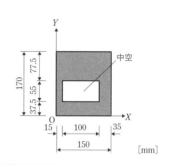

中空

[mm]

3

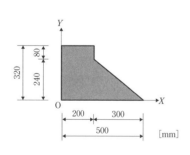

[mm]

4

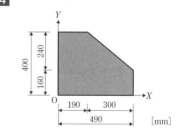

[mm]

5

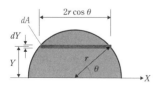

三角関数の公式に関しては p.76 を参照。

6

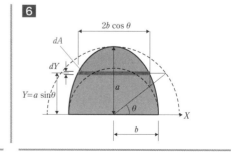

3 曲げモーメントによる応力度と変形

1. 梁の曲げ変形

　図4.13に示すように梁を曲げると、梁の材繊維は伸びる側と縮む側に分かれます。したがって材繊維が伸びも縮みもしない面が存在し、その面を中立面と呼んでいます。中立面は断面上では中立軸として現れます。梁の曲げ問題では、この中立軸が基準軸になります。また、材繊維の伸び縮みの大きさは中立軸からの距離に比例すると仮定します。この仮定を平面保持の仮定と呼んでいます。

図4.13　曲げを受ける梁の変形

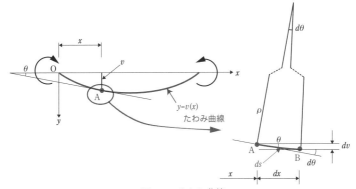

図4.14　たわみ曲線

　梁の両端を曲げると、図4.13に示すように梁は湾曲します。そこで、図4.14に示すように、直交座標軸 x、y をとって梁の材軸（図心を連ねた線）の変形後の曲線を $y=v(x)$ と表現します。この曲線をたわみ曲線（または弾性曲線）と呼びます。そして y 方向の変位をたわみと呼んでいます。

　梁の左端（O点）から x 離れた位置のたわみを v とし、変形後の材軸上の点をAと名づけます。A点におけるたわみ曲線の接線と x 軸とのなす角度をたわみ角と呼び、θ で表します。次にA点近傍を観察しましょう。A点から x 座標軸上に dx 離れた点をBと名づけます。たわみの増分を dv とすれば、たわみ角 θ は下式で表されます。

$$\theta = \frac{dv}{dx} \tag{4-17}$$

マクローリン展開

テイラー展開（p.68）において、$x=0$ とおくと

$$f(h)=f(0)+\frac{f'(0)}{1!}h+\frac{f''(0)}{2!}h^2+\cdots+\frac{f^{(n-1)}(0)}{(n-1)!}h^{(n-1)}$$

となり、これをマクローリン展開という。

上式において $x=h$ と置きなおして、関数 $f(x)=\tan x$ の 3 階微分項までマクローリン展開してみよう。

$$(\tan x)'=\frac{1}{\cos^2 x}=1+\tan^2 x$$

$$(\tan x)''=2\tan x(\tan x)'=2\tan x(1+\tan^2 x)=2\tan x+2\tan^3 x$$

$$(\tan x)'''=(2+6\tan^2 x)(\tan x)'=(2+6\tan^2 x)(1+\tan^2 x)$$

であるから、

$$\tan x=0+1\times x+0\times x^2+\frac{2}{6}\times x^3=x+\frac{1}{3}x^3+\cdots$$

となる。

したがって、x が極めて小さいならば、$\tan x \fallingdotseq x$ に近似される。

さて、図 4.14 において A 点における法線と B 点における法線はある点で交わります。この二つの法線のなす角度はたわみ角の増分量 $d\theta$ です。また、その交点と中立軸までの距離を曲率半径と呼び、ρ で表します。ds が十分に小さければ AB は半径 ρ の弧とみなせます。それゆえに下式が成り立ちます。

$$d\theta=\frac{ds}{\rho}$$

ここで、曲率半径（ρ）は曲率（ϕ）の逆数です。また、たわみの増分 dv が十分小さければ、$ds \fallingdotseq dx$ ですから、

$$\phi=\frac{1}{\rho}=\frac{d\theta}{dx} \tag{4-18}$$

で表されます。したがって、式 (4-17) と式 (4-18) から、

$$\frac{d^2 v}{dx^2}=\frac{d\theta}{dx}=\phi \tag{4-19}$$

を得ることができます。

２．梁の曲げモーメントによる応力度

平面保持の仮定から中立軸から y 離れた位置での材繊維の伸縮量は、図 4.15 に示すように $yd\theta$ になります。したがって、この材繊維の歪度は $\varepsilon=yd\theta/dx=\phi y$ で表されます。また、フックの法則から材繊維の垂直応力度は、

$$\sigma=E\phi y \tag{4-20}$$

となります。この垂直応力度を曲げ応力度と呼んでいます。

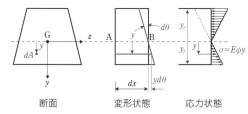

断面　　　変形状態　　　応力状態

図 4.15　曲げを受ける断面

材繊維の断面上に生じる曲げ応力度（垂直応力度）の分布は一様でなく変化しています。しかし、材繊維の微小断面積（dA）は限りなくゼロに近いほど小さいと考えていくと、その変化量は無視しても差し支えなくなります。それゆえ、中立軸まわりの微小断面上に生じる曲げ応力度が引き起こすモーメントは、σydA と表現できます。そして曲げ応力度は断面全体のいたるところで生じていますので、断面全体の曲げ応力度が引き起こすモーメントの総和は、曲げモーメントに等しくなります。ゆえに、曲げモーメントは、

$$M=\int_A \sigma ydA=E\phi\int_A y^2dA=EI_z\phi \tag{4-21}$$

で与えられます。ここで、

$$I_z=\int_A y^2dA \tag{4-22}$$

を、中立軸（z 軸）に関する断面二次モーメントといいます。

また、式 (4-20) と式 (4-21) から、曲げ応力度と曲率はそれぞれ次式で求めることができます。

$$\sigma=\frac{M}{I_z}y \tag{4-23}$$

$$\phi=\frac{M}{EI_z} \tag{4-24}$$

式 (4-19) と式 (4-24) は同じ曲率を表していますが、曲げモーメントの向きの仮定によって符号の定め方が変わります。例えば、図 4.16 に示す片持ち梁の曲げモーメントを求める場合、曲げモーメントの向きを構造体（A）のように仮定しても、構造体（B）のように仮定しても、符号は異なりますが、得られる曲げモーメント図は同じになります。したがって、式 (4-24) の曲率の向きを式 (4-19) の曲率の向きと同じになるように合わせようと思えば、構造体（B）に示すような曲げモーメントの向きを仮定すればよいことになります。しかし、多くの人は梁を解くときに慣例的に構造体（A）に示すような曲げモーメントの向きを仮定します。この場合は式 (4-19) の曲率の向きに合わせるためには式 (4-24) の右辺に負の符号をつけて整合させます。すなわち、

$$\frac{d^2v}{dx^2} = \frac{d\theta}{dx} = -\frac{M}{EI_z} \tag{4-25}$$

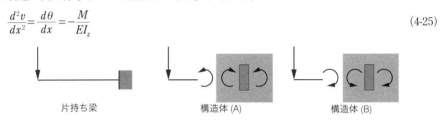

片持ち梁 　　　　構造体 (A) 　　　　構造体 (B)

図4.16　曲げモーメントの向きの仮定

例題 4-6　下図に示す単純梁の加力点位置の断面に生じる縁応力度（最大曲げ応力度）と曲率を求めなさい。ただし、ヤング係数（E）は $2.5 \times 10^4 \mathrm{N/mm^2}$ とし、また断面は上下対称断面で、梁せいは 400mm、断面二次モーメント（I_z）は $4 \times 10^8 \mathrm{N/mm^4}$ とします。

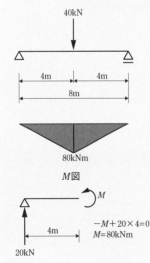

40kN

4m 　4m

8m

80kNm

M図

−M+20×4=0
M=80kNm

4m

20kN

解答

1) 加力点位置での曲げモーメントを求めると80kNm であることがわかる。

2) 縁応力度を求める。断面は上下対称断面であるから、中立軸から上下縁までの距離は200mmである。

$$\sigma = \frac{M}{I_z}y = \frac{80 \times 10^6}{4 \times 10^8} \times \left(\mp 200\right) = \mp 40 \mathrm{N/mm^2}$$

3) 曲率を求める。

$$\phi = -\frac{M}{EI_z} = -\frac{80 \times 10^6}{2.5 \times 10^4 \times 4 \times 10^8} = -8 \times 10^{-6} \mathrm{mm^{-1}}$$

注) yは下向きに正。この場合、応力度は中立軸より下側の断面が引張を受け、上側の断面が圧縮を受けている。一方、曲率は負であるから、梁は下に凸の変形をしている。

３．断面二次モーメントとその計算

最初に、**図4.17**に示すような断面の図心まわりの断面二次モーメントを考えましょう。この場合、断面二次モーメントは下式で定義されます。

$$I_x = \int_A y^2 dA$$
$$I_y = \int_A x^2 dA \tag{4-26}$$

ここで、断面二次モーメントの単位は長さの4乗であり、mm^4などで表されます。また、断面二次モーメントは常に正の値になります。**例題4-7**に（図心周りの）基本図形の断面二次モーメントの計算を例示しています。

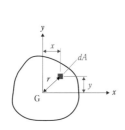

図4.17　図心軸に直交座標軸がある場合

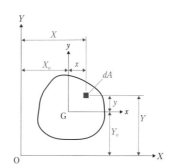

図4.18　図心軸から離れた位置に
直交座標軸がある場合

次に、**図4.18**に示すような座標軸（X-Y軸）が図心（x-y軸）から離れた場合の断面二次モーメントは以下のように展開されます。

$$I_X = \int_A Y^2 dA = \int_A (y+Y_o)^2\, dA = \int_A y^2 dA + 2Y_o \int_A y dA + Y_o^2 \int_A dA = I_x + 2Y_o S_x + Y_o^2 A$$
$$I_Y = \int_A X^2 dA = \int_A (x+X_o)^2 dA = \int_A x^2 dA + 2X_o \int_A x dA + X_o^2 \int_A dA = I_y + 2X_o S_y + X_o^2 A$$

ここで、断面一次モーメント（S_xとS_y）は図心周りの断面一次モーメントですので、それぞれゼロになります。ゆえに、X-Y軸周りの断面二次モーメントは以下のように定義されます。

$$I_X = \int_A Y^2 dA = I_x + Y_o^2 A$$
$$I_Y = \int_A X^2 dA = I_y + X_o^2 A \tag{4-27}$$

すなわち、断面の図心から離れた位置にある直交座標軸に関する断面二次モーメントは、断面の図心周りの断面二次モーメントに、その断面の図心から直交座標軸までの距離の二乗と断面積との積を加えることで求められます。このことから、断面の図心から断面積を

遠く離せば離すほど、断面二次モーメントは大きくなることがわかります。また、これを応用すれば、いくつかの基本図形の集合体から構成される断面の断面二次モーメントを求めることができます。図心に関する基本図形の断面二次モーメントを図 4.19 にまとめるとともに、いくつかの長方形の集合体から構成される断面の断面二次モーメントの計算例を例題 4-8 に示します。

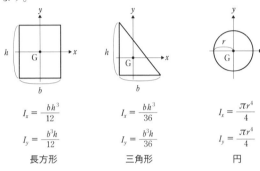

$$I_x = \frac{bh^3}{12}$$

$$I_y = \frac{b^3 h}{12}$$

長方形

$$I_x = \frac{bh^3}{36}$$

$$I_y = \frac{b^3 h}{36}$$

三角形

$$I_x = \frac{\pi r^4}{4}$$

$$I_y = \frac{\pi r^4}{4}$$

円

図 4.19　基本図形の断面二次モーメント

例題 4-7　下図に示す長方形断面の図心（x 軸）に関する断面二次モーメントを求めなさい。

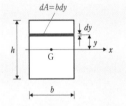

解答

$$I_x = \int_A y^2 dA = b \int_{-h/2}^{h/2} y^2 dy = b \left[\frac{y^3}{3} \right]_{-h/2}^{h/2} = \frac{bh^3}{12}$$

補足

三角形断面や円形断面の断面二次モーメントは、下記の通りである。

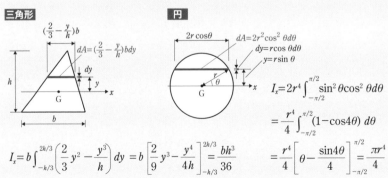

三角形

$$I_x = b \int_{-h/3}^{2h/3} \left(\frac{2}{3} y^2 - \frac{y^3}{h} \right) dy = b \left[\frac{2}{9} y^3 - \frac{y^4}{4h} \right]_{-h/3}^{2h/3} = \frac{bh^3}{36}$$

円

$$I_x = 2r^4 \int_{-\pi/2}^{\pi/2} \sin^2 \theta \cos^2 \theta d\theta$$

$$= \frac{r^4}{4} \int_{-\pi/2}^{\pi/2} (1 - \cos 4\theta) \, d\theta$$

$$= \frac{r^4}{4} \left[\theta - \frac{\sin 4\theta}{4} \right]_{-\pi/2}^{\pi/2} = \frac{\pi r^4}{4}$$

例題 4-8 下図に示す断面の図心に関する断面二次モーメントを求めなさい。

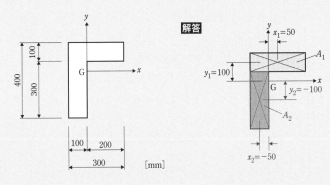

解答

$$I_x = \frac{300 \times 100^3}{12} + y_1^2 A_1 + \frac{100 \times 300^3}{12} + y_2^2 A_2$$

$$= 0.25 \times 10^8 + 100^2 \times 300 \times 100 + 2.25 \times 10^8 + (-100)^2 \times 100 \times 300 = 8.5 \times 10^8 \, \text{mm}^4$$

$$I_y = \frac{100 \times 300^3}{12} + x_1^2 A_1 + \frac{300 \times 100^3}{12} + x_2^2 A_2$$

$$= 2.25 \times 10^8 + 50^2 \times 100 \times 300 + 0.25 \times 10^8 + (-50)^2 \times 300 \times 100 = 4.0 \times 10^8 \, \text{mm}^4$$

別解

断面一次モーメントの計算と同様に、常にではないが、大きい断面から小さい断面を引くことが有効な場合もある。

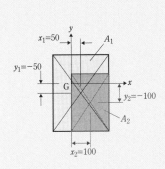

$$I_x = \frac{300 \times 400^3}{12} + y_1^2 A_1 - \left(\frac{200 \times 300^3}{12} + y_2^2 A_2 \right)$$

$$= 16 \times 10^8 + (-50)^2 \times 300 \times 400 - 4.5 \times 10^8$$

$$\quad - (-100)^2 \times 200 \times 300$$

$$= (16 + 3 - 4.5 - 6) \times 10^8 = 8.5 \times 10^8 \text{mm}^4$$

$$I_y = \frac{400 \times 300^3}{12} + x_1^2 A_1 - \left(\frac{300 \times 200^3}{12} + x_2^2 A_2 \right)$$

$$= 9 \times 10^8 + 50^2 \times 400 \times 300 - 2 \times 10^8$$

$$\quad - 100^2 \times 300 \times 200$$

$$= (9 + 3 - 2 - 6) \times 10^8 = 4.0 \times 10^8 \text{mm}^4$$

４．縁応力度と断面係数

　応力解析を含む構造解析は、構造物に荷重を与えることで実行されます。構造設計は構造物のすべての部分でその許容限界を超えないことを、構造解析や応力解析の結果から判断する作業です。もし、構造物のどこか一部でも許容限界を超える箇所があれば、構造物は与えられた設計条件を満足するように修正され、再び構造解析が実行されます。そして、すべての設計条件を満足するまでこのサイクルは繰り返されます。

　構造設計において、許容限界を超えているかいないかの判断は、一般的には各部材において最も応力の大きい位置の断面上に生じる最大応力度と、それを構成する材料の許容応力度との大小関係で決まります。つまり、応力解析では、部材断面上に生じる最大応力度を求めることが重要になります。

　そこで、曲げモーメントを受ける梁では、断面において最も大きな曲げ応力度の値を見いだすことが重要になります。梁の曲げ応力度は図 4.15 に示す応力状態ですから、最も大きな値は断面の中立軸から最も離れた断面の上縁または下縁の応力度になります。これらの応力度を縁応力度と呼んでいます。この縁応力度は曲げモーメントを以下に述べる断面係数で除することで求めることができます。

　断面係数は、図 4.15 で説明すると、中立軸（z 軸）に関する断面二次モーメント I_z を中立軸から断面の最外縁までの距離 y_t（引張側）または y_c（圧縮側）で除した値で、下式で表されます。

$$Z_{zt} = \frac{I_z}{y_t}, \quad Z_{zc} = \frac{I_z}{y_c} \tag{4-28}$$

　断面係数の単位は長さの 3 乗で、mm^3 などで表されます。断面が中立軸に対して対称でない場合は、中立軸から断面の最外縁までの距離が大きいほど曲げ応力度は大きくなるので、中立軸に関する二つ断面係数のうち小さい方の断面係数を用いれば、その断面の最大曲げ応力度を求めることができます。他方、中立軸に対して対称断面の場合には、二つの断面係数は同値になります。例えば、長方形断面（幅 b × せい h）の場合、中立軸から最外縁までの距離は $h/2$ ですので、長方形断面の断面係数 Z は、

$$Z = \frac{I}{h/2} = \frac{bh^3/12}{h/2} = \frac{bh^2}{6} \tag{4-29}$$

になります。

　曲げに関しては、ここで説明したこと以外にも多くの学ぶべき内容があります。本書では「断面の主軸」と「軸力と曲げを受ける部材の応力」について後述します。

　わが国の耐震設計の方法としては、最初に静的震度法という方法が考案された。静的震度法は、建物重量 (W) の何割かが水平力 (kW) として作用するという考えにもとづくものである。この割合 (k) を水平震度という。もう少し詳しく説明すると、建物重量 (W) は建物の質量 (m) と重力加速度 (g) の積 ($W=mg$) として表される。一方、慣性力は質量 (m) と加速度 (a) の積であるから、水平外力 (P) は、$P=(a/g) \times W$ で表される。ここで、$k=a/g$ とおくと、$P=kW$ となる。つまり、水平震度は、重力加速度に対する建物の最大応答加速度の比を表す。もし、建物が箱型の堅い構造物であれば、建物の最大応答加速度は、地震動の最大加速度に等しいと考えられるので、地震動の最大加速度を評価できれば、建物が地震時に受ける水平力を評価することができる。

　そこで、静的震度法では、関東大震災（大正 12（1923）年）の地震動の最大加速度を $0.3g$ と考え、極めて大きい地震動に対して建物の主要構造部材がその破壊強度を超えないように設計するという方法が定められた。しかし、関東大震災のような極めて大きな地震は頻繁には起きないので、比較的頻繁に起きる地震動を関東大地震の大きさの 3 分の 1 と考えて設計することにした。この方法では、建物の耐用年数中に数度は被るかもしれない地震動に対して、主要部材の応力が、材料の破壊強度の 3 分の 1 の応力度を超えないように設計することになる。この 3 分の 1 の応力度を許容応力度と呼んでいる。

　なお、水平震度は後に 0.2 に引き上げられたので、これに伴って、許容応力度も破壊強度の 3 分の 2 になるが、現行の許容応力度は、材料と応力度の種類に応じて、行政や学会がその値をきめ細かく定めている。

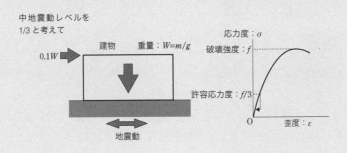

演習問題 4.b

4.b-1 下図に示す断面の図心に関する断面二次モーメントを求めなさい。

1

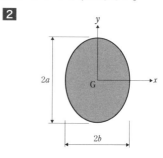

y
G
x
$2r$

2

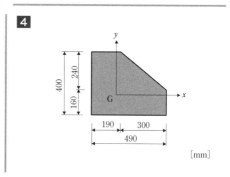

y
$2a$
G
x
$2b$

3

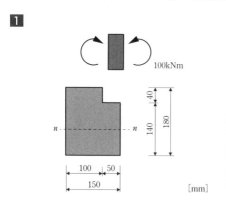

y
G
x
中空
170
77.5
55
37.5
15
100
35
150
[mm]

4

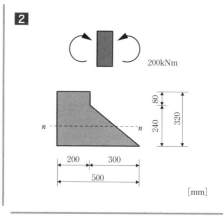

y
G
x
400
240
160
190
300
490
[mm]

4.b-2 下図に示す部材断面の断面係数を求めなさい。また、これらの部材が曲げモーメントを受けるとき、断面に生じる縁応力度と曲率を求めなさい。ただし、ヤング係数を $2 \times 10^4 \text{N/mm}^2$ とし、図中の $n-n$ 軸は中立軸を表すものとします。

1

100kNm

n ——— n

40
140
180
100
50
150
[mm]

2

200kNm

n ——— n

80
240
320
200
300
500
[mm]

4 せん断力による応力度と変形

1. 荷重、せん断力と曲げモーメントの関係

図 4.20 に示すような鉛直分布荷重 $w(x)$ が作用する単純梁を考えましょう。左端のピン支点を原点 O として、原点 O から適当な距離 x 離れた位置のセグメントを取り出します。この梁には軸方向力は作用しませんので、セグメントの両断面には曲げモーメントとせん断力が作用しています。また、荷重はセグメントの上面に作用し、その大きさはセグメントの両端ではわずかに変化しています。しかし、セグメントの長さ dx は荷重の変化量が無視できるほど極めて小さいので、荷重の大きさは一定とみなせます。その荷重の大きさを w とします。他方、この荷重の存在はセグメントの左右断面の応力をわずかに変化させます。そこで、曲げモーメントとせん断力の増分量をそれぞれ dM と dQ で表します。

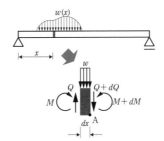

図 4.20 曲げを受ける梁のセグメントに作用する力

最初に鉛直方向の力の釣り合いを立てると、

$$Q-(Q+dQ)-wdx=0$$

となり、次式を得ます。

$$\frac{dQ}{dx}=-w \tag{4-30}$$

次に、図 4.20 中の点 A 周りのモーメントの釣り合いを立てると、

$$M-(M+dM)+Qdx-\frac{wdx^2}{2}=0$$

となります。ここで、$wdx^2/2$ は高次の微小項であるので無視すると、

$$\frac{dM}{dx}=Q \tag{4-31}$$

を得ます。

したがって、式 (4-30) と式 (4-31) から、力に関する微分方程式として下式を得ます。

$$\frac{d^2M}{dx^2}=\frac{dQ}{dx}=-w \tag{4-32}$$

２．せん断力による応力度

　例えば、トランプのカードを両手で曲げてみましょう。すると、図4.21 に示すようにカードはお互いに滑ります。しかし、梁を曲げても梁の材繊維はお互いに滑りを起こしません。つまり、滑りを起こさない力が材繊維間に働いています。この抵抗力がせん断応力度です。

図4.21　トランプのカード（左）と実際の梁（右）

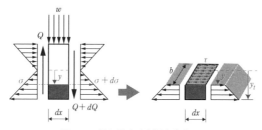

図4.22　梁に働くせん断応力度

　そこで、梁の任意のセグメントを取り出します。セグメントには図4.22 に示すような力が作用しています。このセグメントの中立面から y 離れた位置でセグメントをさらに材軸方向に切断します。そしてセグメントの切断された下半分を取り出して観察しましょう。

　この構造体に作用する力もまた力の釣り合い状態にあります。そこで軸方向の力の釣り合いを考えるとセグメントの左面に働く応力の塊（ストレスブロックという）の大きさは、右面に働くストレスブロックの大きさよりも小さいので、セグメントの上面にはその差を埋める分のせん断応力度が作用していることになります。それゆえに下式が成り立ちます。

$$\int_y^{y_t}(\sigma+d\sigma)dA - \int_y^{y_t}\sigma dA - \tau b dx = 0$$

せん断力による応力度は、式 (4-23) と式 (4-31) から、

$$\tau = \frac{1}{bdx}\int_y^{y_t}d\sigma dA = \frac{1}{bI_z}\frac{dM}{dx}\int_y^{y_t}ydA = \frac{QS(y)}{bI_z} \tag{4-33}$$

と表されます。ここで、

$$S(y) = \int_y^{y_t}ydA \tag{4-34}$$

は、せん断応力度を求める位置から断面の外側の部分の中立軸に関する断面一次モーメントを表します。

例題4-9 長方形断面のせん断応力度分布を求めなさい。

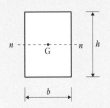

解答

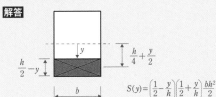

$$S(y)=\left(\frac{1}{2}-\frac{y}{h}\right)\left(\frac{1}{2}+\frac{y}{h}\right)\frac{bh^2}{2}$$

せん断力をQ、断面積を$A=bh$とすると、

$$\tau=\frac{QS(y)}{bI}=\frac{Q\left(\frac{1}{2}-\frac{y}{h}\right)\left(\frac{1}{2}+\frac{y}{h}\right)\frac{bh^2}{2}}{b\times\frac{bh^3}{12}}$$

$$=6\left(\frac{1}{2}-\frac{y}{h}\right)\left(\frac{1}{2}+\frac{y}{h}\right)\frac{Q}{A}$$

せん断応力度は右図のような放物線分布
を描いていることがわかる。

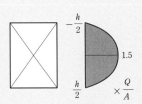

せん断応力度分布

例題4-10 下図に示す、せん断力100kNを受ける断面のA点とG点のせん断応力
度を求めなさい。

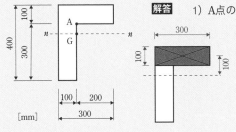

[mm]

解答 1）A点のせん断応力度を求める。

幅300mmの場合

$$\tau_A=\frac{100\times10^3\times300\times100\times100}{300\times8.5\times10^8}$$
$$=1.18\text{N/mm}^2$$

幅100mmの場合

$$\tau_A=\frac{100\times10^3\times300\times100\times100}{100\times8.5\times10^8}$$
$$=3.53\text{N/mm}^2$$

2）G点のせん断応力度を求める。

$$\tau_G=\frac{100\times10^3\times100\times250\times125}{100\times8.5\times10^8}$$
$$=3.68\text{N/mm}^2$$

注）例題4-8より$I=8.5\times10^8\text{mm}^4$を
用いている。

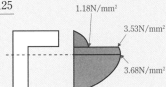

1.18N/mm²

3.53N/mm²

3.68N/mm²

4章

断面一次モーメント $(S(y))$ は断面の最外縁でゼロになり、中立軸位置で最大になります。また、例題 4-9 に示すように、せん断応力度分布は放物線分布であることがわかります。中立軸位置での断面幅は他と同じか小さいことが多いので、通常は中立軸位置でせん断応力度が最大になります。その大きさは、長方形断面では平均せん断応力度の 3/2 倍、円形断面では 4/3 倍です。この平均せん断応力度に対する最大せん断応力度の比を形状係数 (k) と呼び、断面の形状によって決まる係数になります。断面設計では、あらかじめ形状係数の大きさがわかっていれば、最大せん断応力度は形状係数と平均せん断応力度の積で容易に求めることができます。

$$\tau_{max} = k\frac{Q}{A} \tag{4-35}$$

3．せん断力による変形

式 (4-31) から、せん断力は曲げモーメントの材軸方向の変化率であることがわかります。つまり、せん断力は曲げモーメントに付随して引き起こされます。したがって、せん断力の影響を考慮してたわみを求める場合は、曲げによるたわみにせん断力の影響によるたわみを加えることになります。

先の曲げモーメントによるたわみの解説では、断面の中立軸位置での変形を対象に論じました。それゆえ、せん断力の影響によるたわみも断面の中立軸位置での変形を考察することになります。中立軸位置でのせん断歪度は、γ を用いて下式で表されます。

$$\gamma = \frac{\tau_{max}}{G} = k\frac{Q}{GA} \tag{4-36}$$

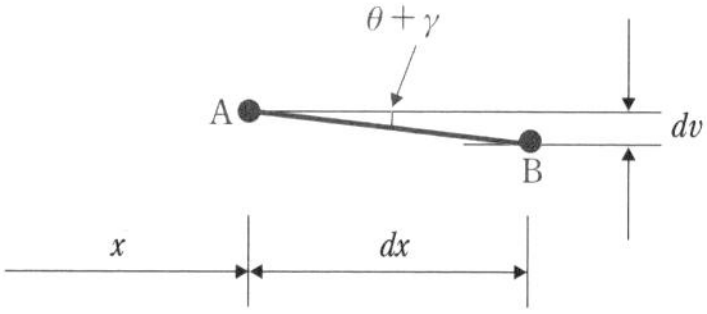

図 4.23　梁の中立軸位置での変形

図 4.23 に示すように、A 点でのたわみ角にこのせん断歪度が付加されるので、下式が成り立ちます。

$$\frac{dv}{dx} = \theta + \gamma = \theta + k\frac{Q}{GA}$$

部材に分布荷重 $w(x)$ が作用する場合、せん断力の影響を考慮したたわみ曲線の曲率は次式で表されます。

$$\frac{d^2v}{dx^2} = -\frac{M}{EI_z} + \frac{k}{GA}\frac{dQ}{dx} = -\frac{1}{EI_z}\left\{M + \frac{kEI_z}{GA}w(x)\right\} \tag{4-37}$$

演習問題 4.c

4.c-1 下図に示す断面のせん断応力度分布を求めなさい。ただし、せん断力は Q、断面積は A とします。

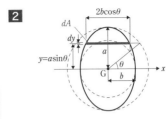

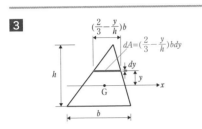

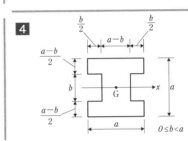

4

4.c-2 梁断面の中立軸位置でせん断応力度が最大になる場合、その大きさ（$\tau_{\max}$）はせん断力（Q）を梁幅と応力中心間距離との積（$b \times j$）で除することで与えられるといいます。その計算式を以下の手順で、下図を参考にしながら誘導しなさい。

1 下左図は、梁のセグメントを表しています。このセグメントに作用するストレスブロックや荷重を合力に変換して表したのが下中図になります。A点に関するモーメントの釣り合いから、応力度の増分 dT とせん断力 Q との関係を求めなさい。ただし、dx は極めて小さい距離とします。

2 下右図は、中立軸位置で切断したセグメントの下半分を表しています。軸方向の力の釣り合いを求めることによって、最大せん断応力度 $\tau_{\max}$ の計算式を求めなさい。

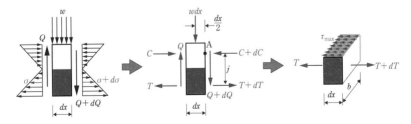

5 断面の主軸

1. 断面極二次モーメント

　断面の主軸について解説する前に、断面極二次モーメントと断面相乗モーメントについて説明します。最初に断面極二次モーメントについてです。

　図 4.17 において、微小断面積 dA に直交座標軸 x、y の原点（図心 G）からの距離 r の 2 乗を乗じ、全断面積に対してこれらをすべて合計したものを断面極二次モーメントと呼び、次式によって定義されます。

$$I_p = \int_A r^2 dA \tag{4-38}$$

　断面極二次モーメントの単位は、断面二次モーメントと同様に長さの 4 乗で、mm^4 などで表され、その値は常に正値です。また、$r^2 = x^2 + y^2$ の関係にありますから、下式が成り立ちます。

$$I_p = \int_A (x^2 + y^2) dA = I_x + I_y \tag{4-39}$$

　次に、断面相乗モーメントについて説明します。

2. 断面相乗モーメント

　図 4.17 において、微小断面積 dA に直交座標軸からの距離 x および y を乗じ、全断面積に対してこれらをすべて合計したものを、断面相乗モーメントと呼びます。

$$I_{xy} = \int_A xy dA \tag{4-40}$$

　断面相乗モーメントの単位も長さの 4 乗で、mm^4 などで表されます。ただし、断面二次モーメントや断面極二次モーメントとは異なり、その値は正負ともにあり得ます。

　断面相乗モーメントは、式 (4-40) から、断面が対称形で x、y 軸のいずれかが対称軸の場合には、ゼロになります。また、図 4.18 のように座標軸（X-Y 軸）が図心（x-y 軸）から離れたときの断面相乗モーメントに関しては、断面二次モーメントと同様の展開を行えば下式が成り立つことがわかります。

$$I_{XY} = \int_A XY dA = I_{xy} + X_0 Y_0 A \tag{4-41}$$

　すなわち、断面の図心から離れた位置にある直交座標軸に関する断面相乗モーメントは、断面の図心周りの断面相乗モーメントにその断面の図心から直交座標軸までの二つの距離と断面積との積を加えることで求めることができます。

3. 断面の主軸

図 4.24 に示すように、図心 G 点を原点とするある直交座標軸 x、y を θ だけ回転させ、その直交座標軸を s、t と名づけましょう。

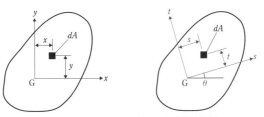

図 4.24 図心周りに回転させた直交座標軸

このとき、座標 (x,y) と座標 (s,t) は下式のような関係にあります。

$$s=x\cos\theta+y\sin\theta$$
$$t=-x\sin\theta+y\cos\theta \tag{4-42}$$

したがって、直交座標軸 s、t に関する断面二次モーメントと断面相乗モーメントは下式のように求められます。

1）s 軸に関する断面二次モーメント

$$I_s=\int_A t^2 dA=\int_A(-x\sin\theta+y\cos\theta)^2 dA=I_x\cos^2\theta+I_y\sin^2\theta-2I_{xy}\sin\theta\cos\theta$$
$$=\frac{I_x+I_y}{2}+\frac{I_x-I_y}{2}\cos2\theta-I_{xy}\sin2\theta \tag{4-43a}$$

2）t 軸に関する断面二次モーメント

$$I_t=\int_A s^2 dA=\int_A(x\cos\theta+y\sin\theta)^2 dA=I_x\sin^2\theta+I_y\cos^2\theta+2I_{xy}\sin\theta\cos\theta$$
$$=\frac{I_x+I_y}{2}-\frac{I_x-I_y}{2}\cos2\theta+I_{xy}\sin2\theta \tag{4-43b}$$

3）s、t 軸に関する断面相乗モーメント

$$I_{st}=\int_A st\,dA=\int_A(x\cos\theta+y\sin\theta)(-x\sin\theta+y\cos\theta)\,dA$$
$$=(I_x-I_y)\sin\theta\cos\theta+I_{xy}(\cos^2\theta-\sin^2\theta)$$
$$=\frac{I_x-I_y}{2}\sin2\theta+I_{xy}\cos2\theta \tag{4-43c}$$

式 (4-43) は、モールの応力円とよく似た円の方程式であることがわかります。これらをモールの応力円にならって図化すると、図 4.25 に示す円で表されます。

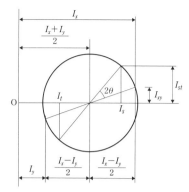

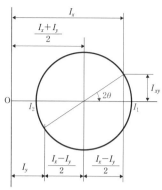

図 4.25　x、y 軸と s、t 軸の断面二次モーメント　　　図 4.26　主断面二次モーメントと主軸の向き

　図 4.25 から、断面相乗モーメント I_{st} がゼロになるような直交座標軸は必ず存在し、その軸に関する断面二次モーメントは最大値と最小値をとることがわかります。これらを主断面二次モーメントといい、その直交軸を主軸と呼びます。主断面二次モーメント I_1 と I_2 および主軸の向き θ は、図 4.26 から下式で表されます。

$$I_1 = \frac{I_x + I_y}{2} + \sqrt{\left(\frac{I_x - I_y}{2}\right)^2 + I_{xy}^2}$$

$$I_2 = \frac{I_x + I_y}{2} - \sqrt{\left(\frac{I_x - I_y}{2}\right)^2 + I_{xy}^2}$$

(4-44)

$$\tan 2\theta = -\frac{2\, I_{xy}}{I_x - I_y}$$

　また、式 (4-39) と図 4.25 および図 4.26 から、直交座標軸に関する二つの断面二次モーメントの和は等しく一定であり、その大きさは断面極二次モーメントと同値になります。

例題 4-11　下図に示す円の断面極二次モーメントを求めなさい。

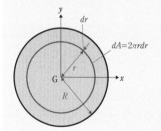

解答

$$I_p = \int_A r^2 dA = 2\pi \int_0^R r^3 dr = 2\pi \left[\frac{r^4}{4}\right]_0^R = \frac{\pi R^4}{2}$$

$I_x = I_y$ であるから、断面二次モーメントは断面極二次モーメントの半分であり、例題 4-7 の補足と一致する。

$$I_p = I_s + I_t = I_x + I_y = I_1 + I_2 \qquad (4\text{-}45)$$

例題 4-12　下図に示す断面の主軸の方向と主断面二次モーメントを求めなさい。

解答

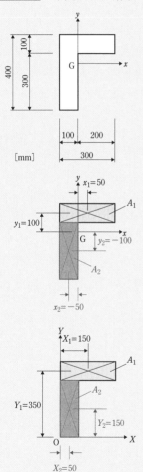

[mm]

1）断面二次モーメントを求める。

例題 4-8 から、$I_x = 8.5 \times 10^8\,\mathrm{mm}^4$、$I_y = 4.0 \times 10^8\,\mathrm{mm}^4$。

2）断面相乗モーメントを求める。

ここで、長方形断面の対称軸に関する断面相乗モーメントはゼロであることに注意する。

$I_{xy} = x_1 y_1 A_1 + x_2 y_2 A_2 = 50 \times 100 \times 300 \times 100$

$+ (-50) \times (-100) \times 100 \times 300 = 3.0 \times 10^8\,\mathrm{mm}^4$

また、断面相乗モーメントは、次のようにしても求めることができる。

$I_{XY} = X_1 Y_1 A_1 + X_2 Y_2 A_2 = 150 \times 350 \times 300 \times 100$

$+ 50 \times 150 \times 100 \times 300 = 18.0 \times 10^8\,\mathrm{mm}^4$

$I_{xy} = I_{XY} - X_0 Y_0 A$

$= 18.0 \times 10^8 - 100 \times 250 \times 6 \times 10^4 = 3.0 \times 10^8\,\mathrm{mm}^4$

3）主断面二次モーメントを求める。

$$I_1 = \left\{ \frac{8.5+4}{2} + \sqrt{\left(\frac{8.5-4}{2}\right)^2 + 3^2} \right\} \times 10^8 = 10.0 \times 10^8\,\mathrm{mm}^4$$

$$I_2 = \left\{ \frac{8.5+4}{2} - \sqrt{\left(\frac{8.5-4}{2}\right)^2 + 3^2} \right\} \times 10^8 = 2.5 \times 10^8\,\mathrm{mm}^4$$

4）主軸の向きを求める。

$$\tan 2\theta = -\frac{2 \times 3}{8.5 - 4} = 1.33$$

$$2\theta = -53.1°$$

$$\theta = -26.6°$$

6 軸方向力と曲げモーメントによる応力度

1．断面二次半径

断面の図心を通る直交座標軸 x および y に関する断面二次モーメント I_x および I_y を断面積 A で除した値の平方根を、x および y 軸に関する断面二次半径と呼び、次式で表されます。

$$i_x=\sqrt{\frac{I_x}{A}}, \quad i_y=\sqrt{\frac{I_y}{A}} \tag{4-46}$$

ここで、断面二次半径は長さの単位を持ち、mm などで表されます。

2．偏心力による応力度

図 4.27 に示すように、軸方向力 N が断面の図心から y 軸方向に距離 e 離れた位置に作用する直線部材を考えましょう。このように直線部材において図心から離れた位置に作用する軸方向力を偏心力と呼びます。また、e を偏心距離と呼びます。このような偏心力の作用は、通常二つの応力状態に分けて考えます。すなわち、図心位置に軸方向力 N が作用するときの応力度と、曲げモーメント $M_z=Ne$ が作用するときの応力度です。これら二つの応力度を別々に求めてから重ね合わせることで偏心力による応力度を求めることができます。すなわち、

$$\sigma = \frac{N}{A}+\frac{Ne}{I_z}y=\frac{N}{A}\left(1+\frac{ey}{I_z/A}\right)=\frac{N}{A}\left(1+\frac{ey}{i_z^2}\right) \tag{4-47}$$

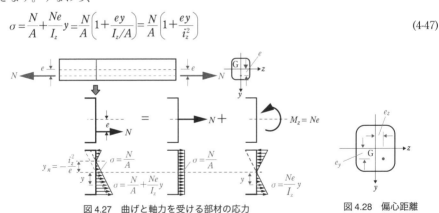

図 4.27　曲げと軸力を受ける部材の応力

図 4.28　偏心距離

さらに偏心力 N の作用点が断面の主軸からはずれ、図 4.28 に示すように主軸である z 軸および y 軸からそれぞれ e_y および e_z の距離にあるときは、断面の任意の位置での垂直応力度 σ は次式で表されます。

$$\sigma = \frac{N}{A}+\frac{Ne_y}{I_z}y+\frac{Ne_z}{I_y}z=\frac{N}{A}\left(1+\frac{e_y y}{i_z^2}+\frac{e_z z}{i_y^2}\right) \tag{4-48}$$

さて、偏心距離が小さければ同じ方向の垂直応力度が生じますが、偏心距離が大きくなると断面内に中立軸が現れて垂直応力度はこの中立軸を境にして向きが逆になります。この中立軸の位置は、偏心力の作用点がy軸方向にずれている場合では、式 (4-47) から次式で表される図心からの距離 y_n にあることがわかります。

$$y_n = -\frac{i_z^2}{e} \tag{4-49}$$

同じ方向の垂直応力度が生じる偏心距離の限界は、図 4.29 に示すように、中立軸が断面の図心に対して偏心力の作用点と反対側の断面の最外縁を通るときですので、偏心力の作用点が y 軸方向にずれているとき、その限界距離は式 (4-49) に $y_n = -y_c$ を代入して次のように求められます。

$$e = \frac{i_z^2}{y_c} \tag{4-50}$$

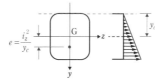

図 4.29　断面の核における偏心距離の限界

ここで、y_c は偏心力の作用点と反対側の図心から最外縁までの距離です。

偏心力の作用点が断面の主軸上にない場合も、この限界点は存在し、限界点を連ねると断面の図心のまわりにある図形ができます。この図形で囲まれた領域を断面の核と呼んでいます（例題 4-13 参照）。

例題4-13　下図に示す長方形断面の断面の核を求めなさい。

解答

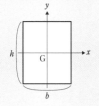

1）x 軸に関する断面二次半径の自乗を求める。

$$i_z^2 = \frac{I_z}{A} = \frac{bh^3/12}{bh} = \frac{h^2}{12}$$

2）x 軸からの偏心距離 e_y を求める。

$$e_y = \frac{i_z^2}{y_c} = \frac{h^2/12}{h/2} = \frac{h}{6}$$

3）y 軸からの偏心距離 e_x も同様に求める。

$$e_x = \frac{b}{6}$$

4）断面の核を描く（右図）。

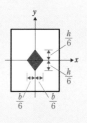

演習問題 4.d

4.d-1 下図に示す断面の主軸の方向と主断面二次モーメントを求めなさい。

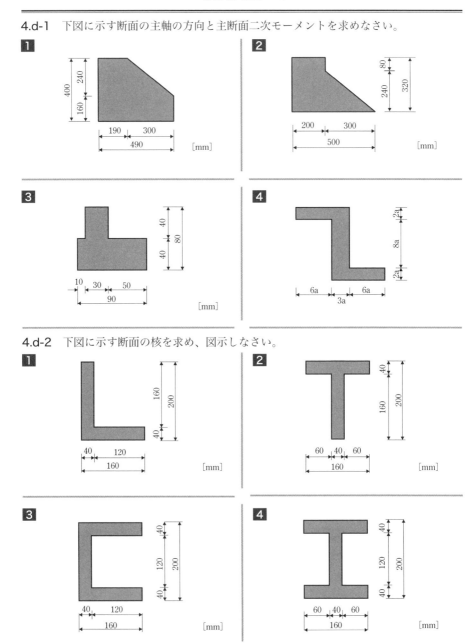

挑戦問題

4.1 長さ 1m、直径 25mm の丸鋼の両端を 100kN の力で引っ張るとき、この丸鋼はいくら伸びるか、また、いくら細くなるか求めなさい。ただし、鋼材のヤング係数を $2.0 \times 10^5 \text{N/mm}^2$、ポアソン比を 0.3 とします。

4.2 右図の断面を有する長さ 4m のコンクリート柱が 500kN の圧縮力を受けるとき、柱の歪度と縮み量を求めなさい。ただし、主筋（鉄筋）の全断面積を 2000mm^2 とし、主筋によるコンクリートの断面欠損は無視できるものとします。また、コンクリートのヤング係数は $2.0 \times 10^4 \text{N/mm}^2$ とし、鉄筋のヤング係数はその 10 倍であるとします。

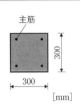

主筋

300

300

[mm]

4.3 断面積 500mm^2 の棒に引張力 50kN を加えたときの最大せん断応力度を求めなさい。

4.4 右図に示す物体内部の垂直応力度とせん断応力度を、$\theta=30°$、$45°$、$60°$ についてそれぞれ求めなさい。

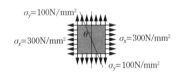

$\sigma_y=100\text{N/mm}^2$

$\sigma_x=300\text{N/mm}^2$ $\sigma_x=300\text{N/mm}^2$

θ

$\sigma_y=100\text{N/mm}^2$

4.5 下図に示す断面の図心を通る x-x 軸に関する断面二次モーメントを求めなさい。

1

a a

x —————— x

正方形

2

a b

x —— G —— x

$45°$

長方形

4.6 下図に示す台形断面と平行四辺形断面のせん断応力度分布を求めなさい。ただし、せん断力は Q、断面積は A とします。

1

a

h

b

2

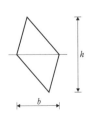

h

b

挑戦問題

4.7 下図に示す断面の主軸の方向と主断面二次モーメントを求めなさい。

1

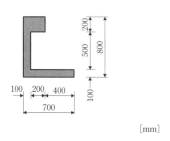

[mm]

2

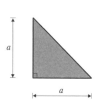

4.8 下図に示す断面の核を求め、図示しなさい。

1

$0<b<a$

2

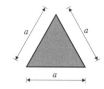

4.9

1 右図に示す長方形断面を持つ単純梁が集中荷重を受けるとき、断面のA点、B点、C点での主応力度とその方向を求めなさい。ただし、梁の自重は無視するものとします。

2 右図に示す単純梁の加力点位置での断面に生じる縁応力度を求め、安全性を検討しなさい。また、曲率の大きさを求めなさい。ただし、梁断面は長方形（幅200mm×せい300mm）とし、材料のヤング係数は$2\times10^4\text{N/mm}^2$、材料の許容応力度は100N/mm^{2}とします。

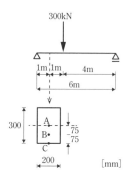

[mm]

4.10 右図のような、鉛直荷重240kNとモーメント100kNmを受ける長方形の基礎（$b\times D$）において、地盤から受ける反力を直線分布と仮定した場合、図のように左端が0となるためには基礎せいDをいくらにすればよいか求めなさい。

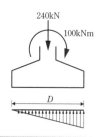

第５章

静定構造物の変形

本章では、梁の曲げモーメントによる静定梁の変形を求める方法として、弾性曲線式を用いる方法とモールの定理を用いる方法を学びます。また、ラーメンやトラスの変形を求める方法として、仮想仕事の原理を用いる方法を学びます。本章は不静定構造物解法の基礎になります。

■1 弾性曲線式による梁の変形解析

1．弾性曲線式

前章の式（4-25）において、曲げモーメントによる梁のたわみ曲線の微分方程式を導きました。

$$\frac{d^2v}{dx^2} = -\frac{M}{EI_z} \tag{5-1}$$

式（5-1）は梁の弾性曲線式と呼ばれ、この微分方程式を積分することで梁のたわみ曲線を求めることができます。本節ではその解き方を解説しています。なお、式（5-1）では、4.3.2節でも述べたように図 4.16 中の構造体（A）に示すような曲げモーメントの向きを仮定していますので、曲率と曲げモーメントの向きが反対になっています。それゆえ、符号を合わせるために右辺に負の符号をつけて整合性を持たせています。

式（5-1）を積分すると、任意の位置でのたわみ角 $\theta(x)$ およびたわみ $v(x)$ は、次式で表されます。

$$\theta(x) = \frac{dv}{dx} = -\int \frac{M}{EI_z}dx + C_1 \tag{5-2}$$

$$v(x) = -\iint \frac{M}{EI_z}dx + C_1x + C_2 \tag{5-3}$$

ここで、式中の C_1 と C_2 は積分定数です。積分定数は、静定梁の境界条件を与えることによって決定することができます。

2．境界条件

境界条件には、力学的境界条件と幾何学的境界条件とがあります。弾性曲線式では幾何学的境界条件を用います。例えば図 5.1 に示すように、ローラー支点とピン支点ではたわみはゼロですので、この位置では常に $v=0$ が成り立ちます。また、固定端ではたわみもたわみ角もともにゼロですので、この位置では常に $v=0$ と $\theta=0$ が成り立ちます。

一方、梁の途中で集中荷重やモーメント荷重が加わる場合や、分布荷重が不連続になる場合には、その位置を境に左と右で曲げモーメントが不連続となり、左と右で別々の微分方程式を立てることになります。しかし、梁の変形は連続していますので、この点で左右二つの方程式のたわみ角 (dv/dx) とたわみ (v) がそれぞれ等しいという条件を入れて解くことになります。弾性曲線式を用いた計算例を例題 5-1 と例題 5-2 に示します。例題 5-2 は区間分けを必要とする問題です。

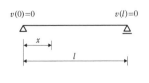

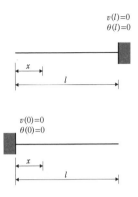

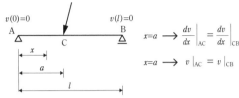

図 5.1　梁の境界条件

例題 5-1　下図に示す梁のたわみ曲線を求めなさい。ただし、ヤング係数と断面二次モーメントの積 EI は一定とします。

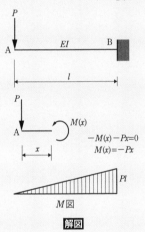

解図

解答

1）曲げモーメントを求め、M 図を描く（解図）。

2）弾性曲線式（微分方程式）を解く。

$$\frac{d^2v}{dx^2} = -\frac{M(x)}{EI} = \frac{Px}{EI}$$

$$\theta(x) = \frac{dv}{dx} = \frac{Px^2}{2EI} + C_1$$

$$v(x) = \frac{Px^3}{6EI} + C_1x + C_2$$

3）境界条件から、積分定数 C_1 と C_2 を決定する。固定端でたわみとたわみ角はゼロであるから、

$$\theta(l) = \frac{Pl^2}{2EI} + C_1 = 0 \quad \therefore C_1 = -\frac{Pl^2}{2EI}$$

$$v(l) = \frac{Pl^3}{6EI} - \frac{Pl^3}{2EI} + C_2 = 0 \quad \therefore C_2 = \frac{Pl^3}{3EI}$$

4）たわみ曲線を求める。

$$\theta(x) = \frac{Px^2}{2EI} - \frac{Pl^2}{2EI}$$

$$v(x) = \frac{Px^3}{6EI} - \frac{Pl^2x}{2EI} + \frac{Pl^3}{3EI}$$

備考：自由端 A では、たわみ角は左回りに $\dfrac{Pl^2}{2EI}$ であり、たわみは下向きに $\dfrac{Pl^3}{3EI}$ であることがわかる。

例題 5-2 下図に示す梁のたわみの最大値とその位置を求めなさい。ただし、ヤング係数 E は一定とし、断面二次モーメント I は図の通りとします。

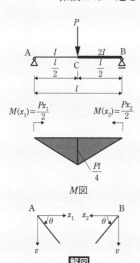

$M(x_1)=\dfrac{Px_1}{2}$　　$M(x_2)=\dfrac{Px_2}{2}$

$\dfrac{Pl}{4}$

M図

解図

解法の方針

反力を求め、曲げモーメント図を描くと、AC 間と CB 間に分けてそれぞれ微分方程式を立てる必要があることがわかる。

そこで、ピン支点（A 点）とローラー支点（B 点）をそれぞれの区間の原点にする。これにより、曲げモーメント $M(x)$ の関数が表しやすくなることに加え、これらの点でたわみがゼロになることから積分定数のうち二つはゼロとなり計算がしやすくなる。

ただし、解図に示すように区間 CB では x_2 の座標を左向きにとるので、代入する座標値に気をつけなければならない。また、AC 間と CB 間のたわみ角の正の向きが逆になるので、どちらかの辺に負の符号をつけて整合性を図る必要がある。

解答

1）各区間で微分方程式を立てる。

$$\left.\frac{d^2v}{dx_1^2}\right|_{AC}=-\frac{M(x_1)}{EI}=-\frac{Px_1}{2EI}\qquad \left.\frac{d^2v}{dx_2^2}\right|_{CB}=-\frac{M(x_2)}{2EI}=-\frac{Px_2}{4EI}$$

$$\left.\theta(x_1)\right|_{AC}=\left.\frac{dv}{dx_1}\right|_{AC}=-\frac{Px_1^2}{4EI}+C_1\qquad \left.\theta(x_2)\right|_{CB}=\left.\frac{dv}{dx_2}\right|_{CB}=-\frac{Px_2^2}{8EI}+C_3$$

$$\left.v(x_1)\right|_{AC}=-\frac{Px_1^3}{12EI}+C_1x_1+C_2\qquad \left.v(x_2)\right|_{CB}=-\frac{Px_2^3}{24EI}+C_3x_2+C_4$$

2）境界条件から、積分定数を決定する。

$$\left.v(0)\right|_{AC}=0 \longrightarrow \therefore C_2=0$$

$$\left.v(0)\right|_{CB}=0 \longrightarrow \therefore C_4=0$$

$$\left.\theta(l/2)\right|_{AC}=-\left.\theta(l/2)\right|_{CB} \longrightarrow C_1+C_3=\frac{3Pl^2}{32EI}$$

$$\left.v(l/2)\right|_{AC}=\left.v(l/2)\right|_{CB} \longrightarrow C_1-C_3=\frac{Pl^2}{96EI}$$

$$\therefore C_1=\frac{5Pl^2}{96EI}\qquad C_3=\frac{Pl^2}{24EI}$$

3）たわみが最大となる位置と大きさを求める。

$$\left.\theta(x_1)\right|_{AC}=-\frac{Px^2}{4EI}+\frac{5Pl^2}{96EI}=0\quad x_1^2=\frac{5}{24}l^2\quad \therefore x_1=\sqrt{\frac{5}{6}}\times\frac{l}{2}\quad 0<x_1<\frac{l}{2}$$

$$\left.v\left(\sqrt{\frac{5}{6}}\times\frac{l}{2}\right)\right|_{AC}=-\frac{P}{12EI}\left(\sqrt{\frac{5}{6}}\times\frac{l}{2}\right)^3+\frac{5Pl^2}{96EI}\left(\sqrt{\frac{5}{6}}\times\frac{l}{2}\right)=\frac{5}{288}\sqrt{\frac{5}{6}}\frac{Pl^3}{EI}$$

2 モールの定理による梁の変形解析

1．モールの定理

さて、たわみ曲線の微分方程式 (4-25) と荷重や曲げモーメントの微分方程式 (4-32) を比較するために、もう一度書き表してみましょう。

$$
\begin{aligned}
\frac{d^2v}{dx^2} &= \frac{d}{dx}\left(\frac{dv}{dx}\right) = \frac{d\theta}{dx} = -\frac{M(x)}{EI} \\
\frac{d^2M}{dx^2} &= \frac{d}{dx}\left(\frac{dM}{dx}\right) = \frac{dQ}{dx} = -w(x)
\end{aligned}
\right\}
\tag{5-4}
$$

式 (5-4) を見ると、変位に関する微分方程式と力に関する微分方程式は同じであることがわかります。つまり、たわみは曲げモーメントと、たわみ角はせん断力と、曲率分布 $M(x)/EI$ は分布荷重と対応しています。力に関する微分方程式については、第 3 章で静定梁の解法を学びました。この解法を応用すれば、静定梁の変位に関する微分方程式も解けるはずです。

すなわち、曲率分布 $M(x)/EI$ を分布荷重と考えて梁のせん断力や曲げモーメントを求めれば、そのせん断力はたわみ角を、曲げモーメントはたわみを求めていることになります。この分布荷重のことを弾性荷重あるいは仮想荷重と呼んでいます。

この解法における注意点は二つあります。その一つは弾性荷重に関するものです。静定梁を解いたときに曲げモーメントの値が正であれば、曲げモーメント図は梁の材軸よりも下側に描きます。この場合、曲げモーメントの値が正ですので弾性荷重は上から下に加えることになります。逆に、曲げモーメントの値が負であれば、曲げモーメント図は梁の材軸よりも上側に描き、弾性荷重は下から上に加えることになります。つまり、この解法で用いる弾性荷重は、曲げモーメントの分布を曲げ剛性（EI）で除した上で梁の材軸に対して反転させて加えることになります。

もう一つの注意点は境界条件です。前節で境界条件には力学的境界条件と幾何学的境界

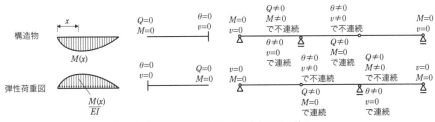

図 5.2　弾性荷重図における境界条件の置き換え

条件があることを述べました。この解法は変位に関する微分方程式を力に関する微分方程式に置き換えて解く方法なので、この二つの境界条件も同時に置き換えなければなりません。構造物と弾性荷重図との関係を図5.2に示します。図を見ると単純梁は支点を変えずに解けばよく、片持ち梁では自由端と固定端を入れ替えて解けばよいことがわかります。したがって、単純梁と片持ち梁の場合は、以下のような考え方に基づいて、たわみおよびたわみ角を求めることができます。

1）単純梁の任意点のたわみおよびたわみ角は、M/EI を弾性荷重とみなしたときのその点の曲げモーメントおよびせん断力に等しい。

2）片持ち梁の任意点のたわみおよびたわみ角は、M/EI を弾性荷重とみなし、自由端と固定端を置き換えた梁のその点の曲げモーメントおよびせん断力に等しい。

これをモールの定理と呼んでいます。

また、連続梁においては、ピン節点と中間ローラー支点を弾性荷重図ではそれぞれ中間ローラー支点とピン節点に置き換えればよく、モールの定理は種々の梁に適用することができます。例題5-3と例題5-4は単純梁と片持ち梁の計算例です。また、例題5-5は中間ローラー支点がある連続梁の計算例になります。

例題5-3　下図に示す梁のA点のたわみ（v_A）とたわみ角（θ_A）を求めなさい。ただし、ヤング係数と断面二次モーメントの積 EI は一定とします。

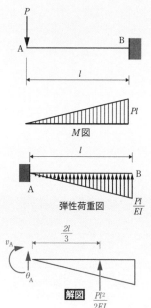

解答

1) 曲げモーメントを求め、M図を描く。

2) 弾性荷重図を描く。

・M図を材軸に関して反転させ EI で除して、分布荷重のように扱う（例題の場合、荷重は下から上に加える）。

3) たわみ（v_A）とたわみ角（θ_A）を求める（解図）。

・弾性荷重図の曲げモーメントがたわみに、せん断力がたわみ角に相当する。

・A点の反力を求めてから、たわみとたわみ角を求めてもよいが、反力は応力ではないことに留意する。

$$v_A - \frac{Pl^2}{2EI} \times \frac{2l}{3} = 0 \qquad -\theta_A - \frac{Pl^2}{2EI} = 0$$

$$v_A = \frac{Pl^3}{3EI}(\downarrow) \qquad \theta_A = -\frac{Pl^2}{2EI} = (\curvearrowleft)$$

108

例題 5-4 下図に示す梁の A 点のたわみ角（θ_A）と C 点のたわみ（v_C）を求めなさい。ただし、ヤング係数 E は一定とし、断面二次モーメント I は図の通りとします。

解答

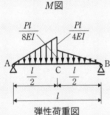

1) 曲げモーメントを求め、M図を描く。
2) 弾性荷重図を描く。
3) A 点の反力を求める（解図 a）。

$$V_A l - \frac{Pl^2}{16EI} \times \frac{2l}{3} - \frac{Pl^2}{32EI} \times \frac{l}{3} = 0 \quad \therefore V_A = \frac{5Pl^2}{96EI}$$

4) たわみ角（θ_A）とたわみ（v_C）を求める（解図 b、c）。

$$\theta_A - \frac{5Pl^2}{96EI} = 0 \quad \therefore \theta_A = \frac{5Pl^2}{96EI}(\frown)$$

$$-v_C + \frac{5Pl^2}{96EI} \times \frac{l}{2} - \frac{Pl^2}{16EI} \times \frac{l}{6} = 0 \quad \therefore v_C = \frac{Pl^3}{64EI}(\downarrow)$$

M図

弾性荷重図

解図a　**解図b**　**解図c**

例題 5-5 下図に示す梁の A 点のたわみ角（θ_A）と C 点のたわみ（v_C）を求めなさい。ただし、EI は一定とします。

解答

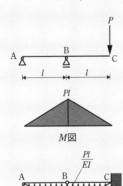

1) 弾性荷重図の反力（V_A）を求める（解図 a）。

$$-V_A l + \frac{Pl^2}{2EI} \times \frac{l}{3} = 0 \quad \therefore V_A = \frac{Pl^2}{6EI}$$

2) たわみ角（θ_A）とたわみ（v_C）を求める（解図 b、c）。

$$\theta_A + \frac{Pl^2}{6EI} = 0 \quad \therefore \theta_A = -\frac{Pl^2}{6EI}(\frown)$$

$$-v_C - \frac{Pl^2}{6EI} \times 2l + \frac{Pl^2}{EI} \times l = 0 \quad \therefore v_C = \frac{2Pl^3}{3EI}(\downarrow)$$

M図

弾性荷重図

解図a　**解図b**　**解図c**

5章

演習問題 5.a

5.a-1　下図に示す梁のたわみ曲線を弾性曲線式による方法で求めなさい。また、たわみの最大値とその位置を求めなさい。ただし、ヤング係数 E は一定とし、断面二次モーメント I は図に従うものとします。

1

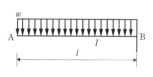

2

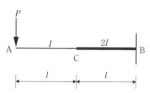

3

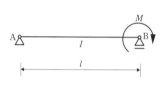

4

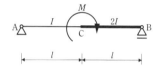

5.a-2　下図に示す梁の指定されたたわみやたわみ角をモールの定理による方法で求めなさい。ただし、ヤング係数 E は一定とし、断面二次モーメント I は図に従うものとします。

1

2

3

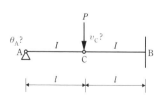

4

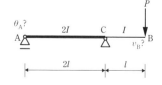

仮想仕事の原理による静定構造物の変形解析

1. 仮想仕事

　はじめに、仮想仕事の原理はエネルギー原理の一つで、本書では静定構造物の曲げ変形と軸方向変形を対象に適用します。この解法を用いれば、静定梁の変形だけではなく、静定ラーメンや静定トラスの変形を求めることもできます。

　最初に、仮想仕事について説明します。図5.3 (a) に示す荷重群 P_m によって変形して釣り合い状態にある梁を考えましょう。この梁に図5.3 (b) に示す別の荷重群 P_n が作用して変形が増加した後に、梁が再び釣り合い状態になったとしましょう。このとき荷重群 P_m は荷重群 P_n によって（すなわち荷重群 P_m とは無関係に）仕事 $P_m \Delta_{mn}$ をなしたかのように観察されます。この仕事のことを仮想仕事と呼んでいます。

(a)　　(b)

図5.3　仮想仕事

2. 仮想仕事の原理

　図5.4 に示す梁の曲げ変形を取り上げます。この梁は曲げ変形に比べて軸方向変形やせん断変形は無視できるほど小さいと仮定します。図5.4 (a) は梁に仮想荷重群 $\overline{P}$ が作用して曲げ変形を生じ、釣り合い状態にあります。また、図5.4 (b) はその梁に実荷重群 P が作用して梁の曲げ変形が増加した後に、梁が再び釣り合い状態になったことを示しています。

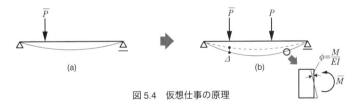

(a)　　(b)

図5.4　仮想仕事の原理

　最初に、実荷重群と仮想荷重群による外力のなした仕事を考えましょう。仮想荷重群の各作用点では変位 Δ を生じますので、仮想荷重群は $\Sigma \overline{P} \Delta$ の仮想仕事を行います。ここで、実荷重群によってなされた外力の仕事と仮想荷重群によってなされた外力の仕事をそれぞれ W と $\overline{W}$ で表すと、実荷重群と仮想荷重群による外力のなした総仕事量は $W + \overline{W} + \Sigma \overline{P} \Delta$ となります。

　力のなす仕事とは、力と力がそれ自体の方向に移動する距離との積によって定義される。例えば、図 a に示すように、一定の力 P が点 A から点 B に移動したとすれば、仕事（W）は $W=Ps\cos\theta$ で表される。ここで、s は AB 間の距離を、θ は力 P と方向 AB とのなす角度をそれぞれ表す。

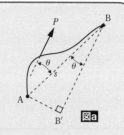

　さて、力群 Q を受けて釣り合い状態にある剛体がさらに力群 Q とは無関係な他の影響によって移動（剛体運動）したとする（図 b）。この微小移動の間に力群 Q のなす仕事を仮想仕事と呼ぶ。また、各荷重点の変位 s_i を仮想変位と呼ぶ。このとき、外的仮想仕事 W_d は下式で表される。

$$W_d=\sum_{i=1}^{n}Q_i s_i$$

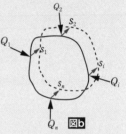

　しかしながら、仮想変位 s_i は各荷重点で同値（$s=s_i$）であり、力群 Q の元で剛体は釣り合い状態にあったので、

$$\sum_{i=1}^{n}Q_i=0$$

が成り立ち、$W_d=0$ となる。

（図版出典：文献 7）

　上式は、物体に微小仮想変位を与えたとき、剛体上に作用する力群が釣り合い状態にあるならば、これらの力によってなされた総仕事量はゼロに等しいことを、逆に微小仮想変位の間に剛体上に作用する力群によってなされた仕事がゼロであるならば、このとき力群は釣り合い状態にあることを示している（応用例は**例題 5-6** と**例題 5-7**を参照）。

　これをベルヌーイの仮想仕事の原理といい、変形可能な物体にも適用できる。弾性体が力群 Q を受けて変形後も釣り合い状態を保っているとしよう。もう一つの力群や温度などによって、力群 Q が存在する間に物体が他の形状に変形したとすれば、このとき力群 Q は釣り合い状態にあるので、$W_s-W_d=0$ が成り立つ。ここで W_s は力群 Q によって生じた弾性体内部の変形と応力群とがなす内的仮想仕事を表す。上記をまとめると以下の通りである。

　物体が他の影響によって引き起こされる微小変形を受けるとき、変形可能な物体上に作用する力群が釣り合い状態にあるならば、力群によってなされる外的仮想仕事は、応力群によってなされる内的仮想仕事に等しい。

次に、実荷重群と仮想荷重群による内力のなした仕事を考えましょう。仮想荷重群によって梁の各部（セグメント）には曲げモーメント $\overline{M}$ が作用します。その梁に実荷重群が作用すると梁の各部には曲率 $\phi = M/EI$ を生じますので、曲げモーメント $\overline{M}$ は梁全体で $\int (M\overline{M}/EI)\,dx$ の仮想仕事を行います。ここで、実荷重群によってなされた内力の仕事と仮想荷重群によってなされた内力の仕事をそれぞれ U と $\overline{U}$ で表すと、実荷重群と仮想荷重群による内力のなした総仕事量は、$U + \overline{U} + \int (M\overline{M}/EI)\,dx$ となります。エネルギー保存則から外力のなした総仕事量と内力のなした総仕事量は等しいので、

$$W + \overline{W} + \Sigma \overline{P}\Delta = U + \overline{U} + \int \frac{M\overline{M}}{EI}dx$$

となります。また、$W = U$、$\overline{W} = \overline{U}$ ですから、下式が成り立ちます。

$$\Sigma \overline{P}\Delta = \int \frac{M\overline{M}}{EI}dx \tag{5-5}$$

他方、トラス構造物では軸方向変形のみが生じます。この場合、トラスの各部材には軸方向力 $\overline{N}$ が作用します。このトラスに実荷重群が作用することで、トラスの各部材には垂直歪度 $\varepsilon = N/EA$ が生じます。トラス材の長さを l とすれば、軸方向力 $\overline{N}$ は一部材あたり $(N\overline{N}/EA) \times l$ の仮想仕事を行い、トラス全体では $\Sigma(N\overline{N}/EA) \times l$ の仮想仕事を行うことになります。したがって、トラス構造物の場合には下式が成り立ちます。

$$\Sigma \overline{P}\Delta = \Sigma \frac{N\overline{N}}{EA}l \tag{5-6}$$

3. 仮想仕事の原理による静定梁・ラーメンの変形

式 (5-5) において、仮想荷重群を単一の単位荷重 $\overline{P} = 1$ とすれば、単位荷重点の荷重方向の変位 Δ を求めることができます。すなわち、

$$1 \times \Delta = \int \frac{M\overline{M}}{EI}dx \tag{5-7}$$

式 (5-7) は静定梁はもちろんのこと、静定ラーメンにも適用できます。また、仮想荷重を単位モーメント荷重 $\overline{M} = 1$ として梁やラーメンの求めたい位置に加えれば、その位置のたわみ角も求めることができます。

仮想仕事の原理により静定梁・ラーメンの変形を求める手順は、以下の通りです。

1）実荷重系による静定梁や静定ラーメンの曲げモーメント（M）を求める
2）実荷重を取り除き、単位荷重を求めたい位置に求めたい方向に加える（仮想荷重系）
3）仮想荷重系の曲げモーメント（$\overline{M}$）を求める
4）式 (5-7) を用いて変位（Δ）を求める

得られた変位が正値であれば単位荷重の力の向きに変位が生じており、負値であれば単

位荷重の力の向きとは逆向きに変位が生じていることを意味します。**例題** 5-8 と**例題** 5-9
に解き方の例を示します。

例題 5-6　下図に示す単純梁の反力を求めなさい。

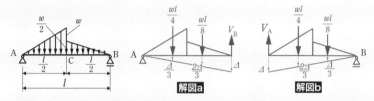

解図a　　　解図b

解答

1）B点の反力を求める（解図 a）。B点の支点を除いて反力V_Bを加え、仮想変位を与え
　　て求める。反力は負の仕事をしていることに注意。

$$\frac{wl}{4}\times\frac{\varDelta}{3}+\frac{wl}{8}\times\frac{2\varDelta}{3}-V_\text{B}\times\varDelta=0 \quad \therefore V_\text{B}=\frac{wl}{6}\,(\uparrow)$$

2）A点の反力を求める（解図 b）。A点の支点を除いて反力V_Aを加え、仮想変位を与えて求
　　める。

$$\frac{wl}{4}\times\frac{2\varDelta}{3}+\frac{wl}{8}\times\frac{\varDelta}{3}-V_\text{A}\times\varDelta=0 \quad \therefore V_\text{A}=\frac{5wl}{24}\,(\uparrow)$$

例題 5-7　下図に示す梁の A 点の鉛直反力と B 点のモーメント反力を求めなさい。

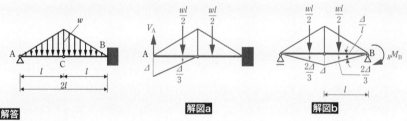

解図a　　　解図b

解答

1）A点の支点を除いて、鉛直反力V_Aを加え、仮想変位を与えて求める（解図 a）。

$$\frac{wl}{2}\times\frac{\varDelta}{3}-V_\text{A}\times\varDelta=0 \quad \therefore V_\text{A}=\frac{wl}{6}(\uparrow)$$

2）B点の固定端をピン支点に置き換えて、モーメント反力$_R M_\text{B}$を加え、仮想変位を与え
　　て求める（解図b）。

$$2\times\frac{wl}{2}\times\frac{2\varDelta}{3}-_R M_\text{B}\times\frac{\varDelta}{l}=0 \quad \therefore {}_R M_\text{B}=\frac{2wl^2}{3}\,(\circlearrowleft)$$

例題 5-8 下図に示す単純梁の C 点のたわみ（v_C）とたわみ角（θ_C）を求めなさい。ただし、ヤング係数 E は一定とし、断面二次モーメント I は図の通りとする。

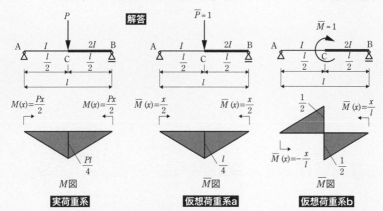

1）C点のたわみを求める（実荷重系＋仮想荷重系a）。

$$v_C = \int \frac{M\overline{M}}{EI}\,dx = \int_0^{l/2} \frac{Px}{2EI}\frac{x}{2}\,dx + \int_0^{l/2} \frac{Px}{4EI}\frac{x}{2}\,dx = \frac{3P}{8EI}\int_0^{l/2} x^2 dx = \frac{3P}{8EI}\left[\frac{x^3}{3}\right]_0^{l/2} = \frac{Pl^3}{64EI}\,(\downarrow)$$

2）C点のたわみ角を求める（実荷重系＋仮想荷重系b）。

$$\theta_C = \int \frac{M\overline{M}}{EI}\,dx = \int_0^{l/2} \frac{Px}{2EI}\left(-\frac{x}{l}\right) dx + \int_0^{l/2} \frac{Px}{4EI}\frac{x}{l}\,dx = -\frac{P}{4EIl}\int_0^{l/2} x^2 dx = -\frac{P}{4EIl}\left[\frac{x^3}{3}\right]_0^{l/2} = -\frac{Pl^2}{96EI}\,(\curvearrowright)$$

4．仮想仕事の原理によるトラスの変形

トラスにおいても、梁やラーメンと同様に変形を求めることができます。その計算式は、式 (5-6) において、トラス構造物の仮想荷重群を単一の単位荷重 $\overline{P}$=1 とすれば、

$$1\times\varDelta = \sum \frac{N\overline{N}}{EA} l \tag{5-8}$$

で表されます。それゆえ、求めたい方向に単位荷重を加えれば、求めたい方向の変位を計算することができます。

仮想仕事の原理によりトラスを求める手順は、以下の通りです。

1）実荷重系によるトラスの軸方向力（N）を求める
2）実荷重を取り除き、単位荷重を求めたい位置に求めたい方向に加える（仮想荷重系）
3）仮想荷重系の軸方向力（$\overline{N}$）を求める
4）式 (5-8) を用いて変位（$\varDelta$）を求める

例題 5-9 下図に示すラーメンのD点の水平変位（u_D）とたわみ角（θ_D）を求めなさい。ただし、ヤング係数 E は一定とし、断面二次モーメント I は図の通りとします。

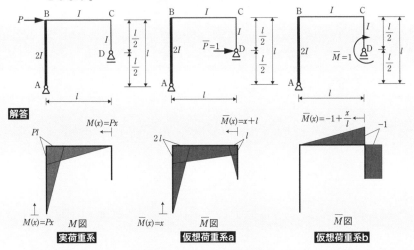

解答

1）D点の水平変位を求める（実荷重系＋仮想荷重系 a）。

$$u_D = \int \frac{M\overline{M}}{EI}\,dx = \int_0^l \frac{Px^2}{2EI}\,dx + \int_0^l \frac{Px(x+l)}{EI}\,dx = \frac{P}{2EI}\left[\frac{x^3}{3}\right]_0^l + \frac{P}{EI}\left[\frac{x^3}{3} + \frac{lx^2}{2}\right]_0^l = \frac{Pl^3}{EI}(\rightarrow)$$

2）D点のたわみ角を求める（実荷重系＋仮想荷重系 b）。

$$\theta_D = \int \frac{M\overline{M}}{EI}\,dx = \int_0^l \frac{Px}{EI}\left(-1+\frac{x}{l}\right)\,dx = \frac{P}{EI}\left[-\frac{x^2}{2} + \frac{x^3}{3l}\right]_0^l = -\frac{Pl^2}{6EI}(\circlearrowleft)$$

Point !

仮想仕事の原理を用いて変位を求める手順と留意点

1 実荷重による応力を求める。

2 実荷重を取り除いて、単位荷重を求めたい位置かつ求めたい方向に加える。
　このとき向きはどちらでもよいが、負の値が得られたときは単位荷重の向きとは反対方向に変位している。

3 単位荷重による応力を求める。

4 基本式を用いて変位を求める。梁やラーメンでは各区間で実荷重系と仮想荷重系の原点を合わせる。このとき、なるべく簡単な関数になるように座標の設定を工夫し、定積分の計算を複雑にさせない。

例題 5-10 に解き方の一例を示します。

例題 5-10 下図に示すトラスの C 点のたわみ (v_C) を求めなさい。ただし、ヤング係数 E と断面積 A の積は AD 材のみ $5EA$ とし、他は EA とします。

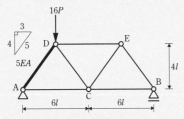

解答　　　　実荷重系

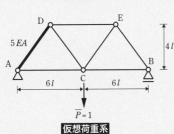

$\overline{P} = 1$

仮想荷重系

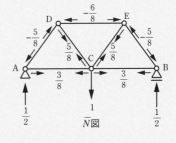

$\overline{N}$図

C点の鉛直変位を求める。

部材	N	$\overline{N}$	l	$N\overline{N}l$	EA	$\dfrac{N\overline{N}l}{EA}$
AC	$\overset{\times P}{9}$	$\dfrac{3}{8}$	$\overset{\times l}{6}$	$\dfrac{162}{8}\overset{\times Pl}{}$	$\overset{\times EA}{1}$	$\dfrac{162}{8}\times\dfrac{Pl}{EA}$
BC	3	$\dfrac{3}{8}$	6	$\dfrac{54}{8}$	1	$\dfrac{54}{8}$
AD	-15	$-\dfrac{5}{8}$	5	$\dfrac{375}{8}$	5	$\dfrac{75}{8}$
BE	-5	$-\dfrac{5}{8}$	5	$\dfrac{125}{8}$	1	$\dfrac{125}{8}$
CD	-5	$\dfrac{5}{8}$	5	$-\dfrac{125}{8}$	1	$-\dfrac{125}{8}$
CE	5	$\dfrac{5}{8}$	5	$\dfrac{125}{8}$	1	$\dfrac{125}{8}$
DE	-6	$-\dfrac{6}{8}$	6	$\dfrac{216}{8}$	1	$\dfrac{216}{8}$

$$v_C = \sum \frac{N\overline{N}}{EA}l = \frac{79Pl}{EA}(\downarrow)$$

演習問題 5.b

5.b-1　下図に示す構造物の反力を、仮想仕事の原理を用いて求めなさい。

1

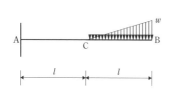

2

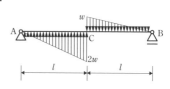

3

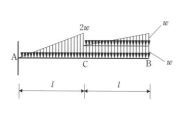

4

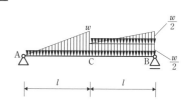

5.b-2　下図に示す梁の指定されたたわみやたわみ角を、仮想仕事の原理を用いて求めなさい。ただし、ヤング係数 E は一定とし、断面二次モーメント I は図に従うものとします。

1

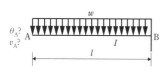

2

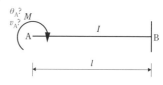

3

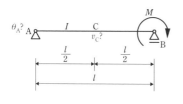

4

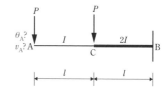

演習問題 5.b

5.b-3 下図に示すラーメンの指定された変位を、仮想仕事の原理を用いて求めなさい。ただし、ヤング係数 E は一定とし、断面二次モーメント I は図に従うものとします。

1

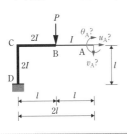

2

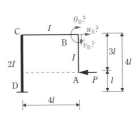

3

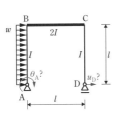

4

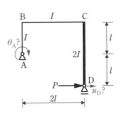

5.b-4 下図に示すトラスの指定された変位を、仮想仕事の原理を用いて求めなさい。ただし、ヤング係数 E と断面積 A の積は図の通りとします。

1

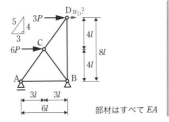

部材はすべて EA

2

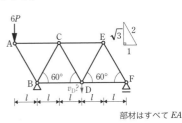

部材はすべて EA

3

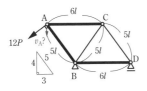

AB 材、AC 材、BD 材は $3EA$、他の部材は EA

4

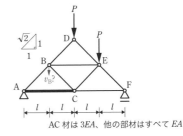

AC 材は $3EA$、他の部材はすべて EA

挑戦問題

5.1 下図に示す梁のたわみ曲線を弾性曲線式による方法で求めなさい。また、たわみの最大値とその位置を求めなさい。ただし、ヤング係数 E は一定とし、断面二次モーメント I は図に従うものとします。

1

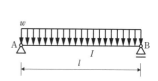

2

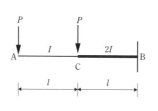

3

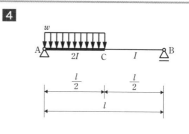

4

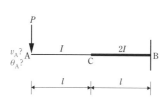

5.2 下図に示す梁の指定されたたわみやたわみ角を、モールの定理による方法で求めなさい。ただし、ヤング係数 E は一定とし、断面二次モーメント I は図に従うものとします。

1

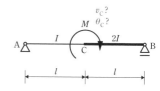

2

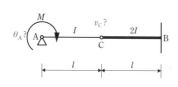

3

4

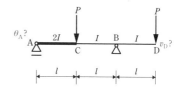

挑戦問題

5.3 下図に示す構造物の反力を、仮想仕事の原理を用いて求めなさい。

1

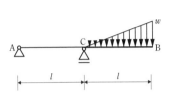

2

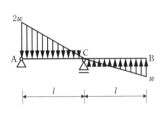

3

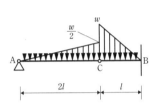

4

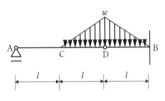

5.4 下図に示す梁の指定されたたわみやたわみ角を、仮想仕事の原理を用いて求めなさい。ただし、ヤング係数 E は一定とし、断面二次モーメント I は図に従うものとします。

1

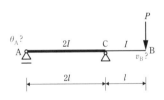

2

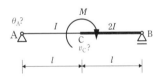

3

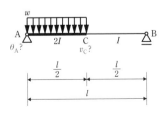

4

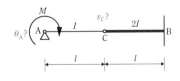

挑戦問題

5.5 下図に示すラーメンの指定された変位を、仮想仕事の原理を用いて求めなさい。ただし、ヤング係数 E は一定とし、断面二次モーメント I は図に従うものとします。

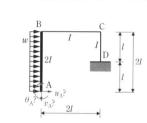

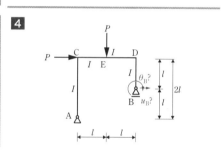

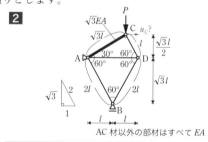

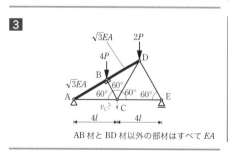

5.6 下図に示すトラスの指定された変位を、仮想仕事の原理を用いて求めなさい。ただし、ヤング係数 E と断面積 A の積は図の通りとします。

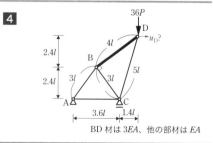

部材はすべて EA

AC 材以外の部材はすべて EA

AB 材と BD 材以外の部材はすべて EA

BD 材は $3EA$、他の部材は EA

第6章
不静定構造物の解法

本章では、不静定構造物の応力法の一つを紹介します。この解法は、不静定構造物の支点反力や部材応力を余剰力に置き換え、適合条件を用いてこれらの余剰力を明らかにする方法です。適合条件を用いる際には変位を求める必要がありますが、そこでは仮想仕事の原理を活用します。

■1 不静定構造物解析における基本原理

　本章では、梁・ラーメンおよびトラスの不静定構造物の解法の基礎を学びます。本書では以下の基本原理が有効な不静定構造物を扱います。不静定構造物の解法では前章までの基本知識を最大限に活用しますので難解になりますが、以下の基本原理を理解しておくと少しは理解の助けになるでしょう。

　また、本章では一次不静定構造物の解法を扱います。

微小変形理論

　例えば、図 6.1(a) の柱は水平力 P_1 の他に鉛直力 P_2 が作用していますが、図 6.1(b) と同じ柱で、どちらも荷重を受けて同じ水平変位 $\varDelta$ を生じています。微小変形理論では、二つの柱の柱脚部分のモーメント（ベースモーメントという）は同じと仮定されます。すなわち、図 6.1 (a) の柱のベースモーメント $P_1l+P_2\varDelta$ の第二項は第一項に比べて無視できるほど小さく、ベースモーメントは図 6.1(b) と同じ P_1l とみなされます。この微小変形理論は、第 8 章で解説する細長い柱など一部の構造物を除いて、多くの構造物に対して適用されます。

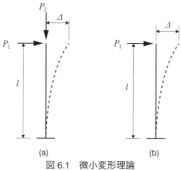

図 6.1　微小変形理論

線形性と重ね合わせ

　線形性の原理は、荷重とたわみの関係は線形であるという原理です。この原理の元では、構造物を構成する材料の物理特性や微小変形理論に左右されない限り、構造物に作用するすべての荷重にある数 c を乗じると構造物のどの変位も c 倍になります。

　また、前述の二つの原理に違反しなければ、いくつかの荷重が構造物に連続して作用しても最終結果は変わりません。これを重ね合わせの原理と呼んでいます。重ね合わせの原理は、本章で紹介する不静定構造物の解法において大いに役立ちます。例えば、図 6.2 に示す一次不静定構造物を見てみましょう。D 点の鉛直反力を X とすれば、D 点のローラー支点を自由端に置き換えて二つの静定構造物に分けることができます。このとき、実荷重

によるD点の鉛直変位v_0とD点の鉛直反力によるD点の鉛直変位v_{1d}は同じ値になります。D点の鉛直反力は未知ですので、この時点ではv_{1d}を計算することができません。しかしながら、線形性の原理に従えば、反力が作用する方向の単位荷重によるD点のたわみをv_1と表すと、$v_{1d}=v_1 X$が成り立ちます。元の構造物の鉛直変位はゼロですから、$v_0+v_1 X=0$が得られ、この式を解くと鉛直反力Xが求まります。

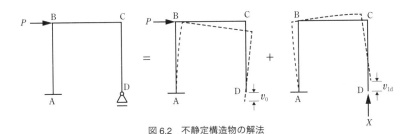

図6.2　不静定構造物の解法

釣り合いと適合性

　通常、静的釣り合いと動的釣り合いの二種類があります。構造物に作用する荷重がゼロから始まり徐々に最終値に到達するとき、構造物はこれらの荷重の下で変形し、その最終形に至ります。しかし、これ以後、構造物はその位置や形状を変えることはありません。これを構造物の静的釣り合いと呼びます。これに対して、荷重が突然作用すれば、構造物は時間とともに異なる形状を強いられ、構造物の各部はある時刻の外乱の下において釣り合い状態にあります。これを構造物の動的釣り合いと呼びます。

　さて、構造物の静的釣り合いの原理では、以下の三つのことが保証されます。

1）構造物は釣り合い状態にある。

2）接合部は釣り合い状態にある。

3）部材は釣り合い状態にある。

　他方、適合性の原理は、構造物のどの部分の変形や結果として生ずる変位も連続性と単一の値を持つという原理です。通常、この条件は、節点において部材端の変位の唯一性を満足するために使用されます。

　また、これらの原理の応用は、第7章の「たわみ角法」や「マトリクス法」においても使用されます。

境界条件

　境界条件に関しては、第5章でも述べました。多くの他の物理問題と同様に、構造物に関する問題でも境界条件を導入せずに解くことは考えられません。力学的境界条件も幾何学的境界条件も、問題が与えられれば指定することができます。「弾性曲線式」では、力

学的境界条件である曲げモーメントが既知でしたので、幾何学的境界条件を指定することで微分方程式を解くことができました。また、第7章の「たわみ角法」や「マトリクス法」では、これらの境界条件を指定することで与えられた問題を解くことが可能になります。

解の唯一性

　構造解析問題では代替できる解はないという原理で、反力だけでなく変形した構造物の形状や内力は与えられた荷重条件に対して唯一つ決定されます。つまり、釣り合い条件、適合条件および境界条件の三つを満足する正解は、どの構造物に対しても唯一つだけしか存在しません。この原理はキルヒホッフの解の唯一性理論として知られています。

2 一次不静定梁・ラーメンの解法

　前項でも説明したように、不静定構造物の解法では、一部の支点の次数を減らしたり部材の一部を除去し、その部分を支点反力や部材応力に置き換えることで静定構造物の問題にすり替えます。そこで置き換えた支点反力や部材応力を余剰力と呼びます。また、すり替えた静定構造物を静定基本形と呼んでいます。この静定構造物に元の問題を満足する適合条件を導入して余剰力を求めることで、不静定構造物を解くことができます。

　適合条件は、一次不静定構造物では一般に下式で与えられます。

$$\Delta_0 + \Delta_1 X = 0 \tag{6-1}$$

　ここで、Δ_0 は実荷重による余剰力（X）の作用方向の変位を表します。また、Δ_1 は余剰力の作用方向に単位荷重を加えたときのその方向の変位を表します。

　二次の不静定構造物の場合は、適合条件は下式になります。同様に、n 次の不静定構造物では n 元の一次連立方程式を解くことになります。

$$\Delta_{10} + \Delta_{11} X_1 + \Delta_{12} X_2 = 0$$
$$\Delta_{20} + \Delta_{21} X_1 + \Delta_{22} X_2 = 0 \tag{6-2}$$

1．外力を余剰力とする場合

　外的不静定構造物では、一部の支点の次数を減らして余剰力（X）に置き換えて静定基本形にします。次に、実荷重による変位（Δ_0）と単位荷重を加えたときの変位（Δ_1）を求めます。これらの変位を求めるには、仮想仕事の原理を用いると大変便利です。なぜなら、単位荷重を加えたときの曲げモーメントは、仮想仕事の原理を用いて変位を求めるときの単位荷重による曲げモーメントと併用できるからです。最後に適合条件から余剰力を求めます。そして、重ね合わせの原理を用いて曲げモーメント図を描きます。

例題 6-1 下図に示す一次不静定ラーメンの曲げモーメント図を求めなさい。ただし、ヤング係数 E は一定とし、断面二次モーメント I は図の通りとします。

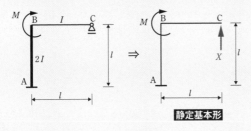

静定基本形

注）C点のローラー支点を取り除いて、余剰力 X を加える。余剰力の向きは上下どちらでも構わない。

解答

1）実荷重による曲げモーメントを求める。　2）単位荷重による曲げモーメントを求める。

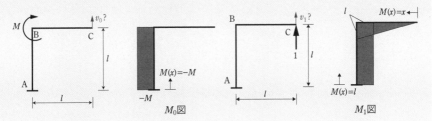

3）実荷重による余剰力の作用方向の変位を求める。

$$v_0 = -\int_0^l \frac{Ml}{2EI}\,dx = -\frac{Ml^2}{2EI}$$

4）単位荷重による余剰力の作用方向の変位を求める。

$$v_1 = \int_0^l \frac{l^2}{2EI}\,dx + \int_0^l \frac{x^2}{EI}\,dx = \frac{5l^3}{6EI}$$

5）適合条件から余剰力を求める。

$$v_0 + v_1 X = -\frac{Ml^2}{2EI} + \frac{5l^3}{6EI}X = 0 \qquad \therefore X = \frac{3M}{5l}$$

6）曲げモーメント図を描く（この場合、重ね合わせの原理を利用するとわかりやすい）。

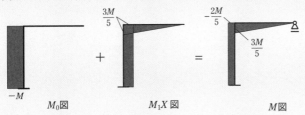

下図に示す一次不静定ラーメンの曲げモーメント図を求めなさい。ただし、ヤング係数 E は一定とし、断面二次モーメント I は図の通りとします。

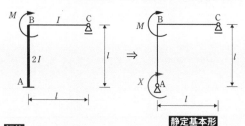

注）A点の固定端をピン支点に置き換える。余剰力Xはモーメントである。また、A点の節点角がゼロになることが適合条件である。

解答

1）実荷重による曲げモーメントを求める。 2）単位荷重による曲げモーメントを求める。

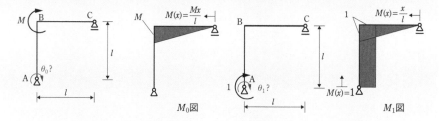

3）実荷重による余剰力の作用方向の変位を求める。

$$\theta_0 = \int_0^l \frac{Ml}{EI} \frac{x^2}{l^2} \, dx = \frac{Ml}{3EI}$$

4）単位荷重による余剰力の作用方向の変位を求める。

$$\theta_1 = \int_0^l \frac{1^2}{2EI} \, dx + \int_0^l \frac{1}{EI} \frac{x^2}{l^2} \, dx = \frac{5l}{6EI}$$

5）適合条件から余剰力を求める。

$$\theta_0 + \theta_1 X = \frac{Ml}{3EI} + \frac{5l}{6EI} X = 0 \quad \therefore X = -\frac{2}{5}M$$

注）余剰力の符号が負であるから、最初に仮定した向きとは反対方向であることがわかる。実際には左回り。

6）曲げモーメント図を描く。

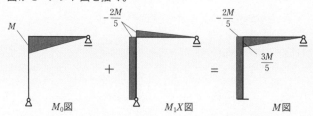

その実例を**例題 6-1** と**例題 6-2** に示します。同一のラーメンに関する問題ですが、静定基本形が異なります。**例題 6-1** は静定基本形を片持ち梁系ラーメンにした場合、**例題 6-2**は単純梁系ラーメンにした場合です。

２．内力を余剰力とする場合

内的不静定構造物では、一部の部材を除去あるいは切断して余剰力（X）に置き換えて静定基本形にします。その後の過程は外的不静定構造物と同様です。例えば、**図 6.3** に示す梁の場合では、部材の一部を切断すると内力（せん断力と曲げモーメント）が現れます。これらを余剰力として二つの静定基本形に分離し、式 (6-2) で表される適合条件を用いて余剰力を求めることによって問題を解くことができます。

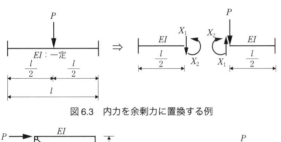

図 6.3　内力を余剰力に置換する例

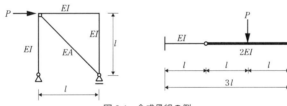

図 6.4　合成骨組の例

本書では、**図 6.4** に示すような合成骨組の解法を取り上げます。合成骨組には、静定ラーメン内につなぎ材（両端がピン支点の部材）を設けた構造物や、梁やラーメンの静定構造物同士をつなぎ材やピン節点でつなぎとめた構造物などがあります。

つなぎ材の伸縮量が無視できない場合、適合条件式は次式となります。本項ではこの場合の解法は割愛し、次節の内的不静定トラスの解法で取り扱います。

$$\Delta_0 + \left(\Delta_1 + \frac{l}{EA}\right)X = 0 \tag{6-3}$$

ここで、E、A、lはそれぞれつなぎ材のヤング係数、断面積、部材長さを表します。

図 6.4 の解法例を**例題 6-3** と**例題 6-4** に示します。**例題 6-3** は静定ラーメン内につなぎ材がある構造物、**例題 6-4** は片持ち梁同士がピン節点で接合されている構造物の解法例になります。

例題 6-3 下図に示す一次不静定合成骨組の曲げモーメント図を求めなさい。ただし、ヤング係数 E と断面二次モーメント I は一定とし、つなぎ材は伸縮しないものとします。

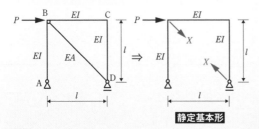

静定基本形

注）つなぎ材を取り除いて、余剰力Xを加える。余剰力Xはつなぎ材に引張力が作用していると仮定して方向を決めているが、反対向きでも構わない。

解答

1）実荷重による曲げモーメントを求める。

2）単位荷重による曲げモーメントを求める。

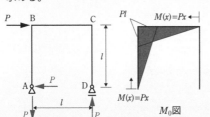

M_0図

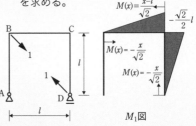

M_1図

3）実荷重による余剰力の作用方向の変位を求める。

$$\Delta_0 = \int_0^l \frac{Px(x-l)}{\sqrt{2}\,EI}\,dx = \frac{P}{\sqrt{2}\,EI}\left[\frac{x^3}{3} - \frac{lx^2}{2}\right]_0^l = -\frac{Pl^3}{6\sqrt{2}\,EI}$$

4）単位荷重による余剰力の作用方向の変位を求める。

$$\Delta_1 = 2\int_0^l \frac{x^2}{2EI}\,dx = \frac{l^3}{3EI}$$

5）適合条件から余剰力を求める。

$$\Delta_0 + \Delta_1 X = -\frac{Pl^3}{6\sqrt{2}\,EI} + \frac{l^3}{3EI}X = 0 \quad \therefore X = \frac{\sqrt{2}}{4}P$$

6）曲げモーメント図を描く。

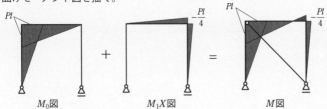

M_0図 ＋ M_1X図 ＝ M図

例題 6-4　下図に示す一次不静定合成骨組の曲げモーメント図を求めなさい。ただし、ヤング係数 E と断面二次モーメント I との積は図の通りとします。

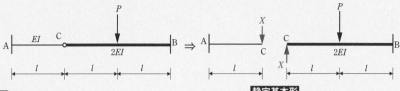

解答

静定基本形

1) 実荷重による曲げモーメントを求める。

2) 単位荷重による曲げモーメントを求める。

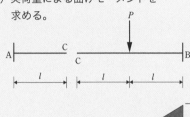

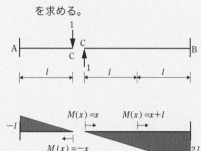

3) 実荷重による余剰力の作用方向の変位を求める。

$$v_0 = \int_0^l \frac{-Px(x+l)}{2EI}\,dx = -\frac{P}{2EI}\left[\frac{x^3}{3}+\frac{lx^2}{2}\right]_0^l = -\frac{5Pl^3}{12EI}$$

4) 単位荷重による余剰力の作用方向の変位を求める。

$$v_1 = \int_0^l \frac{x^2}{EI}\,dx + \int_0^{2l} \frac{x^2}{2EI}\,dx = \frac{5l^3}{3EI}$$

5) 適合条件から余剰力を求める。

$$v_0 + v_1 X = -\frac{5Pl^3}{12EI} + \frac{5l^3}{3EI}X = 0 \quad \therefore X = \frac{P}{4}$$

6) 曲げモーメント図を描く。

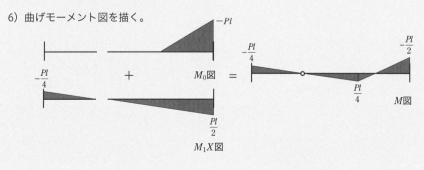

演習問題 6.a

6.a-1 下図に示す一次不静定ラーメンの曲げモーメント図を求めなさい。ただし、ヤング係数 E は一定とし、断面二次モーメント I は図の通りとします。

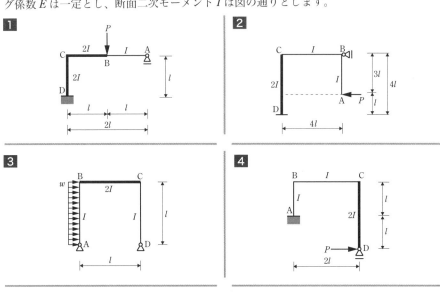

6.a-2 下図に示す一次不静定合成骨組の曲げモーメント図を求めなさい。ただし、ヤング係数 E は一定、断面二次モーメント I は図の通りとし、つなぎ材は伸縮しないものとします。

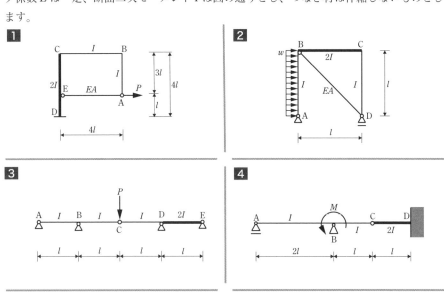

3 一次不静定トラスの解法

1．外力を余剰力とする場合

外的不静定トラスの解き方は外的不静定梁・ラーメンと同じです。最初に、一部の支点の次数を減らして余剰力（X）に置き換えて静定基本形にします。次に、実荷重による変位（Δ_0）と単位荷重を加えたときの変位（Δ_1）を求めます。最後に、適合条件から余剰力を決定します。余剰力数が一つであれば式 (6-1)、二つの場合は式 (6-2)、それ以上の場合は多元連立一次方程式を立てて解くことになります。外的一次不静定トラスの解法例を例題 6-5 に示します。

2．内力を余剰力とする場合

内的不静定トラスも内的不静定梁・ラーメンと解き方は同じです。一部の部材を除去して余剰力（X）に置き換えて静定基本形にします。次に、実荷重による変位（Δ_0）と単位荷重を加えたときの変位（Δ_1）を求めます。最後に、式 (6-3) で表される適合条件から余剰力を決定します。余剰力が複数の場合は多元連立一次方程式を立てて解きます。内的一次不静定トラスの解法例を例題 6-6 に示します。

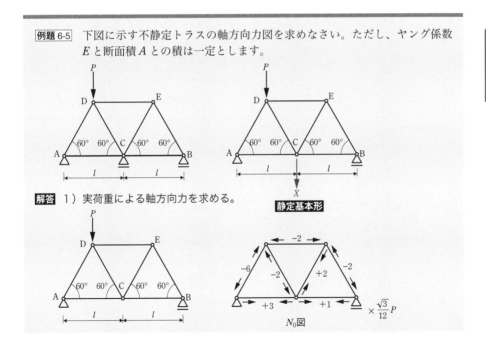

例題 6-5　下図に示す不静定トラスの軸方向力図を求めなさい。ただし、ヤング係数 E と断面積 A との積は一定とします。

静定基本形

解答　1）実荷重による軸方向力を求める。

N_0図

$\times \dfrac{\sqrt{3}}{12}P$

2) 単位荷重による軸方向力を求める。

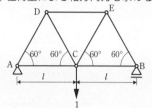

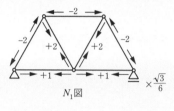

N_1図 $\times \dfrac{\sqrt{3}}{6}$

3) 実荷重による余剰力の作用方向の変位を求める。

部材	N_0	N_1	l	$N_0 N_1 l$
AC	$+3 \times \dfrac{\sqrt{3}}{12} P$	$+1 \times \dfrac{\sqrt{3}}{6}$	$+1 \times l$	$+3 \times \dfrac{Pl}{24}$
BC	$+1$	$+1$	$+1$	$+1$
AD	-6	-2	$+1$	$+12$
BE	-2	-2	$+1$	$+4$
CD	-2	$+2$	$+1$	-4
CE	$+2$	$+2$	$+1$	$+4$
DE	-2	-2	$+1$	$+4$

$$\Sigma N_0 N_1 l = \dfrac{24Pl}{24} = Pl$$

$$\Delta_0 = \Sigma \dfrac{N_0 N_1}{EA} l = \dfrac{Pl}{EA}$$

4) 単位荷重による余剰力の作用方向の変位を求める。

部材	N_1	N_1	l	$N_1 N_1 l$
AC	$+1 \times \dfrac{\sqrt{3}}{6}$	$+1 \times \dfrac{\sqrt{3}}{6}$	$+1 \times l$	$+1 \times \dfrac{l}{12}$
BC	$+1$	$+1$	$+1$	$+1$
AD	-2	-2	$+1$	$+4$
BE	-2	-2	$+1$	$+4$
CD	$+2$	$+2$	$+1$	$+4$
CE	$+2$	$+2$	$+1$	$+4$
DE	-2	-2	$+1$	$+4$

$$\Sigma N_1 N_1 l = \dfrac{22l}{12}$$

$$\Delta_1 = \Sigma \dfrac{N_1 N_1}{EA} l = \dfrac{11l}{6EA}$$

5) 適合条件から余剰力を求める。

$$\Delta_0 + \Delta_1 X = \dfrac{Pl}{EA} + \dfrac{11l}{6EA} X = 0 \quad \therefore X = -\dfrac{6}{11} P$$

6) 重ね合わせの原理を用いて軸方向力を求める。

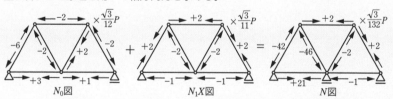

134

下図に示す不静定トラスの軸方向力図を求めなさい。ただし、ヤング係数 E と断面積 A の積は BD 材を除いて一定とし、BD 材は図の通りとします。

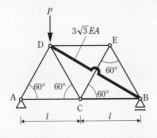 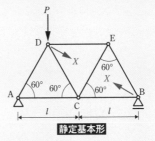

静定基本形

解答

1）実荷重による軸方向力を求める（例題 6-5 と同様なので省略）。

2）単位荷重による軸方向力を求める。

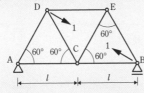 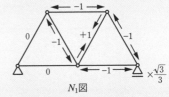

N_1 図

3）実荷重による余剰力の作用方向の変位を求める。

部材	N_0	N_1	l	$N_0 N_1 l$
AC	$+3\times\frac{\sqrt{3}}{12}P$	$0\times\frac{\sqrt{3}}{3}$	$+1^{\times l}$	$0\times\frac{Pl}{12}$
BC	$+1$	-1	$+1$	-1
AD	-6	0	$+1$	0
BE	-2	-1	$+1$	$+2$
CD	-2	-1	$+1$	$+2$
CE	$+2$	$+1$	$+1$	$+2$
DE	-2	-1	$+1$	$+2$

$$\Delta_0 = \sum \frac{N_0 N_1}{EA} l = \frac{7Pl}{12EA}$$

4）単位荷重による余剰力の作用方向の変位を求める。

部材	N_1	N_1	l	$N_1 N_1 l$
AC	$0\times\frac{\sqrt{3}}{3}$	$0\times\frac{\sqrt{3}}{3}$	$+1^{\times l}$	$0\times\frac{l}{3}$
BC	-1	-1	$+1$	$+1$
AD	0	0	$+1$	0
BE	-1	-1	$+1$	$+1$
CD	-1	-1	$+1$	$+1$
CE	$+1$	$+1$	$+1$	$+1$
DE	-1	-1	$+1$	$+1$

$$\Delta_1 = \sum \frac{N_1 N_1}{EA} l = \frac{5l}{3EA}$$

5）適合条件から余剰力を求める。

$$\Delta_0 + \left(\Delta_1 + \frac{\sqrt{3}l}{3\sqrt{3}EA}\right)X = \frac{7Pl}{12EA} + \left(\frac{5}{3} + \frac{1}{3}\right)\frac{l}{EA}X = 0 \quad \therefore X = -\frac{7}{24}P$$

6）重ね合わせの原理を用いて軸方向力を求める。

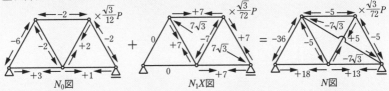

演習問題 6.b

6.b-1 下図に示す外的一次不静定トラスの軸方向力図を求めなさい。ただし、ヤング係数 E と断面積 A との積は図の通りとします。

1

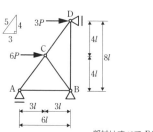

部材はすべて EA

2

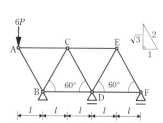

部材はすべて EA

3

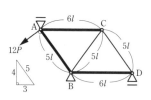

AB 材、AC 材、BD 材は $3EA$、他は EA

4

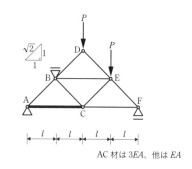

AC 材は $3EA$、他は EA

6.b-2 下図に示す内的一次不静定トラスの軸方向力図を求めなさい。ただし、ヤング係数 E と断面積 A との積は図の通りとします。

1

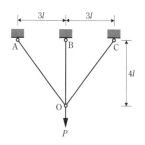

部材はすべて EA

2

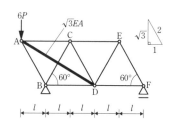

AD 材以外の部材はすべて EA

挑戦問題

6.1 下図に示す一次不静定ラーメンの曲げモーメント図を求めなさい。ただし、ヤング係数 E は一定とし、断面二次モーメント I は図の通りとします。

1

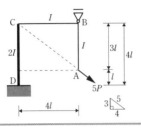

2

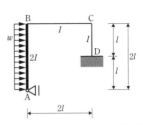

3

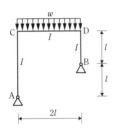

4

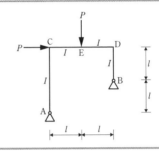

6.2 下図に示す一次不静定合成骨組の曲げモーメント図を求めなさい。ただし、ヤング係数 E は一定、断面二次モーメント I は図の通りとし、つなぎ材は伸縮しないものとします。

1

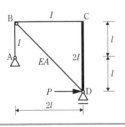

2

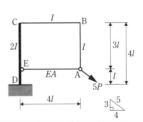

3

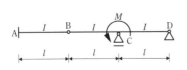

4

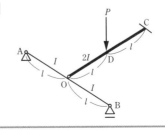

挑戦問題

6.3 下図に示す外的一次不静定トラスの軸方向力図を求めなさい。ただし、ヤング係数 E と断面積 A との積は図の通りとします。

1

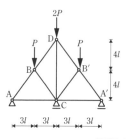

部材はすべて EA

2

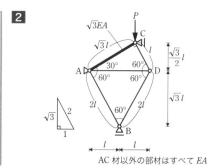

AC 材以外の部材はすべて EA

3

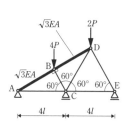

AB 材と BD 材以外の部材はすべて EA

4

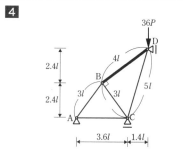

BD 材は $3EA$、他の部材はすべて EA

6.4 下図に示す内的二次不静定トラスの軸方向力を求めなさい。ただし、ヤング係数 E と断面積 A は図の通りとします。

1

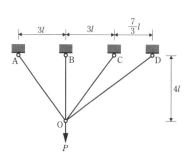

部材はすべて EA

2

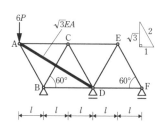

AD 材以外の部材はすべて EA

第7章
たわみ角法

本章では、たわみ角法をはじめ、マトリクス法、固定モーメント法および
D値法について学びます。たわみ角法とマトリクス法は変位法に属する解
法で、高次の不静定構造物の問題を解くことができます。また、固定モー
メント法とD値法を学ぶことで、力の基本的な流れを体得してください。

◼1 たわみ角法

1. 不静定ラーメンの実用解法

　本章では、たわみ角法、マトリクス法、固定モーメント法、D 値法を紹介します。

　応力法は一般に取り扱いが難しく、高次の不静定構造物の解法には不向きでした。しかし、20 世紀初頭に G.A.Maney によってたわみ角法（slope deflection method）が提唱されて以来、高次の不静定構造物に関する研究が急速に発展しました。しかし、当時はコンピューターがまだ世に登場していませんでしたので、不静定次数の多いラーメンの解法には実用的ではありませんでした。そこで1930 年頃に H.Cross による固定モーメント法 (moment distribution method) や武藤清による D 値法が考案されました。固定モーメント法は不静定ラーメンや連続梁などの曲げモーメントを漸近的計算法によって直接求める解法で、節点の移動がない場合には大変有効な手法です。一方、D 値法は精度の粗い略算法ではありますが、水平荷重に対してラーメンの耐震要素の横力分担の割合を容易かつ合理的に求めることのできる計算法です。

　20 世紀の半ばになると、コンピューターが急速に発達し、それとともにマトリクス法 (matrix method) が導入されました。マトリクス法の基礎となっている原理は新しいものではありません。マトリクス法がコンピューターの登場まで発展することがなかった唯一の理由は、大次元の連立方程式の解が得られなかったからにすぎません。

　本書では、構造力学を初めて学ぶ人を対象にしていますので、たわみ角法を中心に解説し、マトリクス法に関しては、マトリクス法によるコンピューターの内部演算の重要な部分を体験することを目的として、たわみ角法における節点の移動のない問題のマトリクス法による解き方を説明するにとどめます。

　読者の皆さんは、たわみ角法やマトリクス法の学習を通して不静定ラーメンの解法の原理を学んでください。他方、固定モーメント法と D 値法に関しては、不静定ラーメンの実用的な解法を学ぶとともに、力の基本的な流れを体得して建築技術者に必要な力学的感覚を身に着けていただければ幸いです。

2. たわみ角法の基本式

　荷重を受けて変形し釣り合い状態にあるラーメンから任意の一要素 ij を切り離して取り出したと仮定しましょう（図 7.1 (a)）。この要素の長さを l_{ij} とし、ヤング係数 E と断面二次モーメント I_{ij} との積は一定であると仮定します。また、節点力は H_{ij}、H_{ji}、V_{ij}、V_{ji}、M_{ij}、M_{ji} が図のように作用していると仮定します。重ね合わせの原理を用いれば、図 7.1 (a) は図 7.1 (b) ～(d) の三つに分けて考えられます。それゆえ、節点角 θ_{ij} と θ_{ji} は次式の和で

表されます。以降で、節点力や節点変位を表す記号に付された添え字の ij は ij 材の i 側を、ji は ij 材の j 側をそれぞれ示します。

$$\theta_{ij}=\alpha_{ij}+\beta_{ij}+R_{ij}$$
$$\theta_{ji}=\alpha_{ji}+\beta_{ji}+R_{ji}$$
(7-1)

ここで、α_{ij} と α_{ji} は材端モーメント M_{ij} と M_{ji} による単純梁 ij の両支点のたわみ角をそれぞれ表します。たわみ角 α_{ij} と α_{ji} については、図 7.1 (b) をさらに図 7.1 (e) と図 7.1 (f) に分けて考えることができます。ゆえに、

$$\alpha_{ij}=\frac{M_{ij}l_{ij}}{3EI_{ij}}-\frac{M_{ji}l_{ij}}{6EI_{ij}}, \ \ \alpha_{ji}=-\frac{M_{ij}l_{ij}}{6EI_{ij}}+\frac{M_{ji}l_{ij}}{3EI_{ij}}$$
(7-2)

で表されます。

他方、β_{ij} と β_{ji} は、中間荷重を受ける単純梁 ij の両支点のたわみ角をそれぞれ示します。また、R_{ij} は要素 ij が移動する場合に元の部材と変形後の部材がなす角度で、

$$R_{ij}=\frac{v_{ji}-v_{ij}}{l_{ij}}$$
(7-3)

で表され、これを部材角と呼びます。

式 (7-1) に式 (7-2) を代入して、マトリクス表示すると、

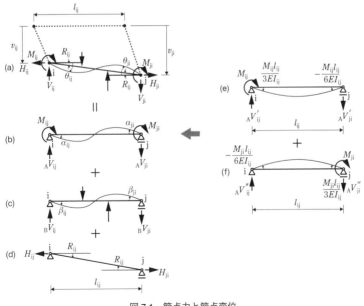

図 7.1　節点力と節点変位

$$\begin{Bmatrix} \theta_{ij} - R_{ij} - \beta_{ij} \\ \theta_{ji} - R_{ij} - \beta_{ji} \end{Bmatrix} = \frac{l_{ij}}{6EI_{ij}} \begin{bmatrix} 2 & -1 \\ -1 & 2 \end{bmatrix} \begin{Bmatrix} M_{ij} \\ M_{ji} \end{Bmatrix} \tag{7-4}$$

を得ます。これを M_{ij} と M_{ji} について解くと、

$$\begin{aligned}
\begin{Bmatrix} M_{ij} \\ M_{ji} \end{Bmatrix} &= \frac{2EI_{ij}}{l_{ij}} \begin{bmatrix} 2 & 1 \\ 1 & 2 \end{bmatrix} \begin{Bmatrix} \theta_{ij} - R_{ij} - \beta_{ij} \\ \theta_{ji} - R_{ij} - \beta_{ji} \end{Bmatrix} \\
&= \frac{2EI_{ij}}{l_{ij}} \begin{bmatrix} 2 & 1 \\ 1 & 2 \end{bmatrix} \begin{Bmatrix} \theta_{ij} - R_{ij} \\ \theta_{ji} - R_{ij} \end{Bmatrix} - \frac{2EI_{ij}}{l_{ij}} \begin{bmatrix} 2 & 1 \\ 1 & 2 \end{bmatrix} \begin{Bmatrix} \beta_{ij} \\ \beta_{ji} \end{Bmatrix} \\
&= \frac{2EI_{ij}}{l_{ij}} \begin{bmatrix} 2 & 1 \\ 1 & 2 \end{bmatrix} \begin{Bmatrix} \theta_{ij} - R_{ij} \\ \theta_{ji} - R_{ij} \end{Bmatrix} + \begin{Bmatrix} C_{ij} \\ C_{ji} \end{Bmatrix}
\end{aligned} \tag{7-5}$$

となります。ここで、C_{ij} と C_{ji} は荷重項と呼ばれ、両節点角がゼロ（$\theta_{ij}-R_{ij}=0$ かつ $\theta_{ji}-R_{ij}=0$）のとき、すなわち両端固定のときに中間荷重によって生じる材端モーメントを意味します。それゆえ、これを固定端モーメント（fixed-end moment）と呼んでいます。

固定端モーメントは、第 5 章の知識を活用すれば、与えられた中間荷重に対してあらかじめ計算することができます。図 7.2 にその一例を示します。なお、本書の例題や問題で

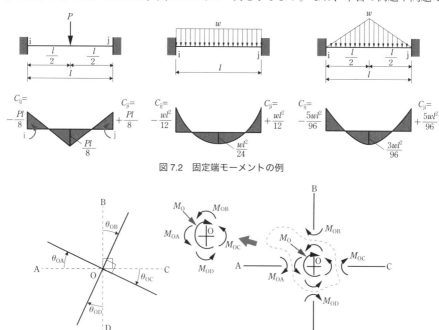

図 7.2　固定端モーメントの例

図 7.3　剛節点の節点角　　　　　　図 7.4　剛節点におけるモーメントの釣り合い

行列を用いた連立一次方程式の解法

　本書では、たわみ角法を行列（マトリクス・ベクトル）形式で表記している。これは、マトリクス法の解説を理解するための布石であることと、二元または三元の連立一次方程式を解くために行列を用いると機械的に解くことができるので慣れると大変便利であることが理由である。以下に、行列を用いた連立一次方程式の解法を示す。

$$[K]\{u\}=\{F\} \rightarrow \{u\}=[K]^{-1}\{F\}$$

1) 二元連立一次方程式の解法

$$\begin{bmatrix} a_{11} & a_{12} \\ a_{21} & a_{22} \end{bmatrix}\begin{Bmatrix} u_1 \\ u_2 \end{Bmatrix}=\begin{Bmatrix} F_1 \\ F_2 \end{Bmatrix} \Leftrightarrow \begin{matrix} a_{11}u_1+a_{12}u_2=F_1 \\ a_{21}u_1+a_{22}u_2=F_2 \end{matrix}$$

$$u_1=\frac{\begin{vmatrix} F_1 & a_{12} \\ F_2 & a_{22} \end{vmatrix}}{\begin{vmatrix} a_{11} & a_{12} \\ a_{21} & a_{22} \end{vmatrix}}=\frac{a_{22}\times F_1-a_{12}\times F_2}{a_{11}\times a_{22}-a_{12}\times a_{21}} \quad u_2=\frac{\begin{vmatrix} a_{11} & F_1 \\ a_{21} & F_2 \end{vmatrix}}{\begin{vmatrix} a_{11} & a_{12} \\ a_{21} & a_{22} \end{vmatrix}}=\frac{-a_{21}\times F_1+a_{11}\times F_2}{a_{11}\times a_{22}-a_{12}\times a_{21}}$$

$$\begin{Bmatrix} u_1 \\ u_2 \end{Bmatrix}=\frac{1}{\begin{vmatrix} a_{11} & a_{12} \\ a_{21} & a_{22} \end{vmatrix}}\begin{bmatrix} a_{22} & -a_{12} \\ -a_{21} & a_{11} \end{bmatrix}\begin{Bmatrix} F_1 \\ F_2 \end{Bmatrix}$$

2) 三元連立一次方程式の解法

$$\begin{bmatrix} a_{11} & a_{12} & a_{13} \\ a_{21} & a_{22} & a_{23} \\ a_{31} & a_{32} & a_{33} \end{bmatrix}\begin{Bmatrix} u_1 \\ u_2 \\ u_3 \end{Bmatrix}=\begin{Bmatrix} F_1 \\ F_2 \\ F_3 \end{Bmatrix} \Leftrightarrow \begin{matrix} a_{11}u_1+a_{12}u_2+a_{13}u_3=F_1 \\ a_{21}u_1+a_{22}u_2+a_{23}u_3=F_2 \\ a_{31}u_1+a_{32}u_2+a_{33}u_3=F_3 \end{matrix}$$

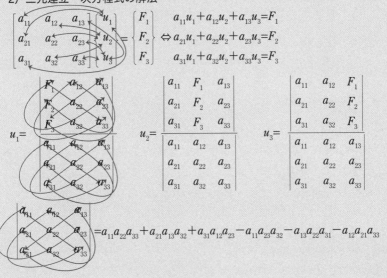

$$u_1=\frac{\begin{vmatrix} F_1 & a_{12} & a_{13} \\ F_2 & a_{22} & a_{23} \\ F_3 & a_{32} & a_{33} \end{vmatrix}}{\begin{vmatrix} a_{11} & a_{12} & a_{13} \\ a_{21} & a_{22} & a_{23} \\ a_{31} & a_{32} & a_{33} \end{vmatrix}} \quad u_2=\frac{\begin{vmatrix} a_{11} & F_1 & a_{13} \\ a_{21} & F_2 & a_{23} \\ a_{31} & F_3 & a_{33} \end{vmatrix}}{\begin{vmatrix} a_{11} & a_{12} & a_{13} \\ a_{21} & a_{22} & a_{23} \\ a_{31} & a_{32} & a_{33} \end{vmatrix}} \quad u_3=\frac{\begin{vmatrix} a_{11} & a_{12} & F_1 \\ a_{21} & a_{22} & F_2 \\ a_{31} & a_{32} & F_3 \end{vmatrix}}{\begin{vmatrix} a_{11} & a_{12} & a_{13} \\ a_{21} & a_{22} & a_{23} \\ a_{31} & a_{32} & a_{33} \end{vmatrix}}$$

$$\begin{vmatrix} a_{11} & a_{12} & a_{13} \\ a_{21} & a_{22} & a_{23} \\ a_{31} & a_{32} & a_{33} \end{vmatrix}=a_{11}a_{22}a_{33}+a_{21}a_{13}a_{32}+a_{31}a_{12}a_{23}-a_{11}a_{23}a_{32}-a_{13}a_{22}a_{31}-a_{12}a_{21}a_{33}$$

7章

は、梁中央に集中荷重が作用する場合のみを出題します。

　ところで、図7.3に示すように、剛節点では各要素の節点角（θ_{OA}、θ_{OB}、θ_{OC}、θ_{OD}）はすべて等しくなります。図7.3の場合、剛節点の回転角をθ_Oとすれば　$\theta_{OA}=\theta_{OB}=\theta_{OC}=\theta_{OD}=\theta_O$と表すことができます。それゆえ、式(7-5)においては、$\theta_{ij}=\theta_i$、$\theta_{ji}=\theta_j$と表せます。また、$K_{ij}=I_{ij}/l_{ij}$とおき、さらに$k_{ij}=K_{ij}/K_o$とおけば、式(7-5)は、

$$\begin{Bmatrix} M_{ij} \\ M_{ji} \end{Bmatrix} = 2\,k_{ij}EK_0 \begin{bmatrix} 2 & 1 \\ 1 & 2 \end{bmatrix} \begin{Bmatrix} \theta_i - R_{ij} \\ \theta_j - R_{ij} \end{Bmatrix} + \begin{Bmatrix} C_{ij} \\ C_{ji} \end{Bmatrix} \tag{7-6}$$

と表せます。これがたわみ角法の基本式です。ここで、K_{ij}はij材の剛度と呼ばれ、部材の曲げにくさを表しています。また、K_oは標準剛度、k_{ij}はij材の剛比と呼びます。標準剛度は適当に決めることができます。通常、構造力学の問題では、後の計算を容易にするために剛比が整数比になるように標準剛度を決めるようにします。なお、この作業が苦手な読者については、断面二次モーメントと部材長さを与条件として問題を解いていただいて構いません。

3．節点方程式

　一度、切り離した要素を再び結合しましょう。ラーメンの任意の一剛節点Oは、図7.4に示すように外力M_Oが作用して釣り合い状態にあります。今、この剛節点の近傍を切断すると、切り離した断面には各要素の材端モーメントと大きさが等しく方向が反対のモーメントが作用して釣り合っていますので、下式が成り立ちます。

$$-M_{OA}-M_{OB}-M_{OC}-M_{OD}+M_O=0$$

一般には、M_Oを移項して下式のように表されます。

$$M_{OA}+M_{OB}+M_{OC}+M_{OD}=M_O \tag{7-7}$$

　この式(7-7)を節点方程式と呼んでいます。節点方程式は、支点を含めて各節点について一個ずつ成立します。式(7-7)において、もし外力M_Oが作用しない支点や節点では$M_O=0$となります。

　節点が移動しない連続梁やラーメンの解法の手順は以下の通りです。ただし、ラーメンは矩形ラーメンとし、梁が水平でない、あるいは柱が鉛直でない不規則ラーメンは本書では取り扱いません（図7.5）。

1）各要素の剛度と剛比を求める
2）未知節点角（支点を含む）を明確にする
　固定端の節点角はゼロです。ピン支点やローラー支点では節点角が生じます。

3）荷重項（固定端モーメント）を計算する

　中間荷重が作用していない要素の固定端モーメントはゼロです。また、節点に作用する外力は中間荷重ではありません。

4）要素剛性方程式を作成する

　各要素にたわみ角の基本式 (7-6) を適用します。適用して得られた式を要素剛性方程式と呼びます。

5）節点方程式を立て、未知節点角を求める

　節点方程式 (7-7) は未知節点角を持つ節点について立てます。固定端では節点角はゼロですので既知です。節点方程式と未知節点角は同数になります。

6）材端モーメントを計算する

　5）で求めた未知節点角を要素剛性方程式に代入し、各要素の材端モーメントを求めます。

7）曲げモーメント図を作成する

　たわみ角法ではモーメントは右回りを正に仮定しています。それゆえ材端モーメントが正値であれば、節点に対して右回りのモーメントが生じています。その場合、要素軸方向（ij 材の i 点側であれば i 点から j 点に向かって）右手側に曲げモーメントを描きます。例えば図 7.2 の固定端モーメントでは、i 点側では左回りのモーメントが作用していますので C_{ij} は負値になります。逆に j 点側では右回りのモーメントが作用してますので C_{ji} は正値になります。曲げモーメントの描き方を含め、具体的な解き方は**例題 7-1** と**例題 7-2** を参考にしてください。

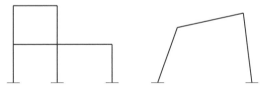

図7.5　矩形ラーメン（左）と不規則ラーメン（右）

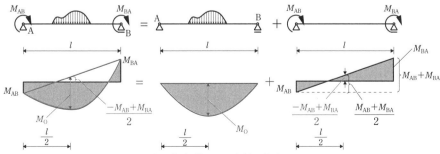

図 7.6　中間荷重が作用する部材の曲げモーメント

曲げモーメント図を描くときにもう一つ問題になるのが、中間荷重が作用する要素の曲げモーメントです。ここでも、重ね合わせの原理を用いて考えましょう。通常、梁中央付近が曲げモーメントの最大値になりますので、梁中央位置での曲げモーメントの値を求めることにします。

　図7.6 に示すように、単純梁に何らかの中間荷重が作用し、同時に両端の支点位置にモーメント荷重が作用しているとします。たわみ角法ではモーメントの作用方向は右回りを正に仮定しますので、モーメント荷重は右回りに加えています。この問題では、中間荷重のみが作用する単純梁と両支点にモーメント荷重が作用する単純梁とに分けて考えます。中間荷重による梁中央の曲げモーメントを M_O と名づけます。一方、モーメント荷重による梁中央の曲げモーメントは、図7.6 に示すように、

$$\frac{M_{AB}+M_{BA}}{2}-M_{AB}=\frac{-M_{AB}+M_{BA}}{2}$$

となります。この問題の曲げモーメントは、中間荷重のみが作用する単純梁の曲げモーメントと両支点にモーメント荷重が作用する単純梁の曲げモーメントを重ね合わせることによって求まりますので、梁中央の曲げモーメントは、

$$M_O-\frac{-M_{AB}+M_{BA}}{2} \tag{7-8}$$

となります。

　また、本書の例題や問題では梁中央に集中荷重（P）が作用する場合（要素の長さ l）のみに限定していますので、この場合の荷重点の曲げモーメントは下式によって計算することができます。固定端モーメントの例は図7.2 を参照してください。

$$\frac{Pl}{4}-\frac{-M_{AB}+M_{BA}}{2} \tag{7-9}$$

例題 7-1 下図に示すラーメンの曲げモーメント図をたわみ角法によって求めなさい。ただし、ヤング係数 E は一定とし、断面二次モーメント I は図の通りとします。

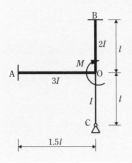

解答 1）剛度と剛比を求める。

$$K_{OA}=\frac{3I}{1.5l}=\frac{2I}{l}, \quad K_{OB}=\frac{2I}{l}, \quad K_{OC}=\frac{I}{l}$$

標準剛度を $K_0=I/l$ とすれば、
$$k_{OA}=k_{OB}=2, \quad k_{OC}=1$$

2）未知節点角を明確にする。
A点とB点は固定端であるので、$\theta_A=\theta_B=0$
未知節点角は、θ_O と θ_C
また、部材角は生じない。

3）荷重項を求める。中間荷重はないので、$C_{ij}=C_{ji}=0$

4）要素剛性方程式を作成する。

$$
\text{OA材：}\begin{Bmatrix} M_{OA} \\ M_{AO} \end{Bmatrix}=4EK_O\begin{bmatrix} 2 & 1 \\ 1 & 2 \end{bmatrix}\begin{Bmatrix} \theta_O \\ 0 \end{Bmatrix}, \qquad \text{OB材：}\begin{Bmatrix} M_{OB} \\ M_{BO} \end{Bmatrix}=4EK_O\begin{bmatrix} 2 & 1 \\ 1 & 2 \end{bmatrix}\begin{Bmatrix} \theta_O \\ 0 \end{Bmatrix}
$$

$$
\text{OC材：}\begin{Bmatrix} M_{OC} \\ M_{CO} \end{Bmatrix}=2EK_O\begin{bmatrix} 2 & 1 \\ 1 & 2 \end{bmatrix}\begin{Bmatrix} \theta_O \\ \theta_C \end{Bmatrix}
$$

5）節点方程式を立てて、未知節点角を求める。

O点：$M_{OA}+M_{OB}+M_{OC}=M$　　　　　　　　　　C点：$M_{CO}=0$

$8EK_O\theta_O+8EK_O\theta_O+4EK_O\theta_O+2EK_O\theta_C=M$　　　　$\therefore 2EK_O\theta_O+4EK_O\theta_C=0$

$\therefore 20EK_O\theta_O+2EK_O\theta_C=M$

マトリクス表示すると、

$$
\begin{bmatrix} 20 & 2 \\ 2 & 4 \end{bmatrix}\begin{Bmatrix} \theta_O \\ \theta_C \end{Bmatrix}=\begin{Bmatrix} 1 \\ 0 \end{Bmatrix}\frac{M}{EK_O}
$$

$$
\begin{Bmatrix} \theta_O \\ \theta_C \end{Bmatrix}=\frac{1}{20\times4-2\times2}\begin{bmatrix} 4 & -2 \\ -2 & 20 \end{bmatrix}\begin{Bmatrix} 1 \\ 0 \end{Bmatrix}\frac{M}{EK_O}=\frac{1}{38}\begin{Bmatrix} 2 \\ -1 \end{Bmatrix}\frac{M}{EK_O}
$$

6）材端モーメントを求める。

$$
M_{OA}=\frac{8\times2}{38}M=\frac{8}{19}M \qquad M_{OB}=\frac{8}{19}M \qquad M_{OC}=\frac{4\times2-2\times1}{38}M=\frac{3}{19}M
$$

$$
M_{AO}=\frac{4\times2}{38}M=\frac{4}{19}M \qquad M_{BO}=\frac{4}{19}M \qquad M_{CO}=\frac{2\times2-4\times1}{38}M=0
$$

7）曲げモーメント図を描く。

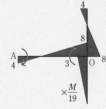

・曲げモーメント図の描き方

例えば、OA材では両材端モーメントは正値であるから右回りのモーメントである。O点ではO点からA点に向かって右側（図の上側）に曲げモーメントを描くことになる。また、A点ではA点からO点に向かって右側（図の下側）に曲げモーメントを描くことになる。

例題7-2　右図に示すラーメンの曲げモーメント図をたわみ角法によって求めなさい。ただし、ヤング係数 E は一定とし、断面二次モーメント I は図の通りとします。

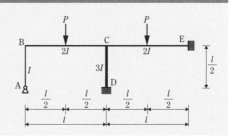

解答

1) 剛度と剛比を求める。

$$K_{AB}=\frac{I}{l/2}=\frac{2I}{l}, \quad K_{BC}=K_{CE}=\frac{2I}{l}, \quad K_{CD}=\frac{3I}{l/2}=\frac{6I}{l}$$

標準剛度を$K_{AB}=K_{BC}=K_{CE}=K_O$とおけば、$k_{AB}=k_{BC}=k_{CE}=1, \ k_{CD}=3$

2) 未知節点角を明確にする。

D点とE点は固定端であるので、$\theta_D=\theta_E=0$

未知節点角は、θ_A、θ_Bとθ_C また、部材角は生じない。

3) 荷重項を求める。

BC材：$C_{BC}=-Pl/8, \ C_{CB}=+Pl/8$

CE材：$C_{CE}=-Pl/8, \ C_{EC}=+Pl/8$

4) 要素剛性方程式を作成する。

AB材：$\begin{Bmatrix} M_{AB} \\ M_{BA} \end{Bmatrix}=2EK_o\begin{bmatrix} 2 & 1 \\ 1 & 2 \end{bmatrix}\begin{Bmatrix} \theta_A \\ \theta_B \end{Bmatrix}$, BC材：$\begin{Bmatrix} M_{BC} \\ M_{CB} \end{Bmatrix}=2EK_o\begin{bmatrix} 2 & 1 \\ 1 & 2 \end{bmatrix}\begin{Bmatrix} \theta_B \\ \theta_C \end{Bmatrix}+\begin{Bmatrix} -1 \\ 1 \end{Bmatrix}\dfrac{Pl}{8}$

CD材：$\begin{Bmatrix} M_{CD} \\ M_{DC} \end{Bmatrix}=6EK_o\begin{bmatrix} 2 & 1 \\ 1 & 2 \end{bmatrix}\begin{Bmatrix} \theta_C \\ 0 \end{Bmatrix}$, CE材：$\begin{Bmatrix} M_{CE} \\ M_{EC} \end{Bmatrix}=2EK_o\begin{bmatrix} 2 & 1 \\ 1 & 2 \end{bmatrix}\begin{Bmatrix} \theta_C \\ 0 \end{Bmatrix}+\begin{Bmatrix} -1 \\ 1 \end{Bmatrix}\dfrac{Pl}{8}$

5) 節点方程式を立てて、未知節点角を求める。

A点：$M_{AB}=0 \quad \therefore 4EK_O\theta_A+2EK_O\theta_B=0$

B点：$M_{BA}+M_{BC}=0 \quad 2EK_O\theta_A+4EK_O\theta_B+4EK_O\theta_B+2EK_O\theta_C-Pl/8=0$

$\therefore 2EK_O\theta_A+8EK_O\theta_B+2EK_O\theta_C=Pl/8$

C点：$M_{CB}+M_{CD}+M_{CE}=0 \quad 2EK_O\theta_B+4EK_O\theta_C+Pl/8+12EK_O\theta_C+4EK_O\theta_C-Pl/8=0$

$\therefore 2EK_O\theta_B+20EK_O\theta_C=0$

マトリクス表示すると

$$\begin{bmatrix} 4 & 2 & 0 \\ 2 & 8 & 2 \\ 0 & 2 & 20 \end{bmatrix}\begin{Bmatrix} \theta_A \\ \theta_B \\ \theta_C \end{Bmatrix}=\begin{Bmatrix} 0 \\ 1 \\ 0 \end{Bmatrix}\frac{Pl}{8EK_O}$$

$$\theta_A=\frac{-40}{8\times544}\frac{Pl}{EK_O}=\frac{-5}{544}\frac{Pl}{EK_O}$$

$$\theta_B=\frac{80}{8\times544}\frac{Pl}{EK_O}=\frac{10}{544}\frac{Pl}{EK_O}$$

$$\theta_C=\frac{-8}{8\times544}\frac{Pl}{EK_O}=\frac{-1}{544}\frac{Pl}{EK_O}$$

$$\begin{vmatrix} 4 & 2 & 0 \\ 2 & 8 & 2 \\ 0 & 2 & 20 \end{vmatrix}=544 \quad \begin{vmatrix} 0 & 2 & 0 \\ 1 & 8 & 2 \\ 0 & 2 & 20 \end{vmatrix}=-40 \quad \begin{vmatrix} 4 & 0 & 0 \\ 2 & 1 & 2 \\ 0 & 0 & 20 \end{vmatrix}=80 \quad \begin{vmatrix} 4 & 2 & 0 \\ 2 & 8 & 1 \\ 0 & 2 & 0 \end{vmatrix}=-8$$

6) 材端モーメントを求める。

$$M_{AB}=\frac{(-4\times5+2\times10)Pl}{544}=0 \qquad M_{BC}=\frac{(4\times10-2\times1)Pl}{544}-\frac{68Pl}{8\times68}=\frac{-15}{272}Pl$$

$$M_{BA}=\frac{(-2\times5+4\times10)Pl}{544}=\frac{15}{272}Pl \qquad M_{CB}=\frac{(2\times10-4\times1)Pl}{544}+\frac{68Pl}{8\times68}=\frac{42}{272}Pl$$

$$M_{CD} = \frac{-12 \times 1Pl}{544} = \frac{-6}{272}Pl \qquad M_{CE} = \frac{-4 \times 1Pl}{544} - \frac{68Pl}{8 \times 68} = \frac{-36}{272}Pl$$

$$M_{DC} = \frac{-6 \times 1Pl}{544} = \frac{-3}{272}Pl \qquad M_{EC} = \frac{-2 \times 1Pl}{544} + \frac{68Pl}{8 \times 68} = \frac{33}{272}Pl$$

7) 曲げモーメント図を描く。

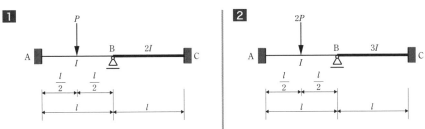

$$\frac{1}{4}Pl - \frac{-(-36)+33}{2} \ \frac{Pl}{272} = 33.5 \times \frac{Pl}{272}$$

$$\times \frac{Pl}{272}$$

注) 曲げモーメント図では実際に
は赤の矢印は書きません。ま
た、値に符号は付けません。

$$\frac{1}{4}Pl - \frac{-(-15)+42}{2} \ \frac{Pl}{272} = 39.5 \times \frac{Pl}{272}$$

演習問題 7.a

7.a-1　下図に示す連続梁の曲げモーメント図をたわみ角法によって求めなさい。ただし、ヤング係数 E は一定とし、断面二次モーメント I は図の通りとします。

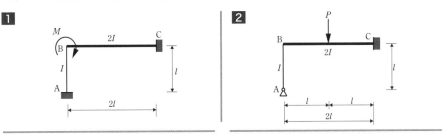

7.a-2　下図に示すラーメンの曲げモーメント図をたわみ角法によって求めなさい。ただし、ヤング係数 E は一定とし、断面二次モーメント I は図の通りとします。

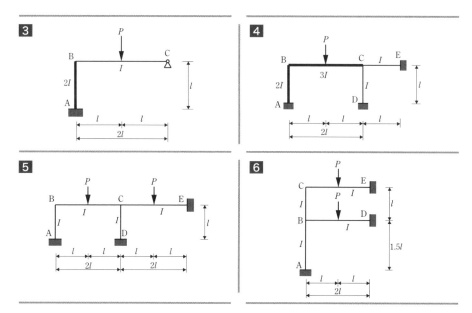

4．層方程式

　たわみ角法において、節点が移動する矩形ラーメンの未知数は、一般に節点の回転角に加えて各階の柱の部材角の数だけ増加します（通常、梁材には部材角は生じません）。それゆえ、節点が移動する矩形ラーメンを解くためには、節点の回転角の数に対応する節点方程式の他に、矩形ラーメンの層数に対応する各階の水平力の釣り合い条件式が必要になります。この釣り合い条件式を層方程式といいます。

　今、i 層よりも上の水平荷重の総和を ΣP とし、i 層の柱のせん断力の総和を ΣQ_C とすれば、i 層の水平力の釣り合い条件式は、

$$\Sigma Q_C = \Sigma P \tag{7-10}$$

となります（図7.7）。

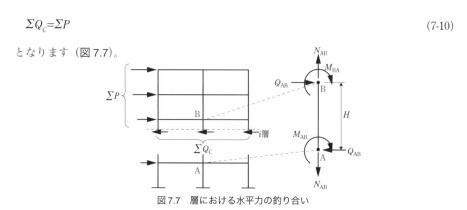

図7.7　層における水平力の釣り合い

ここで、ΣP を層せん断力と呼びます。また、i 層内にある任意の柱 AB のせん断力は、i 層の階高を H として A 点周りのモーメントの釣り合いをとれば、次式で表されます。

$$M_{AB} + M_{BA} + Q_{AB}H=0, \quad \therefore Q_{AB}=-\frac{M_{AB}+M_{BA}}{H} \tag{7-11}$$

そして、式 (7-10) に式 (7-11) を代入した次式が層方程式と呼ばれるものです。

$$-\Sigma\frac{M_{AB}+M_{BA}}{H}=\Sigma P \tag{7-12}$$

　節点が移動する矩形ラーメンの解法の手順は以下の通りです。

1）各要素の剛度から剛比を求める

2）未知節点角（支点を含む）と部材角を明確にする

　各層の階高 H が一定であれば、その層の部材角は一定です。この場合は式 (7-12) の両辺に H を乗じます。もし、同一層内で柱の長さが異なる場合は、お互いの部材角の関係を調査して未知部材角の変数を減じます。詳しくは、**例題 7-3** を参照してください。

3）荷重項（固定端モーメント）を計算する

4）要素剛性方程式を作成する

　各要素にたわみ角法の基本式 (7-6) を適用します。

5）節点方程式と層方程式を立て、未知節点角や未知部材角を求める

　節点方程式 (7-7) は未知節点角を持つ節点について立てます。層方程式 (7-12) は矩形ラーメンの各層について立てます。

6）材端モーメントを計算する

　5）で求めた未知節点角と未知部材角を要素剛性方程式に代入して、各要素の材端モーメントを求めます。

7）曲げモーメント図を作成する

　節点移動がある場合の具体的な解き方は、**例題 7-3** と**例題 7-4** を参考にしてください。

　例題 7-3　下図に示すラーメンの曲げモーメント図をたわみ角法によって求めなさい。ただし、ヤング係数 E は一定とし、断面二次モーメント I は図の通りとします。

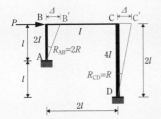

解答

1）剛度と剛比を求める。

$$K_{AB}=\frac{2I}{l}, \quad K_{BC}=\frac{I}{2l}, \quad K_{CD}=\frac{4I}{2l}=\frac{2I}{l}$$

標準剛度を $K_{BC}=K_0$ とおけば、

$$k_{AB}=k_{CD}=4, \quad k_{BC}=1$$

2）未知節点角を明確にする。

A点とD点は固定端であるので、$\theta_A=\theta_D=0$。未知節点角は、θ_Bとθ_C。部材角は柱に生じ、B点がB′点に、C点がC′点に移動し、その移動変位をΔとすれば、

$R_{AB}=\Delta/l=2R$、$R_{CD}=\Delta/(2l)=(\Delta/l)/2=R$

3）荷重項を求める。

中間荷重はないので、$C_{ij}=C_{ji}=0$

4）要素剛性方程式を作成する。

AB材：$\begin{Bmatrix} M_{AB} \\ M_{BA} \end{Bmatrix}=8EK_0\begin{bmatrix} 2 & 1 \\ 1 & 2 \end{bmatrix}\begin{Bmatrix} -2R \\ \theta_B-2R \end{Bmatrix}$，BC材：$\begin{Bmatrix} M_{BC} \\ M_{CB} \end{Bmatrix}=2EK_0\begin{bmatrix} 2 & 1 \\ 1 & 2 \end{bmatrix}\begin{Bmatrix} \theta_B \\ \theta_C \end{Bmatrix}$

CD材：$\begin{Bmatrix} M_{CD} \\ M_{DC} \end{Bmatrix}=8EK_0\begin{bmatrix} 2 & 1 \\ 1 & 2 \end{bmatrix}\begin{Bmatrix} \theta_C-R \\ -R \end{Bmatrix}$

5）節点方程式と層方程式を立て、未知節点角や未知部材角を求める。

B点：$M_{BA}+M_{BC}=0$　　$16EK_0\theta_B-48EK_0R+4EK_0\theta_B+2EK_0\theta_C=0$

∴$20EK_0\theta_B+2EK_0\theta_C-48EK_0R=0$

C点：$M_{CB}+M_{CD}=0$　　$2EK_0\theta_B+4EK_0\theta_C+16EK_0\theta_C-24EK_0R=0$

∴$2EK_0\theta_B+20EK_0\theta_C-24EK_0R=0$

層方程式：

$$-\frac{M_{AB}+M_{BA}}{l}-\frac{M_{CD}+M_{DC}}{2l}=P \quad -\frac{24EK_0\theta_B-96EK_0R}{l}-\frac{24EK_0\theta_C-48EK_0R}{2l}=P$$

$$\therefore -48EK_0\theta_B-24EK_0\theta_C+240EK_0R=2Pl$$

$$\begin{bmatrix} 20 & 2 & -48 \\ 2 & 20 & -24 \\ -48 & -24 & 240 \end{bmatrix}\begin{Bmatrix} \theta_B \\ \theta_C \\ R \end{Bmatrix}=\begin{Bmatrix} 0 \\ 0 \\ \frac{2Pl}{EK_0} \end{Bmatrix} \qquad \begin{vmatrix} 20 & 2 & -48 \\ 2 & 20 & -24 \\ -48 & -24 & 240 \end{vmatrix}=42048=12\times3504$$

$$\begin{vmatrix} 0 & 2 & -48 \\ 0 & 20 & -24 \\ 1 & -24 & 240 \end{vmatrix}=912 \atop =12\times76 \qquad \begin{vmatrix} 20 & 0 & -48 \\ 2 & 0 & -24 \\ -48 & 1 & 240 \end{vmatrix}=384 \atop =12\times32 \qquad \begin{vmatrix} 20 & 2 & 0 \\ 2 & 20 & 0 \\ -48 & -24 & 1 \end{vmatrix}=396 \atop =12\times33$$

$$\theta_B=\frac{76}{3504}\frac{2Pl}{EK_0}=\frac{76}{1752}\frac{Pl}{EK_0} \quad \theta_C=\frac{32}{3504}\frac{2Pl}{EK_0}=\frac{32}{1752}\frac{Pl}{EK_0} \quad R=\frac{33}{3504}\frac{2Pl}{EK_0}=\frac{33}{1752}\frac{Pl}{EK_0}$$

6）材端モーメントを求める。

$M_{AB}=\dfrac{(8\times76-48\times33)Pl}{1752}=-\dfrac{976Pl}{1752}=-\dfrac{122}{219}Pl$　　$M_{CD}=\dfrac{(16\times32-24\times33)Pl}{1752}=-\dfrac{280Pl}{1752}$

$M_{BA}=\dfrac{(16\times76-48\times33)Pl}{1752}=-\dfrac{368Pl}{1752}=-\dfrac{46}{219}Pl$　　　　　　　　　　$=-\dfrac{35}{219}Pl$

$M_{BC}=\dfrac{(4\times76+2\times32)Pl}{1752}=\dfrac{368Pl}{1752}=\dfrac{46}{219}Pl$　　$M_{DC}=\dfrac{(8\times32-24\times33)Pl}{1752}=-\dfrac{536Pl}{1752}$

$M_{CB}=\dfrac{(2\times76+4\times32)Pl}{1752}=\dfrac{280Pl}{1752}=\dfrac{35}{219}Pl$　　　　　　　　　　$=-\dfrac{67}{219}Pl$

7) 曲げモーメント図を描く。

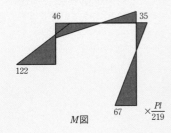

M図

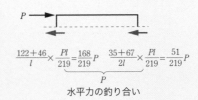

$$\frac{122+46}{l}\times\frac{Pl}{219}=\frac{168}{219}P \quad \frac{35+67}{2l}\times\frac{Pl}{219}=\frac{51}{219}P$$

P

水平力の釣り合い

例題 7-4 下図に示すラーメンの曲げモーメント図をたわみ角法によって求めなさい。ただし、ヤング係数 E は一定とし、断面二次モーメント I は図の通りとします。

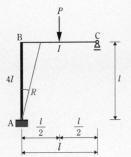

解答

1) 剛度と剛比を求める。

$$K_{AB}=\frac{4I}{l}, \quad K_{BC}=\frac{I}{l}$$

標準剛度を $K_{BC}=K_O$ とおけば、$k_{AB}=4$, $k_{BC}=1$

2) 未知節点角と部材角を明確にする。
A点は固定端であるので、$\theta_A=0$
未知節点角は、θ_Bとθ_C
部材角は柱ABに生じ、$R_{AB}=R$

3) 荷重項を求める。
BC材：$C_{BC}=-Pl/8$, $C_{CB}=+Pl/8$

4) 要素剛性方程式を作成する。

AB材：$\begin{Bmatrix} M_{AB} \\ M_{BA} \end{Bmatrix}=8EK_O\begin{bmatrix} 2 & 1 \\ 1 & 2 \end{bmatrix}\begin{Bmatrix} -R \\ \theta_B-R \end{Bmatrix}$, BC材：$\begin{Bmatrix} M_{BC} \\ M_{CB} \end{Bmatrix}=2EK_O\begin{bmatrix} 2 & 1 \\ 1 & 2 \end{bmatrix}\begin{Bmatrix} \theta_B \\ \theta_C \end{Bmatrix}+\begin{Bmatrix} -1 \\ 1 \end{Bmatrix}\frac{Pl}{8}$

5) 節点方程式と層方程式を立て、未知節点角や未知部材角を求める。
B点：$M_{BA}+M_{BC}=0$ $16EK_O\theta_B-24EK_OR+4EK_O\theta_B+2EK_O\theta_C-Pl/8=0$
$\therefore 20\theta_B+2\theta_C-24R=Pl/(8EK_O)$
C点：$M_{CB}=0$ $2EK_O\theta_B+4EK_O\theta_C+Pl/8=0$
$\therefore 2\theta_B+4\theta_C=-Pl/(8EK_O)$

層方程式：
この問題では、層せん断力が作用していないので柱 AB のせん断力はゼロである。
$$\therefore -\frac{M_{AB}+M_{BA}}{l}=0 \quad -\frac{24EK_O\theta_B-48EK_OR}{l}=0 \quad \therefore -24\theta_B+48R=0$$

$$
\begin{vmatrix} 20 & 2 & -24 \\ 2 & 4 & 0 \\ -24 & 0 & 48 \end{vmatrix}
\begin{Bmatrix} \theta_{\mathrm{B}} \\ \theta_{\mathrm{C}} \\ R \end{Bmatrix} =
\begin{Bmatrix} 1 \\ -1 \\ 0 \end{Bmatrix} \frac{Pl}{8EK_{\mathrm{O}}}
\qquad
\begin{vmatrix} 20 & 2 & -24 \\ 2 & 4 & 0 \\ -24 & 0 & 48 \end{vmatrix} = 1344 = 48 \times 28
$$

$$
\begin{vmatrix} 1 & 2 & -24 \\ -1 & 4 & 0 \\ 0 & 0 & 48 \end{vmatrix} = 288 \atop = 48 \times 6
\quad
\begin{vmatrix} 20 & 1 & -24 \\ 2 & -1 & 0 \\ -24 & 0 & 48 \end{vmatrix} {= -480 \atop = -48 \times 10}
\quad
\begin{vmatrix} 20 & 2 & 1 \\ 2 & 4 & -1 \\ -24 & 0 & 0 \end{vmatrix} {= 144 \atop = 48 \times 3}
$$

$$
\theta_{\mathrm{B}} = \frac{6}{28}\frac{Pl}{8EK_{\mathrm{O}}}
\qquad
\theta_{\mathrm{C}} = \frac{10}{28}\frac{Pl}{8EK_{\mathrm{O}}}
\qquad
R = \frac{3}{28}\frac{Pl}{8EK_{\mathrm{O}}}
$$

6) 材端モーメントを求める。

$$
M_{\mathrm{AB}} = \frac{(8\times6-24\times3)Pl}{8\times28} = -\frac{24Pl}{8\times28} = -\frac{3}{28}Pl
\qquad
M_{\mathrm{BC}} = \frac{(4\times6-2\times10)Pl}{8\times28} - \frac{28Pl}{8\times28} = \frac{-24}{8\times28}Pl = -\frac{3}{28}
$$

$$
M_{\mathrm{BA}} = \frac{(16\times6-24\times3)Pl}{8\times28} = \frac{24Pl}{8\times28} = \frac{3}{28}Pl
\qquad
M_{\mathrm{CB}} = \frac{(2\times6-4\times10)Pl}{8\times28} + \frac{28Pl}{8\times28} = 0
$$

7) 曲げモーメント図を描く。

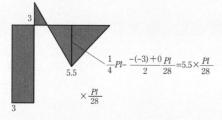

$$
\frac{1}{4}Pl - \frac{-(-3)+0}{2}\frac{Pl}{28} = 5.5\times\frac{Pl}{28}
$$

$$
\times\frac{Pl}{28}
$$

5．節点移動のない場合のマトリクス法による解法

　たわみ角法とマトリクス法は変位法に属する解法で、不静定ラーメンなどを各要素（部材）の節点で一度切り離し、各要素の両端の節点変位を未知数として、各要素の節点力と節点変位の関係を求め、節点力の釣り合い条件から変位に関する連立方程式を求めます。次に、この連立方程式から各要素の節点変位を求め、これらから各要素の節点力を明らかにします。最後に、これらを統合して応力が求まります。

　たわみ角法とマトリクス法は、節点の移動がない問題では手順はほとんど同じです。しかし、節点の移動がある問題では、両者は異なります。たわみ角法では節点回転角 θ を未知数とした節点におけるモーメントに関する釣り合い式（節点方程式）と、部材角 R を未知数とした層せん断力と各層の柱のせん断力の釣り合い式（層方程式）が必要でした。これに対して、マトリクス法では部材角 R の代わりに節点の変位 u と v を未知数としますので、層方程式の代わりに節点における軸方向力とせん断力に関する釣り合い式（節点

方程式）が必要になります。また、たわみ角法では節点回転角 θ と部材角 R を未知数にしていましたので、全体座標系において要素（梁と柱）の材軸方向が異なっていても特に不都合は生じませんでした。しかし、マトリクス法では、全体座標系において要素の材軸方向が変わると節点変位における変形の方向も変わるので、要素の座標系を全体の座標系に変換する作業（座標変換）が必要になります。

　上述のように、たわみ角法とマトリクス法は姉妹関係にあります。ここでは、マトリクス法によるコンピューターの内部演算の重要な部分を体験することを目的として節点移動のない場合のマトリクス法の解法手順を以下に示します。

1）各要素の剛度と剛比を求める
2）荷重項（固定端モーメント）を計算する
3）要素剛性方程式を作成する
4）全体剛性マトリクス方程式を組み立てる
5）変位の境界条件を考慮して、全体剛性マトリクス方程式を解く
6）材端モーメントを計算する
7）曲げモーメント図を作成する

　上記のように、節点移動のない場合のマトリクス法は節点移動のないたわみ角法と解き方がほとんど同じであることがわかります。大きく異なる手順は4）と5）です。これに関しては例題 7-5 に解説しています。また、要素剛性方程式では、剛性×変位＝力に統一して書き表しますので、たわみ角法の基本式 (7-6) を下式のように変形します。

$$2k_{ij}EK_\circ \begin{bmatrix} 2 & 1 \\ 1 & 2 \end{bmatrix} \begin{Bmatrix} \theta_i \\ \theta_j \end{Bmatrix} = \begin{Bmatrix} M_{ij} - C_{ij} \\ M_{ji} - C_{ji} \end{Bmatrix} \tag{7-13}$$

　しかし、この時点では変位の境界条件は導入されていないので、たわみ角法における未知節点角を明確にする手続きは必要ありません。すべての要素剛性方程式を作成したら、全体剛性マトリクスを作成しますが、全体剛性マトリクスの具体的な作成方法は、例題 7-5 を参考にしてください。例題 7-5 は例題 7-2 と同じ問題ですので、たわみ角法とマトリクス法の解法の違いを確認してください。また、マトリクス法の解析がいかにシステマテックに行われているかを体験してください。

下図に示すラーメンの曲げモーメント図をマトリクス法によって求めなさい。ただし、ヤング係数 E は一定とし、断面二次モーメント I は図の通りとします。

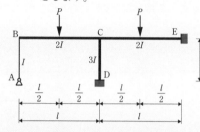

解答

1) 剛度と剛比を求める。

$$K_{AB}=\frac{I}{l/2}=\frac{2I}{l}, \quad K_{BC}=K_{CE}=\frac{2I}{l},$$

$$K_{CD}=\frac{3I}{l/2}=\frac{6I}{l}$$

標準剛度を $K_{AB}=K_{BC}=K_{CE}=K_o$ とおけば、

$k_{AB}=k_{BC}=k_{CE}=1,\ k_{CD}=3$

2) 荷重項を求める。

BC材：$C_{BC}=-Pl/8,\ C_{CB}=+Pl/8$

CE材：$C_{CE}=-Pl/8,\ C_{EC}=+Pl/8$

3) 要素剛性方程式を作成する。

AB材：$2EK_O \begin{array}{cc} & \begin{array}{cc} A & B \end{array} \\ \begin{array}{c} A \\ B \end{array} & \left[\begin{array}{c:c} 2 & 1 \\ \hdashline 1 & 2 \end{array}\right] \end{array} \begin{Bmatrix} \theta_A \\ \theta_B \end{Bmatrix} = \begin{Bmatrix} M_{AB} \\ M_{BA} \end{Bmatrix}$, BC材：$2EK_O \begin{array}{cc} & \begin{array}{cc} B & C \end{array} \\ \begin{array}{c} B \\ C \end{array} & \left[\begin{array}{c:c} 2 & 1 \\ \hdashline 1 & 2 \end{array}\right] \end{array} \begin{Bmatrix} \theta_B \\ \theta_C \end{Bmatrix} = \begin{Bmatrix} M_{BC}+Pl/8 \\ M_{CB}-Pl/8 \end{Bmatrix}$

CD材：$6EK_O \begin{array}{cc} & \begin{array}{cc} C & D \end{array} \\ \begin{array}{c} C \\ D \end{array} & \left[\begin{array}{c:c} 2 & 1 \\ \hdashline 1 & 2 \end{array}\right] \end{array} \begin{Bmatrix} \theta_C \\ \theta_D \end{Bmatrix} = \begin{Bmatrix} M_{CD} \\ M_{DC} \end{Bmatrix}$, CE材：$2EK_O \begin{array}{cc} & \begin{array}{cc} C & E \end{array} \\ \begin{array}{c} C \\ E \end{array} & \left[\begin{array}{c:c} 2 & 1 \\ \hdashline 1 & 2 \end{array}\right] \end{array} \begin{Bmatrix} \theta_C \\ \theta_E \end{Bmatrix} = \begin{Bmatrix} M_{CE}+Pl/8 \\ M_{EC}-Pl/8 \end{Bmatrix}$

4) 全体剛性マトリクス方程式を作成して解く。

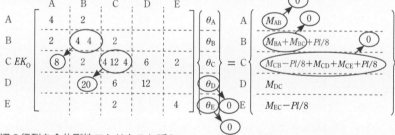

- 左辺の行列を全体剛性マトリクスと呼ぶ。
- 最初に番地を付ける、箱を作るための破線を描くとわかりやすい。
- 次に要素剛性方程式中の係数を全体剛性マトリクスの対応する箇所へ埋め込む。例えば、AB材の AA 番地の係数 4 を全体剛性マトリクスの AA 番地に埋め込むなど。
- この作業がすべて終わると、埋め込まれた係数のそれぞれの和を求める。また、埋め込みのない箇所はゼロである。
- 同様に右辺の力のベクトルにも要素剛性方程式の対応する力のベクトル成分を埋め込む。このとき、節点モーメントの最初の添え字が対象節点に対応している。

・最後に節点方程式と変位の境界条件を導入して、全体剛性マトリクスを完成させる。

$$EK_O \begin{array}{c} A \\ B \\ C \\ D \\ E \end{array} \begin{array}{ccccc} A & B & C & D & E \end{array} \left[\begin{array}{ccccc} 4 & 2 & 0 & 0 & 0 \\ 2 & 8 & 2 & 0 & 0 \\ 0 & 2 & 20 & 6 & 2 \\ 0 & 0 & 6 & 12 & 0 \\ 0 & 0 & 2 & 0 & 4 \end{array}\right] \left\{\begin{array}{c} \theta_A \\ \theta_B \\ \theta_C \\ 0 \\ 0 \end{array}\right\} = \begin{array}{c} A \\ B \\ C \\ D \\ E \end{array} \left\{\begin{array}{c} 0 \\ Pl/8 \\ 0 \\ M_{DC} \\ M_{EC}-Pl/8 \end{array}\right\}$$

上記の全体剛性マトリクス方程式において、未知節点角に関する部分を取り出すと下式が得られる。以下は、例題7-2と同様に解くことになる。

$$\begin{bmatrix} 4 & 2 & 0 \\ 2 & 8 & 2 \\ 0 & 2 & 20 \end{bmatrix} \left\{\begin{array}{c} \theta_A \\ \theta_B \\ \theta_C \end{array}\right\} = \left\{\begin{array}{c} 0 \\ 1 \\ 0 \end{array}\right\} \frac{Pl}{8EK_O}$$

$$\theta_A = \frac{-40}{8\times544}\frac{Pl}{EK_O} = \frac{-5}{544}\frac{Pl}{EK_O}$$

$$\theta_B = \frac{80}{8\times544}\frac{Pl}{EK_O} = \frac{10}{544}\frac{Pl}{EK_O}$$

$$\theta_C = \frac{-8}{8\times544}\frac{Pl}{EK_O} = \frac{-1}{544}\frac{Pl}{EK_O}$$

$$\begin{vmatrix} 4 & 2 & 0 \\ 2 & 8 & 2 \\ 0 & 2 & 20 \end{vmatrix} = 544 \qquad \begin{vmatrix} 0 & 2 & 0 \\ 1 & 8 & 2 \\ 0 & 2 & 20 \end{vmatrix} = -40 \qquad \begin{vmatrix} 4 & 0 & 0 \\ 2 & 1 & 2 \\ 0 & 0 & 20 \end{vmatrix} = 80 \qquad \begin{vmatrix} 4 & 2 & 0 \\ 2 & 8 & 1 \\ 0 & 2 & 0 \end{vmatrix} = -8$$

5) 材端モーメントを求める。

$$M_{AB} = \frac{(-4\times5+2\times10)Pl}{544} = 0$$

$$M_{BA} = \frac{(-2\times5+4\times10)Pl}{544} = \frac{15}{272}Pl$$

$$M_{CD} = \frac{-12\times1Pl}{544} = \frac{-6}{272}Pl$$

$$M_{DC} = \frac{-6\times1Pl}{544} = \frac{-3}{272}Pl$$

$$M_{BC} = \frac{(4\times10-2\times1)Pl}{544} - \frac{68Pl}{8\times68} = \frac{-15}{272}Pl$$

$$M_{CB} = \frac{(2\times10-4\times1)Pl}{544} + \frac{68Pl}{8\times68} = \frac{42}{272}Pl$$

$$M_{CE} = \frac{-4\times1Pl}{544} - \frac{68Pl}{8\times68} = \frac{-36}{272}Pl$$

$$M_{EC} = \frac{-2\times1Pl}{544} + \frac{68Pl}{8\times68} = \frac{33}{272}Pl$$

6) 曲げモーメント図を描く。

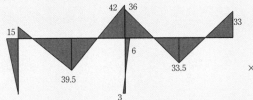

$$\times\frac{Pl}{272}$$

演習問題 7.b

7.b-1 下図に示すラーメンの曲げモーメント図をたわみ角法によって求めなさい。
ただし、ヤング係数 E は一定とし、断面二次モーメント I は図の通りとします。

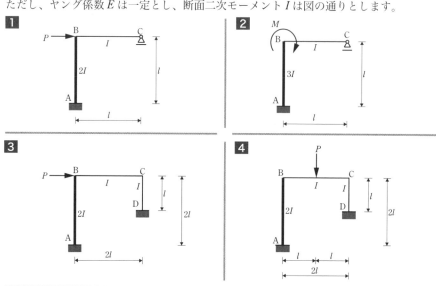

7.b-2 下図に示すラーメンの曲げモーメント図をマトリクス法によって求めなさい。
ただし、ヤング係数 E は一定とし、断面二次モーメント I は図の通りとします。

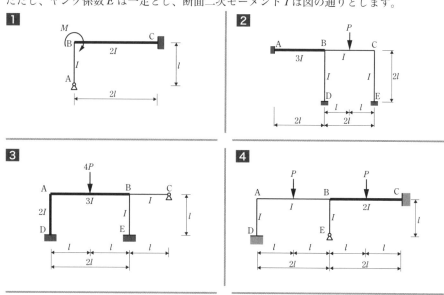

2 固定モーメント法

1．モーメントの流れ則

　他端が固定されているいくつかの要素が外力 M を受ける剛節点 O で結合されていると
しましょう。そのうちのある要素剛性方程式を書き出すと下式で表されます。

$$\begin{Bmatrix} M_{\mathrm{oi}} \\ M_{\mathrm{io}} \end{Bmatrix} = 2k_{\mathrm{oi}}EK_{\mathrm{o}} \begin{bmatrix} 2 & 1 \\ 1 & 2 \end{bmatrix} \begin{Bmatrix} \theta_{\mathrm{o}} \\ 0 \end{Bmatrix} \tag{7-14}$$

　式 (7-14) を一般式で書き表すと下式になります。

$$M_{\mathrm{oi}} = 4k_{\mathrm{oi}}EK_{\mathrm{o}}\theta_{\mathrm{o}} \tag{7-15a}$$

$$M_{\mathrm{io}} = 2k_{\mathrm{oi}}EK_{\mathrm{o}}\theta_{\mathrm{o}} = M_{\mathrm{oi}}/2 \tag{7-15b}$$

　これは、材端モーメントの半分が他端に到達することを意味しています。また、節点方
程式 $\Sigma M_{\mathrm{O}} = M$ から $\Sigma k_{\mathrm{Oi}} \times 4EK_{\mathrm{O}}\theta_{\mathrm{O}} = M$ を得て、式 (7-15a) に代入すると下式を得ます。

$$M_{\mathrm{oi}} = \frac{k_{\mathrm{oi}}}{\sum k_{\mathrm{oi}}} M \tag{7-16}$$

　これは、節点 O に作用するモーメントが、節点 O に結合されている要素の剛比によっ
て分配されることを意味します。

　したがって、モーメントの流れ則は下記になります。

1）節点に作用するモーメントは、その節点に結合されている要素の剛比によって分配さ
れる。

2）分配されたモーメントの半分が他端に到達する。

2．固定モーメント法による解法

　固定モーメント法は、モーメントの流れ則に従って節点移動のない梁や矩形ラーメン
を解く手法です。その手順を、図 7.8 を用いて説明します。

1）剛度、剛比および分配率を求める

　剛度と剛比を求め、剛比から分配率（ DF ）を下式によって求めます。

$$DF_{\mathrm{oi}} = \frac{k_{\mathrm{oi}}}{\sum k_{\mathrm{oi}}} \tag{7-17}$$

　ここで、分配率は節点方程式を立てる節点について求めます。それゆえ、固定端には分
配率はありません。図 7.8 の梁では、B 点に作用する単位モーメントは、 AB 材に 3 分の
2、BC 材に 3 分の 1 の割合で分配されることになります。

2）固定端モーメントを求める

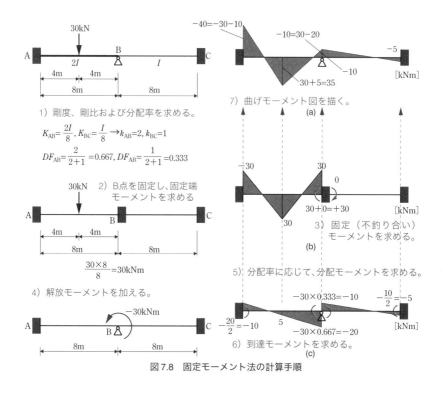

1）剛度、剛比および分配率を求める。

$$K_{AB}=\frac{2I}{8}, K_{BC}=\frac{I}{8} \rightarrow k_{AB}=2, k_{BC}=1$$

$$DF_{AB}=\frac{2}{2+1}=0.667, DF_{AB}=\frac{1}{2+1}=0.333$$

2）B点を固定し、固定端モーメントを求める

$$\frac{30\times 8}{8}=30kNm$$

4）解放モーメントを加える。

7）曲げモーメント図を描く。
(a)

3）固定（不釣り合い）モーメントを求める。
(b)

5）分配率に応じて、分配モーメントを求める。

6）到達モーメントを求める。
(c)

図7.8　固定モーメント法の計算手順

　図7.8の梁では、ピン支点（B点）を固定して固定端モーメント（*FEM*）を求めます。

3）固定モーメントを求める

　各節点に作用するモーメントの和を求めます。各節点に作用するモーメントの和がすべてゼロであれば力の釣り合い条件が満たされています。しかし、本来節点角が生じる節点を固定していますので不釣り合いモーメントが生じます。この不釣り合いモーメントを固定モーメントと呼びます。図7.8の梁では、時計回りに30kNmの固定モーメント（+30kNm）が作用していることがわかります。

4）解放モーメントを加える

　元の問題の荷重を取り除いて、解放モーメントを加えます。解放モーメントは固定モーメントと同じ大きさで反対向きのモーメントです。計算ではモーメントの値に負の単位数（-1）を乗じます。図7.8の梁では、反時計回りに30kNmの解放モーメント（-30kNm）を加えます。

5）分配モーメントを求める

　解放モーメントは分配率に応じて各要素に配分されます。各要素の材端に配分されたモーメントを分配モーメント（*D*）と呼びます。図7.8の梁では、左右の梁に2：1の割合

例題 7-6 下図に示す梁の曲げモーメント図を固定モーメント法によって求めなさい。ただし、ヤング係数 E は一定とし、断面二次モーメント I は図の通りとします。

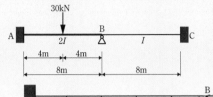

解答

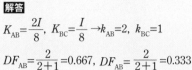

$$K_{AB}=\frac{2I}{8},\ K_{BC}=\frac{I}{8}\ \rightarrow k_{AB}=2,\ k_{BC}=1$$

$$DF_{AB}=\frac{2}{2+1}=0.667,\ DF_{AB}=\frac{2}{2+1}=0.333$$

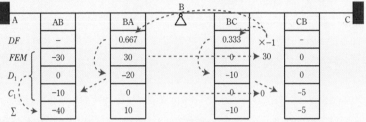

	AB	BA		BC	CB
DF	–	0.667		0.333 ×−1	–
FEM	−30	30	0	30	0
D_1	0	−20		−10	0
C_1	−10	0	0	0	−5
Σ	−40	10		−10	−5

1) 分配率（DF）を求める。
2) 固定端モーメント（FEM）を求める。
3) 固定モーメントを求める。
4) 解放モーメントを求める。
5) 分配モーメント（D_1）を求める。
6) 到達モーメント（C_1）を求める。
7) 材端モーメントを求める。固定モーメントがゼロなので、力の釣り合い条件を満たす。

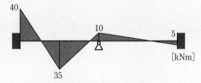

曲げモーメント図

で解放モーメントが分配されます。分配モーメントは AB 材の B 端側−20kNm、BC 材の B 端側−10kNm になります。

6）到達モーメントを求める

分配モーメントの半分が他端に到達します。これを到達モーメント（C）と呼びます。図 7.8 の梁では、到達モーメントは AB 材の A 端側で−10kNm、BC 材の C 端側で−5kNm になります。

7）曲げモーメント図を描く

図 7.8（a）の梁の曲げモーメントは、図 7.8（b）と図 7.8（c）の曲げモーメントを重ね合わせることによって求めることができます。

固定モーメント法では、上記の作業を表を使って計算します。例題 7-6 は図 7.8 の問題を固定モーメント法を用いて解いています。両者を比較することで、固定モーメント法の理解を深めてください。なお、表の作成方法は図 7.9 を参照してください。

3. 固定モーメント法による実用解法

　例題 7-8 では力の釣り合い条件が満たされたので解法を終了しましたが、一般的な問題では不釣り合いモーメントが残ります。それゆえ、再び固定モーメントを解放して同様の手順を行います。この作業を何度も繰り返すことによって不釣り合いモーメントは次第に減少します。最後は工学的な判断によって繰り返し作業を終了して、材端モーメントを計算します。本書では、この作業を 2 回繰り返して D_3(3 回目の分配モーメント) まで計算することにします。最後に、FEM から D_3 までの数値の和を求めて材端モーメントを求めます。そして曲げモーメント図を描きます。このとき、節点方程式が満たされているかを確かめてください。ただし、表計算なので数値は少数を用います。それゆえ四捨五入の関係で若干の誤差が生じることはあります。

　節点 0 周りの表の作成は図 7.9 に示すように定めています。到達モーメントは梁の材端間では互いに対応する隣同士の列間で行われますが、柱の柱頭と柱脚では図 7.10 に示すように互いに対応する上下の列間で行われます。実際の計算例は、例題 7-7 を参照してください。

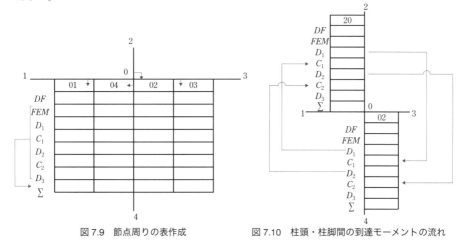

図 7.9　節点周りの表作成　　　図 7.10　柱頭・柱脚間の到達モーメントの流れ

Point !

モーメントの流れ則

1 節点に作用するモーメントは、その節点に結合されている要素の剛比によって分配される。
2 材端に分配されるモーメントの半分が他端に到達する。

例題 7-7　下図に示すラーメンの曲げモーメント図を固定モーメント法によって求めなさい。ただし、ヤング係数 E は一定とし、断面二次モーメント I は図の通りとする。

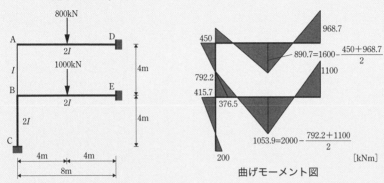

曲げモーメント図

解答

$$K_{AD}=K_{BE}=\frac{2I}{8}=K_{AB}=\frac{I}{4}, \quad K_{BC}=\frac{2I}{4} \rightarrow k_{AB}=k_{AD}=k_{BE}=1, \quad k_{BC}=2$$

$$DF_{AB}=DF_{AD}=\frac{1}{1+1}=0.5, \quad DF_{BA}=DF_{BE}=\frac{1}{1+1+2}=0.25, \quad DF_{BC}=\frac{2}{1+1+2}=0.5$$

$$FEM_{AD}=\frac{800\times 8}{8}=800\text{kNm}, \quad FEM_{BE}=\frac{1000\times 8}{8}=1000\text{kNm}$$

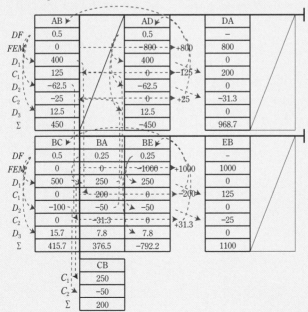

	AB	AD	DA
DF	0.5	0.5	–
FEM	0	−800	800
D_1	400	400	0
C_1	125	0	200
D_2	−62.5	−62.5	0
C_2	−25	0	−31.3
D_3	12.5	12.5	0
Σ	450	−450	968.7

	BC	BA	BE	EB
DF	0.5	0.25	0.25	–
FEM	0	0	−1000	1000
D_1	500	250	250	0
C_1	0	−200	0	125
D_2	−100	−50	−50	0
C_2	0	−31.3	0	−25
D_3	15.7	7.8	7.8	0
Σ	415.7	376.5	−792.2	1100

	CB
C_1	250
C_2	−50
Σ	200

　1932 年に H.Cross によって提案された固定モーメント法は、節点移動を生じる場合には実用的に不向きであったが、1991 年に槇谷英次により、それを見事に解決した新・固定モーメント法が考案された。しかし、時正しくこの時代に IT 革命が起こり、強力なコンピュータの発達によって、容易に早くしかも正確に大規模構造物の解析が可能になってしまったために、新・固定モーメント法は実用的に使用されることもなく、現在では忘れられた存在になってしまったのである。

　しかしながら、新・固定モーメント法で考案された部材角の処理技術は、この分野に興味を持った読者にとっては有益な知識を与えるので、この紙面を借りて紹介することにしよう。

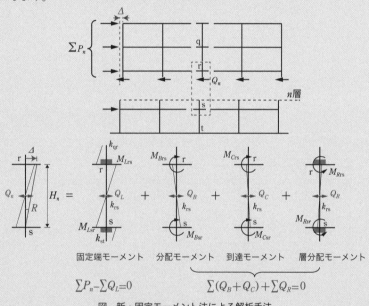

固定端モーメント　分配モーメント　到達モーメント　層分配モーメント

$$\sum P_n - \sum Q_L = 0 \qquad \sum (Q_B + Q_C) + \sum Q_R = 0$$

図　新・固定モーメント法による解析手法

　今、水平荷重を受ける矩形ラーメンの n 層のある柱を考える。この柱の柱頭と柱脚の節点角は不明であるので、両端を固定して部材角 R に応じた固定端モーメント (M_L) を計算し、柱のせん断力 (Q_L) を求める。この固定端モーメントによる柱のせん断力の総和 $(\sum Q_L)$ と層せん断力 $(\sum P_n)$ を等値すると、層せん断力はその層の柱の剛比に応じて各柱に振り分けることになる。

　次に、固定端モーメントは各節点において不釣り合い（固定）モーメントを生じるので、節点要素の剛比に応じて、固定モーメントを解放して分配する必要が生じる。

そして、この分配された材端モーメントの半分が他端に到達する。これらを分配モーメント（M_B）と到達モーメント（M_C）と呼んでいる。しかしながら、これらの分配モーメントと到達モーメントは、各柱において余分なせん断力を生じることになる。それゆえ、その層の柱において生じた分配モーメントと到達モーメントによる柱のせん断力の総和はゼロであるという方程式（せん断力方程式）を立てることによって、この余分なせん断力を打ち消す層分配モーメント（M_R）を付加する必要が生じる。

最後に、到達モーメントと層分配モーメントは、各節点において、次の不釣り合い（固定）モーメントを生じることになるので、この手順を繰り返すことで、固定モーメントを順次低減していく。

この計算手順は、固定モーメント法に「層分配モーメント」が追加されているだけである。この層分配モーメント（M_R）は下式から求めることができる。

$$M_{Rrs} = M_{Rsr} = \mu_{rs} \sum (M_{Brs} + M_{Bsr})$$

ここで、μは層分配率と呼び、下記のように定義される。

$$\mu = -0.75 \times \frac{k}{\sum k}$$

すなわち、層分配率μは、その層の柱の剛比の総和（Σk）に対する対象柱の剛比（k）に –0.75 の係数を乗じた比率である。この層分配率は下記のように誘導される。

最初に、柱頭・柱脚が固定されている柱の材端曲げモーメントは、そのときの部材角をR、柱の剛比をk、柱の標準剛度をEK_0とすれば、$-6EK_0 \times kR$で一般に表されることが知られている。したがって、層分配モーメントによるその層のせん断力（ΣQ_R）は、部材角をR_R、階高をH_nとすれば、

$$\Sigma Q_R = \frac{-12EK_0}{H_n} \times \sum k \times R_R$$

で表される。一方、その層の柱の分配モーメントと到達モーメントが余分なせん断力を生じるが、そのせん断力（$\Sigma (Q_B + Q_C)$）は、

$$\sum (Q_B + Q_C) = 1.5 \times \sum Q_B = 1.5 \times \frac{\sum (M_{Brs} + M_{Bsr})}{H_n}$$

で表される。これらのせん断力の総和はゼロでなければならない（せん断力方程式）ので、

$$R_R = \frac{0.75 \times \sum (M_{Brs} + M_{Bsr})}{6EK_0 \times \sum k}$$

で表される。それゆえ、層分配モーメント（$M_R = -6EK_0 \times kR$）は、下式で表される。

$$M_R = -0.75 \times \frac{k}{\sum k} \times \sum (M_{Brs} + M_{Bsr}) = \mu \times \sum (M_{Brs} + M_{Bsr})$$

最後に、新・固定モーメント法による繰り返し計算過程を下図に示す。

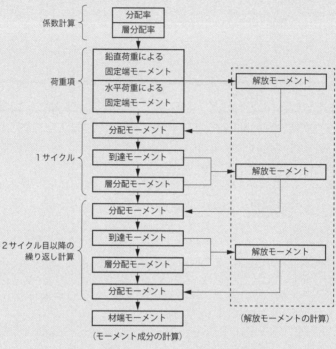

図　新・固定モーメント法の繰り返し計算過程

Point !

続・モーメントの流れ則

1 節点に作用するモーメントは、その節点に結合されている要素の剛比によって分配される。

2 材端に分配されるモーメントの半分が他端に到達する。

3 ラーメンの柱には、層において不釣り合いせん断力を生じる柱の分配モーメントと到達モーメントを打ち消すモーメントが作用する。

演習問題 7.c

7.c-1 下図に示す梁の曲げモーメント図を固定モーメント法によって求めなさい。ただし、ヤング係数 E は一定とし、断面二次モーメント I は図の通りとします。

1

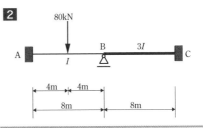

2

7.c-2 下図に示すラーメンの曲げモーメント図を固定モーメント法によって求めなさい。ただし、ヤング係数 E は一定とし、断面二次モーメント I は図の通りとします。

1

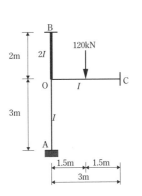

2

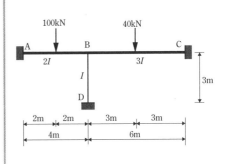

3

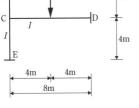

4

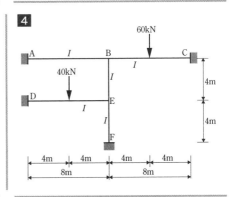

3 D 値法

1. D値の意味

　D値法は、図 7.7 のような矩形ラーメンにおいて、層せん断力をその層の各耐震要素（柱）がどの程度の割合で負担するのかに着目した解析手法です。今、図 7.11 に示すような柱頭・

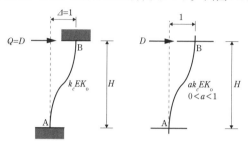

図 7.11　D 値の定義

基礎知識　片持ち梁のたわみの応用

　自由端に集中荷重 P が作用する長さ l の片持ち梁の自由端でのたわみ $\varDelta$ は、部材のヤング係数と断面二次モーメントをそれぞれ E と I を用いて下式で求まる。

$$\varDelta = \frac{Pl^3}{3EI}$$

M図

　これを利用すると簡単な構造物の変位を容易に求めることができる場合がある。以下は、その応用例である。

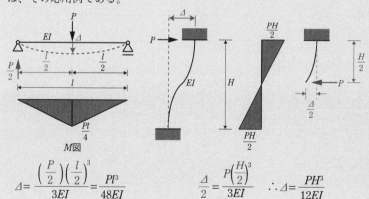

M図

$$\varDelta = \frac{\left(\dfrac{P}{2}\right)\left(\dfrac{l}{2}\right)^3}{3EI} = \frac{Pl^3}{48EI}$$

$$\frac{\varDelta}{2} = \frac{P\left(\dfrac{H}{2}\right)^3}{3EI} \qquad \therefore \varDelta = \frac{PH^3}{12EI}$$

柱脚が固定された柱 AB が相対水平変位 Δ を生じたとしましょう。柱の曲げ剛性を $k_c EK_0$ (k_c：剛比)、階高を H とすれば、要素方程式は下式で表されます。

$$\begin{Bmatrix} M_{AB} \\ M_{BA} \end{Bmatrix} = 2k_c EK_0 \begin{bmatrix} 2 & 1 \\ 1 & 2 \end{bmatrix} \begin{Bmatrix} -\Delta/H \\ -\Delta/H \end{Bmatrix} \tag{7-18}$$

それゆえ、柱のせん断力 Q は、層方程式 $-M_{AB}-M_{BA}=QH$ から

$$Q = k_c \left[\frac{12EK_0}{H^2} \right] \Delta \tag{7-19}$$

となります。

　D 値（横力分担係数）は、$12EK_0/H^2$ を単位とする水平変位 $\Delta=1$ を生ずるときの耐震要素のせん断力 $Q=D$ と定義されます。式 (7-19) から柱頭と柱脚が固定されている（剛床仮定の）場合は、$D=k_c$ となります。しかし、現実には柱の両節点角は回転を許しますので、それを考慮して一般的には下式で定義されます。

$$D = ak_c \quad (0 < a < 1) \tag{7-20}$$

2．柱のせん断力と反曲点高比

　図 7.12 の矩形ラーメンにおいて、相対変位 1 を生じたときの k 層の耐震要素のせん断力を $D_{k1}, D_{k2}, \cdots\cdots, D_{ki}, \cdots\cdots D_{kn-1}, D_{kn}$（$n$ は耐震要素の数）とすれば、k 層の層せん断力は、$\Sigma D_{ki} = D_{k1} + D_{k2} + \cdots\cdots + D_{ki} + \cdots\cdots + D_{kn-1} + D_{kn}$ と表せます。したがって、図 7.13 に示すように層せん断力 ΣP_k の場合、k 層の耐震要素 i のせん断力は、

$$Q_{ki} = \frac{D_{ki}}{\Sigma D_{ki}} \Sigma P_k \tag{7-21}$$

によって求めることができます。

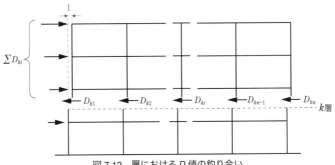

図 7.12　層における D 値の釣り合い

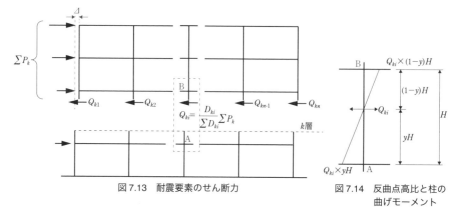

図7.13　耐震要素のせん断力

図7.14　反曲点高比と柱の
曲げモーメント

p.168 の基礎知識の図に示すように、柱頭・柱脚固定の場合の柱の曲げモーメントは、階高の半分（$H/2$）の位置でゼロになる逆対称曲げになっています。この曲げモーメントがゼロになる位置を反曲点と呼んでいます。しかしながら、矩形ラーメンでは反曲点の位置は様々な要因から上下に移動します。そこで図7.14 に示す k 層の柱 i の曲げモーメントは、階高（H）に対する柱脚から反曲点位置までの高さの比（反曲点高比）を y とすれば、柱頭では $Q_{ki} \times (1-y)H$、柱脚では $Q_{ki} \cdot yH$ で求めることができます。

この反曲点高比の求め方は構造計算における実用的内容になりますので、本書では反曲点高比は既知であるとして取り扱います。また、柱の曲げモーメントが求まると梁の曲げモーメントやせん断力を求めることになりますが、この点に関しては後述の解法手順や例題を参照してください。

3．D 値と解法手順

図7.14 の柱 AB において、図7.15 に示すように柱と梁の剛比をそれぞれ k_c と k_b とします。層の相対変位 Δ が生じたときの柱 AB の柱頭と柱脚の曲げモーメント（M_{BA} と

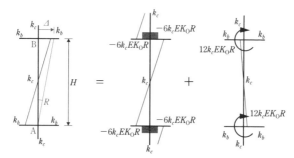

図7.15　D 値法における柱頭・柱脚の曲げモーメント

M_{AB}）は、当然ながら単純には求まりません。しかし、固定モーメント法に従えば、最初の固定端モーメントとそれを解放した分配モーメントの占める割合が大きいことを示しています。そこで、柱頭または柱脚の曲げモーメントは、柱頭または柱脚の固定端モーメントと固定端モーメントを解放した（1回目の）分配モーメントの和で表せるとすれば、層の部材角 R を用いて下式によって表すことができます。

$$M_{AB}=M_{BA}=-6k_cEK_0R+\frac{k_c}{2k_c+2k_b}\times 12k_cEK_0R=\frac{k_b/k_c}{1+k_b/k_c}\times(-6k_cEK_0R)$$ (7-22)

このとき、層方程式は $-M_{AB}-M_{BA}=Q_{ki}H$ ですから、柱のせん断力は、$R=\Delta/H$ を代入すると下式で表せます。

$$Q_{ki}=\frac{k_b/k_c}{1+k_b/k_c}k_c\left[\frac{12EK_0}{H^2}\right]\Delta$$ (7-23)

それゆえ、

$$D=ak_c,\ a=\frac{k_b/k_c}{1+k_b/k_c}$$ (7-24)

であることがわかります。しかし、梁の剛比は一般的には異なりますので、図 7.16 に示すように梁の剛比に名前を付けて、その平均値 $k_b=(k_1+k_2+k_3+k_4)/4$ を用いれば下式を得ます。

$$D=ak_c,\ a=\frac{\overline{k}}{2+\overline{k}},\ \overline{k}=\frac{k_1+k_2+k_3+k_4}{2k_c}$$ (7-25)

式 (7-25) は一般階における D 値の求め方を示しています。図 7.16 に示す最上層や最下層が反固定の場合も式 (7-25) を準用します。具体的な解法例は**例題 7-8** を参照してください。

次に、平屋について考えてみましょう。図 7.15 の一般階と同様に固定端モーメントと分配モーメントを求めますが、図 7.17 に示すように上階と下階の柱がありませんので、

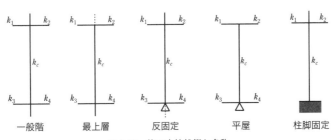

図 7.16　柱の支持状態と名称

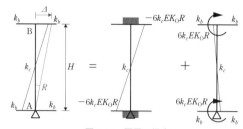

図 7.17　平屋の場合

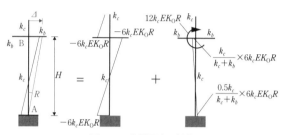

図 7.18　柱脚固定の場合

柱頭と柱脚の曲げモーメントは、下式によって表すことができます。

$$M_{AB}=M_{BA}=-6k_cEK_oR+\frac{k_c}{k_c+2k_b}\times6k_cEK_oR=\frac{2k_b/k_c}{1+2k_b/k_c}\times(-6k_cEK_oR) \tag{7-26}$$

層方程式に代入すると、柱のせん断力は下式で表されます。

$$Q_{ki}=\frac{2k_b/k_c}{1+2k_b/k_c}k_c\left[\frac{12EK_o}{H^2}\right]\Delta \tag{7-27}$$

さらに、$k_b=(k_1+k_2+k_3+k_4)/4$ を用いれば、D 値は結局下式で与えられます。

$$D=ak_c,\ a=\frac{\bar{k}}{1+\bar{k}},\ \bar{k}=\frac{k_1+k_2+k_3+k_4}{2k_c} \tag{7-28}$$

最後に、柱脚固定の場合を考えてみましょう。柱脚の曲げモーメント（M_{AB}）は、**図 7.18**に示すように柱脚の固定端モーメントと柱頭の分配モーメントから到達するモーメントの和とすれば、次式で表すことができます。

$$M_{AB}=\left(1-\frac{0.5k_c}{k_c+k_b}\right)\times(-6k_cEK_oR)=\frac{0.5+k_b/k_c}{1+k_b/k_c}\times(-6k_cEK_oR) \tag{7-29}$$

層方程式に式 (7-22) と式 (7-29) を代入すると、柱のせん断力は下式で表せます。

$$Q_{ki}=\frac{0.5+2k_b/k_c}{2+2k_b/k_c}k_c\left[\frac{12EK_o}{H^2}\right]\Delta \tag{7-30}$$

ゆえに、D 値は次式で与えられます。

$$D = a k_c, \quad a = \frac{0.5 + \overline{k}}{2 + \overline{k}}, \quad \overline{k} = \frac{k_1 + k_2}{k_c} \tag{7-31}$$

柱脚固定の場合を**例題 7-9** に示します。また、D 値法の解法手順を以下に示しますので、合わせて参考にしてください。

D 値法の解法手順

1）剛度から剛比を求める

本書では、剛比を丸数字で与えています。剛比が与えられていない場合は、たわみ角法などと同様に求めます。

2）柱の D 値を求める

一般階と反固定は式 (7-25) を、平屋は式 (7-28) を、柱脚固定は式 (7-31) を用いて、各柱の D 値を求めます。

3）各層の柱のせん断力を求める

式 (7-21) を用いて、各層の柱のせん断力を求めます。また各層において求めた柱のせん断力の和がその層の層せん断力と等しいことを確かめてください。

4）各柱の柱頭と柱脚の曲げモーメントを求める

本書では反曲点高比 y は与えられています。反曲点高比を用いて、柱頭の曲げモーメントを $Q_{ki} \times (1-y)H$ によって、また柱脚の曲げモーメントを $Q_{ki} \times yH$ によってそれぞれ求めます。求め終わったら、柱の曲げモーメント図を描きます。曲げモーメント図には柱のせん断力も記入します。

5）梁の曲げモーメントとせん断力を求める（図 7.19 参照）

最初に節点上下の柱脚と柱頭の曲げモーメントの和（ΣM）を求めます。次に求めた柱頭と柱脚の曲げモーメントの和を左右の梁に分配します。このとき分配モーメントは左右梁の剛比の割合に応じてその大きさを決定します。また、梁のせん断力は梁の両端の曲げモーメントの和（$M_1 + M_2$）を梁の長さ（スパン長 l）で除して求めます。最後に梁の曲げモーメント図を描きます。このとき梁のせん断力の値も記入します。

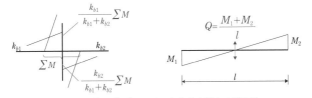

図 7.19　梁の曲げモーメントとせん断力の算定法

下図に示すラーメンの曲げモーメント図を D 値法によって求めなさい。ただし、反曲点高比は 0.6 とし、丸数字は剛比を示します。

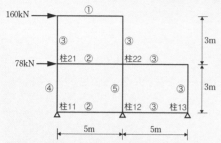

解答

1）剛比を求める。

　剛比は丸数字の値である。

2）D 値を求める。

柱 21： $\bar{k}=\dfrac{1+2}{2\times3}=0.5$　　　　柱 22： $\bar{k}=\dfrac{1+2+3}{2\times3}=1.0$

　　　　$a=\dfrac{0.5}{2+0.5}=0.2$　　　　　　　$a=\dfrac{1.0}{2+1.0}=0.333$

　　　　$D_{21}=0.2\times3=0.6$　　　　　　$D_{22}=0.333\times3=1.0$　　　　$\sum D_2=0.6+1.0=1.6$

柱 11： $\bar{k}=\dfrac{2+2}{2\times4}=0.5$　　柱 12： $\bar{k}=\dfrac{2+3+2+3}{2\times5}=1.0$　　柱 13： $\bar{k}=\dfrac{3+3}{2\times3}=1.0$

　　　　$a=\dfrac{0.5}{2+0.5}=0.2$　　　　　$a=\dfrac{1.0}{2+1.0}=0.333$　　　　　$a=\dfrac{1.0}{1+1.0}=0.5$

　　　　$D_{11}=0.2\times4=0.8$　　　　　$D_{12}=0.333\times5=1.667$　　　　$D_{13}=0.5\times3=1.5$

　　　　　　　　　　　　　　　　　　　　　　　　　$\sum D_1=0.8+1.667+1.5=3.967$

3）各層の柱のせん断力を求める。

2 層： $Q_{21}=\dfrac{D_{21}}{\sum D_2}\times\sum P_2=\dfrac{0.6}{1.6}\times160=60\text{kN}$

　　　　$Q_{22}=\dfrac{D_{22}}{\sum D_2}\times\sum P_2=\dfrac{1.0}{1.6}\times160=100\text{kN}$

1 層： $Q_{11}=\dfrac{D_{11}}{\sum D_1}\times\sum P_1=\dfrac{0.8}{3.967}\times238=48\text{kN}$

　　　　$Q_{12}=\dfrac{D_{12}}{\sum D_1}\times\sum P_1=\dfrac{1.667}{3.967}\times238=100\text{kN}$

　　　　$Q_{13}=\dfrac{D_{13}}{\sum D_1}\times\sum P_1=\dfrac{1.5}{3.967}\times238=90\text{kN}$

4) 柱の曲げモーメントを求めて、曲げモーメント図を描く。

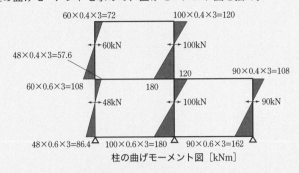

柱の曲げモーメント図 [kNm]

5) 梁の曲げモーメントとせん断力を求めて、曲げモーメント図を描く。

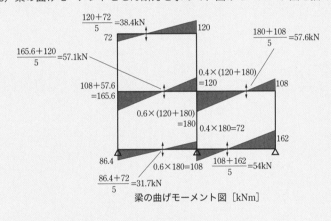

梁の曲げモーメント図 [kNm]

例題 7-9 下図に示すラーメンの曲げモーメント図を D 値法によって求めなさい。ただし、反曲点高比は第 2 層を 0.5、第 1 層を 0.4 とし、丸数字は剛比を示します。

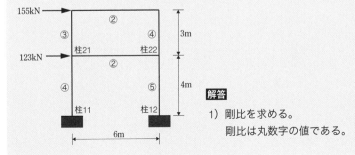

解答

1) 剛比を求める。

剛比は丸数字の値である。

2）D値を求める。

柱 21：$\bar{k}=\dfrac{2+2}{2\times3}=0.667$

$a=\dfrac{0.667}{2+0.667}=0.25$

$D_{21}=0.25\times3=0.75$

柱 22：$\bar{k}=\dfrac{2+2}{2\times4}=0.5$

$a=\dfrac{0.5}{2+0.5}=0.2$

$D_{22}=0.2\times4=0.8$

$\sum D_2=0.75+0.8=1.55$

柱 11：$\bar{k}=\dfrac{2}{4}=0.5$

$a=\dfrac{0.5+0.5}{2+0.5}=0.4$

$D_{11}=0.4\times4=1.6$

柱 12：$\bar{k}=\dfrac{2}{5}=0.4$

$a=\dfrac{0.5+0.4}{2+0.4}=0.375$

$D_{12}=0.375\times5=1.875$

$\sum D_1=1.6+1.875=3.475$

3）各層の柱のせん断力を求める。

2 層：$Q_{21}=\dfrac{D_{21}}{\sum D_2}\times\sum P_2=\dfrac{0.75}{1.55}\times155=75\text{kN}$

$Q_{22}=\dfrac{D_{22}}{\sum D_2}\times\sum P_2=\dfrac{0.8}{1.55}\times155=80\text{kN}$

1 層：$Q_{11}=\dfrac{D_{11}}{\sum D_1}\times\sum P_1=\dfrac{1.6}{3.475}\times278=128\text{kN}$

$Q_{12}=\dfrac{D_{12}}{\sum D_1}\times\sum P_1=\dfrac{1.875}{3.475}\times278=150\text{kN}$

4）柱の曲げモーメントを求めて、
曲げモーメント図を描く。

5）梁の曲げモーメントとせん断力を求めて、
曲げモーメント図を描く。

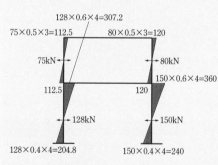

柱の曲げモーメント図［kNm］

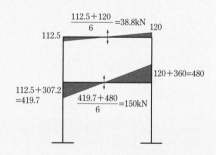

梁の曲げモーメント図［kNm］

演習問題 7.d

7.d 下図に示すラーメンの曲げモーメントを D 値法によって求めなさい。ただし、反曲点高比は図中に示す通りとする。また、丸数字は剛比を示す。

1

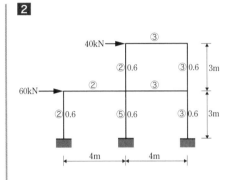

2

3

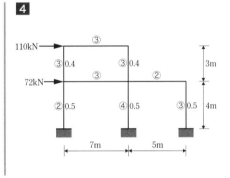

4

挑戦問題

7.1 下図に示すラーメンの曲げモーメント図をたわみ角法によって求めなさい。ただし、ヤング係数 E は一定とし、断面二次モーメント I は図の通りとします。

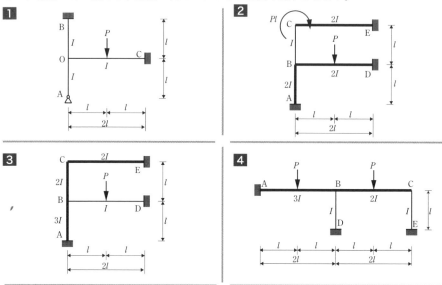

7.2 下図に示すラーメンの曲げモーメント図をたわみ角法によって求めなさい。ただし、ヤング係数 E は一定とし、断面二次モーメント I は図の通りとします。

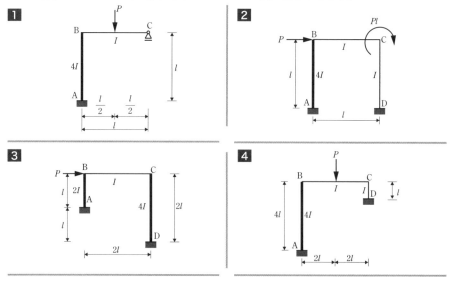

挑戦問題

7.3 下図に示すラーメンの曲げモーメント図をマトリクス法によって求めなさい。ただし、ヤング係数 E は一定とし、断面二次モーメント I は図の通りとします。

1

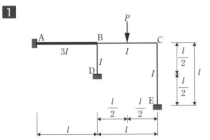

2

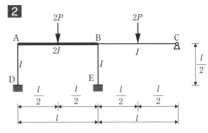

3

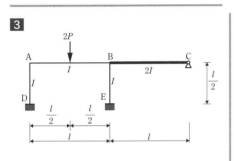

4

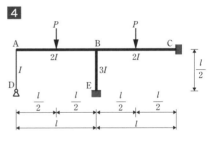

7.4 下図に示すラーメンの曲げモーメント図を固定モーメント法によって求めなさい。ただし、ヤング係数 E は一定とし、断面二次モーメント I は図の通りとします。

1

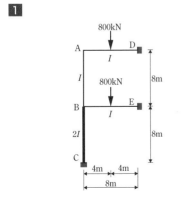

2

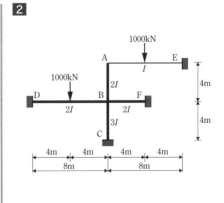

7.5 下図に示すラーメンの曲げモーメント図を D 値法によって求めなさい。ただし、反曲点高比は図中に示す通りとし、丸数字は剛比を示します。

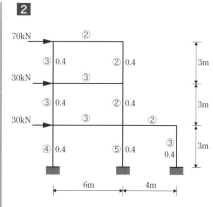

第8章
圧縮材の座屈

　本章では、座屈について学びます。最初に座屈とはどのような現象か、そしてその限界荷重すなわち座屈荷重はどのようにして求められるのかを理解しましょう。次に座屈荷重式を用いる際に必要な柱の支持条件と座屈長さとの関係を、最後に座屈応力度と細長比との関係を学びましょう。

1 オイラーの座屈荷重

1．座屈とは

　例えば、まっすぐな細長い圧縮材の中心に圧縮力を作用させると、圧縮力が限界値よりも小さければ、この圧縮材は直線を維持します。しかし、限界値をほんの少し超える荷重がこの圧縮材に作用すれば、常に横方向にたわみます。これを圧縮材の座屈と呼んでいます。この他にも幅に対してせいの高い梁材に曲げを加え続ければ、曲げ荷重がある限界値を超えると急に梁材はねじれを引き起こしてしまうことがあります。これを梁の横座屈と呼んでいます。したがって、座屈とはある形状の釣り合いから別の形状の釣り合いに分岐する不安定現象です。そして、その限界値を座屈荷重と呼んでいます。

　系の弾性釣り合いに関していえば、上述のまっすぐな細長い圧縮材の場合、圧縮材が直線を維持するならば、安定の釣り合いです。しかし、限界値を超えて座屈し始めると不安定の釣り合いになります。

　このような系の弾性釣り合いの状態は、その系のエネルギー状態を調べることで判断されます。すなわち、安定の釣り合いであればその系のエネルギーは最小になり、逆に不安定の釣り合いであればその系のエネルギーは最大になります。これは、図 8.1 に示すような球の三つの釣り合いを例に説明できます。球は図 8.1 に示す三つの状態のいずれかです。(a) 凹面上にある球は安定の釣り合いで、球を動かせばその位置エネルギーは増大します。(b) は凸面上にある球は不安定な釣り合いで、球を動かせばその位置エネルギーは減少します。(c) 水平面上にある球は中立の釣り合いで、球を動かしてもその位置エネルギーは変化しません。このように、球がどの状態にあるかは系のエネルギーを考えることで突き止められます。

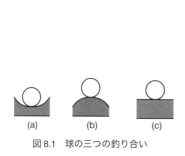

図 8.1　球の三つの釣り合い

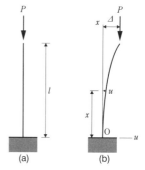

図 8.2　鉛直荷重を受ける柱

2．オイラーの座屈荷重

　図 8.2(a) に示すような鉛直荷重 P を受ける柱脚固定・上端自由の柱を考えましょう。この棒材は初期不整のない直線材で、中心に作用する鉛直荷重によって圧縮されています。また、この棒材の応力度と歪度の関係はその比例限界を超えないものとします。この棒材の自由端に横力を加えて微小なたわみ Δ を生じさせてみます。もし横力が除去されて棒材が元の直線に戻れば、たわみ Δ は消失して、棒材の形状は元の直線を維持します。このとき、この棒材の弾性釣り合いは安定です。しかし、横力が徐々に増して棒材の弾性釣り合いがひとたび不安定になれば、微小な横力はたわみを生じさせます。それから横力を取り除いても、たわみは鉛直荷重の存在によって生じ続けます。

　この柱が安定であるための限界荷重、すなわち座屈荷重を得るために、図 8.2(b) に示すような柱脚を原点 O とする直交座標系をとります。この柱のたわみは無視できないので、微小変形理論は成り立ちません。このとき柱脚からの距離 x における点のたわみを u とすれば、その点の曲げモーメントは、$M=-P(\Delta-u)$ で表されます。

　弾性曲線式 (5-1) を用いると、

$$\frac{d^2u}{dx^2}=\frac{P}{EI}(\Delta-u) \tag{8-1}$$

になります。ここで $k^2=P/(EI)$ とおけば、式（8-1）は下式で表されます。

$$\frac{d^2u}{dx^2}+k^2u=k^2\Delta \tag{8-2}$$

この微分方程式の一般解は、

$$u=C_1\cos kx+C_2\sin kx+\Delta$$

です（p.185 基礎知識参照）。ここで C_1 と C_2 は積分定数を表し、この構造物が柱脚でたわみとたわみ角がゼロである条件から、$C_1=-\Delta$、$C_2=0$ を得ます。ゆえに、

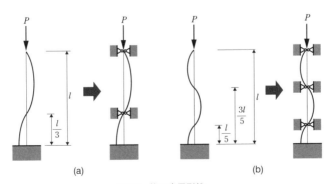

図8.3　柱の座屈形状

$$u = \Delta\,(1 - \cos kx) \tag{8-3}$$

です。また、上端においてたわみは Δ ですから、$x = l$ のとき $u = \Delta$ を代入すると、

$$\Delta \cos kl = 0 \tag{8-4}$$

を得ます。式 (8-4) が成立する条件は $\Delta = 0$ あるいは $\cos kl = 0$ です。

最初の条件 $\Delta = 0$ はたわみが生じず座屈しないことを示しています。それゆえ、座屈を引き起こすためには $\cos kl = 0$ でなければなりません。これを満足するのは、

$$kl = (2n - 1)\,\pi/2 \ (n = 1,2,3\cdots) \tag{8-5}$$

の場合です。

式 (8-5) 中の n に値を代入してみましょう。最初に n=1 の場合には、

$$u = \Delta\,(1 - \cos\frac{\pi}{2l}x) \tag{8-6}$$

になります。これは、図 8.2(b) のたわみ曲線に対応します。次に n=2 の場合には、

$$u = \Delta\,(1 - \cos\frac{3\pi}{2l}x)$$

になって、これは図 8.3(a) のたわみ曲線に対応します。また n=3 の場合には、

$$u = \Delta\,(1 - \cos\frac{5\pi}{2l}x)$$

になります。これは図 8.3(b) のたわみ曲線に対応します。

ここで、図 8.3 のたわみ曲線は、細長い棒材を用いて反曲点位置で外部拘束することによって生じます。これらの座屈荷重は式 (8-5) に $k^2 = P/(EI)$ と n=2 あるいは n=3 を代入して得られますが、n=1 の場合に比べて拘束が増えるために n の値が増えれば座屈荷重値は増加します。それゆえ、図 8.2(b) の場合に最小座屈荷重 P_k が得られ、

$$P_k = \frac{\pi^2 EI}{4l^2} \tag{8-7}$$

で与えられます。しかしながら、柱の座屈荷重は両端の支持条件で変化します。例えば、図 8.4 に示すような両端ピン支点の場合は、式 (8-7) の l を $l/2$ に置き換えることによって、下式で与えられます。

$$P_k = \frac{\pi^2 EI}{l^2} \tag{8-8}$$

この式 (8-8) を一般にオイラーの座屈荷重と呼んでいます。なお、柱の支持条件と座屈荷重の関係については次節で紹介します。

式 (8-2) の微分方程式の解法を以下に示す。

この微分方程式は、非同次の定数係数の2階線形微分方程式と呼ばれるものである。最初に、同次の定数係数の 2 階線形微分方程式は、一般に下式で表される。

$$y''+ay'+by'=0 \quad (a、bは定数) \tag{a}$$

この微分方程式に対して、

$$\lambda^2+a\lambda+b=0 \tag{b}$$

なる2次方程式を式 (a) の特性方程式という。

1）特性方程式 (b) が異なる実数解を持つとき、その異なる実数解をλ_1、λ_2とすれば、一般解は、

$$y=C_1e^{\lambda_1 x}+C_2e^{\lambda_2 x} \quad (C_1、C_2は任意定数)$$

となる。

2）特性方程式 (b) が重解を持つとき、その重解をλ_1とすれば、一般解は、

$$y=e^{\lambda_1 x}(C_1+C_2 x) \quad (C_1、C_2は任意定数)$$

となる。

3）特性方程式 (b) が虚数解を持つとき、その虚数解を$\mu\pm iv$（μ、vは実数）とすれば、一般解は、

$$y=e^{\mu x}(C_1\cos vx+C_2\sin vx) \quad (C_1、C_2は任意定数)$$

となる。

非同次の定数係数の2階線形微分方程式

$$y''+ay'+by'=r(x) \quad (a、bは定数) \tag{c}$$

の一般解は、式 (a) の一般解に式 (c) の一つの特殊解を加えればよい。

それでは、式(8-2)

$$u''+k^2u=k^2\Delta$$

について解いてみよう。最初に、特性方程式$\lambda^2+k^2=0$は虚数解を持ち、$\mu=0$、$v=k$であることがわかる。また、式(8-2)の一つの特殊解を$u=A$と仮定すると、$u'=0$、$u''=0$であるから、これらを与式に代入すると$A=\Delta$を得る。

したがって、式(8-2)の一般解は、

$$u=C_1\cos kx+C_2\sin kx+\Delta \quad (C_1、C_2は任意定数)$$

になる。

2 支持条件と座屈長さ、座屈応力度と細長比

1．柱の支持条件と座屈荷重

　柱の中心に圧縮力を受けるとき、図 8.2(b) に示すような柱脚固定・柱頭自由の柱の場合、座屈荷重は式 (8-7) で与えられます。このときのたわみ曲線が基本形状になりますので、もし図 8.4 に示すような両端ピン支持の柱であれば、式 (8-7) の l を $l/2$ に置き換えることで、座屈荷重は式 (8-8) によって与えられることを前節で説明しました。

　それでは、図 8.5 に示すような柱頭・柱脚固定の柱の中心に圧縮力を受ける場合を考えましょう。図 8.5(a) に示すように節点移動のない場合には、反曲点は柱脚から $l/4$ の位置に生じ、この区間のたわみ曲線は基本形状と同じになります。それゆえ、図 8.5(a) に示す柱の座屈荷重は、式 (8-7) の l を $l/4$ に置き換えて、

$$P_k = \frac{4\pi^2 EI}{l^2} \tag{8-9}$$

で与えられます。他方、図 8.5(b) に示すように水平方向に節点移動する場合は、反曲点は柱脚から $l/2$ の位置に生じますので、座屈荷重は式 (8-8) で与えられます。

　また、図 8.6 に示すような柱脚固定・柱頭ピン支点で節点移動のない場合の座屈荷重は下式で与えられることが知られています（p.189 基礎知識参照）。

$$P_k = \frac{\pi^2 EI}{(0.699l)^2} \tag{8-10}$$

2．柱の支持条件と座屈長さ

　前項では、柱の支持条件と座屈荷重の関係について解説しましたが、それらの座屈荷重を一元的には扱えませんでした。そこで、図 8.7(a) に示すような両端ピン支持の柱の座

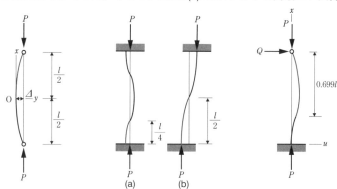

図 8.4　両端ピン支持の柱の
　　　　座屈

図 8.5　両端固定の柱の
　　　　座屈

図 8.6　柱脚固定・柱頭ピン支持の柱の
　　　　座屈（節点移動のない場合）

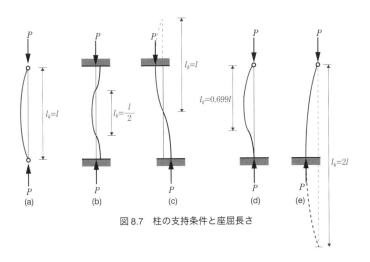

図 8.7　柱の支持条件と座屈長さ

屈形状と部材長さを基準にして考えてみます。すると、他の支持条件の各柱で、基本座屈形状が現れる区間は図 8.7(b) 〜図 8.7(e) に示す通りになります。この基本座屈形状が現れる区間を座屈長さ (l_k) といい、両端ピン支点の柱では $l_k=l$、柱頭・柱脚固定の柱で節点移動のない場合には $l_k=l/2$、節点移動のある場合には $l_k=l$ になります。また、柱頭ピン支点・柱脚固定の柱で節点移動のない場合には $l_k=0.699l$、節点移動のある場合には $l_k=2l$ になります。一方、座屈荷重は、支持条件に対応する座屈長さ (l_k) を用いると、下式で与えられます。

$$P_k=\frac{\pi^2 EI}{l_k^2} \tag{8-11}$$

例題 8-1　柱頭・柱脚がピンで支持されている長さ 10m の柱がある。柱の断面が下図のような形状であるとき、この柱の座屈荷重を求めなさい。ただし、材料のヤング係数は $E=2.0\times10^4\text{N/mm}^2$ とします。

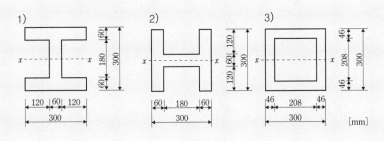

解答

$E=2\times10^4\text{N/mm}^2=2\times10^7\text{kN/m}^2$

1) $I=\dfrac{0.3\times0.3^3}{12}-2\times\dfrac{0.12\times0.18^3}{12}=5.58\times10^{-4}\text{m}^4$

   $P_k=\dfrac{3.14^2\times2\times10^7\times5.58\times10^{-4}}{10^2}=1100\text{kN}$

2) $I=2\times\dfrac{0.06\times0.3^3}{12}+\dfrac{0.18\times0.06^3}{12}=2.73\times10^{-4}\text{m}^4$

   $P_k=\dfrac{3.14^2\times2\times10^7\times2.73\times10^{-4}}{10^2}=538\text{kN}$

3) $I=\dfrac{0.3\times0.3^3}{12}-\dfrac{0.208\times0.208^3}{12}=5.19\times10^{-4}\text{m}^4$

   $P_k=\dfrac{3.14^2\times2\times10^7\times5.19\times10^{-4}}{10^2}=1023\text{kN}$

H形断面において、強軸 1) 側では部材の耐力は高くなるが、弱軸 2) 側では耐力は低くなる。これに対してボックス形断面 3) を用いれば、両軸ともに部材は高い耐力が得られる。それゆえ、一般には梁材にH形鋼が、柱材にボックス形鋼が用いられる。

例題 8-2　下図に示す柱の座屈荷重（P_k）について、P を用いてそれぞれ示しなさい。ただし、柱の断面二次モーメント I は図に示す通りとします。

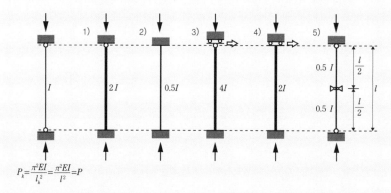

$$P_k=\frac{\pi^2EI}{l_k^2}=\frac{\pi^2EI}{l^2}=P$$

解答

1) $l_k=0.699l$　$P_k=\dfrac{\pi^2E(2I)}{(0.699l)^2}=4.09\times\dfrac{\pi^2EI}{l^2}=4.09P$

2) $l_k=0.5l$　$P_k=\dfrac{\pi^2E(0.5I)}{(0.5l)^2}=2\times\dfrac{\pi^2EI}{l^2}=2P$　　3) $l_k=2l$　$P_k=\dfrac{\pi^2E(4I)}{(2l)^2}=\dfrac{\pi^2EI}{l^2}=P$

4) $l_k=l$　$P_k=\dfrac{\pi^2E(2I)}{l^2}=2\times\dfrac{\pi^2EI}{l^2}=2P$　　5) $l_k=0.5l$　$P_k=\dfrac{\pi^2E(0.5I)}{(0.5l)^2}=2\times\dfrac{\pi^2EI}{l^2}=2P$

図8.6 に示した柱頭ピン支点、柱脚固定の柱の座屈荷重を求める。

圧縮力 P によって柱に座屈が生じて湾曲すると、水平反力 Q が生じる。そこで、柱脚を原点として任意の位置 x でのたわみを u とすると、この位置での曲げモーメントは $M=-\{Q(l-x)-Pu\}$ であるから、弾性曲線式 (5-1) は微分方程式

$$\frac{d^2u}{dx^2}=\frac{P}{EI}\left\{\frac{Q}{P}(l-x)-u\right\}$$

$$\therefore \frac{d^2u}{dx^2}+k^2u=\frac{k^2Q}{P}(l-x) \tag{a}$$

となる。ここで $k^2=P/EI$ である。

この微分方程式の特性方程式 $\lambda^2+k^2=0$ は虚数解を持ち、$\mu=0$、$\nu=k$ であることがわかる。また、一つの特殊解を $u=Ax+B$ と仮定すると、$u'=B$、$u''=0$ であるから、これらを与式に代入すると、$Ax+B=-(Q/P)x+(Q/P)l$ を得る。ゆえに、$A=-Q/P$、$B=Ql/P$。

したがって、微分方程式の一般解は、

$$u=C_1\cos kx+C_2\sin kx+\frac{Q(l-x)}{P} \quad (C_1、C_2は任意定数) \tag{b}$$

になる。境界条件は、$x=0$ のとき $u=0$ かつ $u'=0$、また、$x=l$ のとき $u=0$ である。最初の条件から、$C_1=-Ql/P$、二番目の条件から、$C_2=Q/kP$ を得る。これらを三番目の条件 $\tan kl=-(C_1/C_2)$ に代入すると、

$$\tan kl=kl \tag{c}$$

が求められる。

すなわち、柱の端部条件を満足する釣り合いの座屈形状を得るためには、式(c)を満足しなければならない。

式(c)を解くには図式解法が有用である。下図の曲線は $\tan kl$ を kl の関数として表したものである。これらの曲線は、$\tan kl$ が無限になるにつれて垂直線 $kl=\pi/2$、$3\pi/2$、...に次第に近づく。式(c)の解は上述の曲線と直線 $y=kl$ との交点として求められる。

最小の解（A点）は、

$$kl=4.493$$

であるので、最小座屈荷重は、

$$P_k=\frac{4.493^2EI}{l^2}=\frac{20.19EI}{l^2}=\frac{\pi^2EI}{(0.669l)^2}$$

となる。

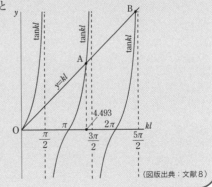

（図版出典：文献8）

3．座屈応力度と細長比

前項までの解説では、棒材はとても細長いことを前提としていました。また、棒材が座屈を起こしている間に生じる最大応力度は材料の比例限界内に留まることが条件でした。そのため、この条件下においてのみ前節の座屈荷重の算定式（8-11）は有効です。そこで、算定式（8-11）の応用限界を確認するために基本的な場合（図8.7(a)）を考えましょう。

算定式 (8-11) から座屈荷重を棒材の断面積 (A) で除して、細長比 $\lambda = l_k/i$ を導入すると、座屈応力度は、

$$\sigma_k = \frac{\pi^2 E}{\lambda^2} \tag{8-12}$$

で表されます。ここで、i は断面二次半径を表します。式 (8-12) は座屈応力度が材料のヤング係数 E と細長比 λ にのみ依存することを示しています。したがって、材料の比例限界とヤング係数 E が既知であれば、細長比 λ の限界値は式 (8-12) から容易に見出せます。例えば、比例限界値 200N/mm^2 かつヤング係数 $E = 2.05 \times 10^5 \text{N/mm}^2$ を有する構造用鋼材であれば、式 (8-12) から細長比の最小値は約 100 であることがわかります。もし細長比が 100 よりも小さければ、圧縮応力度は座屈が生じる前に比例限界に達し、算定式 (8-11) は使用できません。

そこで上記の構造用鋼材について、式 (8-12) を図化してみると座屈応力度と細長比の関係は、図 8.8 に示す曲線 ABC によって表されることがわかります。この場合 B 点が比例限界値 200N/mm^2 に対応していますので、曲線の BC 間のみ使用できます。そして、図 8.8 の BC 間から座屈応力度は細長比の増加とともに次第にゼロに近づくことがわかります。

なお、構造用鋼材の応力度と歪度の関係は、p.196 において詳述しますが、例題 8-3 に示す図で表せます。図中の折れ曲がり点を降伏点といい、そのときの応力度を降伏点強度といいます。

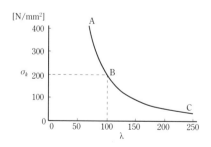

図8.8　座屈応力度と細長比の関係

例題 8-3 半径 40mm、ヤング係数 $2.0 \times 10^5 \mathrm{N/mm}^2$、降伏点強度 $200\mathrm{N/mm}^2$ の円形断面を持つ長さ 4m の棒鋼について、次の問に答えなさい。ただし、円周率は 3.14 として計算しなさい。

1）棒が降伏するまで棒の両端に引張力を加えた。棒の降伏荷重（P_y）はいくらか。また、降伏直前の垂直ひずみ度（ε_y）および伸び量（Δl_y）を求めなさい。

2）逆に棒の両端に圧縮力を加えたとき、棒の座屈荷重（P_k）はいくらか。また、座屈を起こす直前の垂直応力度（σ_k）、垂直ひずみ度（ε_k）および縮み量（Δl_k）を求めなさい。ただし、座屈長さは 4m としてよい。
   円の断面二次モーメントは、$I = \pi r^4 / 4$（r：半径）で計算することができる。

3）2）において、断面二次半径（i）と細長比（λ）を求めなさい。また、求めた細長比から座屈応力度（σ_k）を求めなさい。

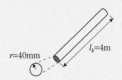

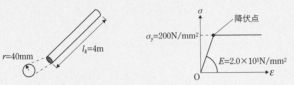

解答

$A = \pi r^2 = 3.14 \times 40^2 = 5024 \mathrm{mm}^2$　　　　$I = \dfrac{\pi r^4}{4} = \dfrac{3.14 \times 40^4}{4} = 2.01 \times 10^6 \mathrm{mm}^4$

$i = \sqrt{\dfrac{I}{A}} = \sqrt{\dfrac{2.01 \times 10^6}{5024}} = 20 \mathrm{mm}$

1）$P_y = \sigma_y \times A = 200 \times 5024 = 1004.8 \mathrm{kN}$

$\varepsilon_k = \dfrac{\sigma_y}{E} = \dfrac{200}{2.0 \times 10^5} = 1.0 \times 10^{-3}$

$\Delta l_y = \varepsilon_y \times l_k = 1.0 \times 10^{-3} \times 4000 = 4 \mathrm{mm}$

2）$P_k = \dfrac{\pi^2 E I}{l_k^2} = \dfrac{3.14^2 \times 2.0 \times 10^5 \times 2.01 \times 10^6}{4000^2} = 247.7 \mathrm{kN}$

$\sigma_k = \dfrac{P_k}{A} = \dfrac{247.7 \times 10^3}{5024} = 49.3 \mathrm{N/mm}^2$

$\varepsilon_k = \dfrac{\sigma_k}{E} = \dfrac{49.3}{2.0 \times 10^5} = 2.47 \times 10^{-4}$

$\Delta l_k = \varepsilon_k \times l_k = 2.47 \times 10^{-4} \times 4000 = 0.988 \mathrm{mm}$

3）$\lambda = \dfrac{l_k}{i} = \dfrac{4000}{20} = 200$

$\sigma_k = \dfrac{\pi^2 E}{\lambda^2} = \dfrac{3.14^2 \times 2.0 \times 10^5}{200^2} = 49.3 \mathrm{N/mm}^2$

演習問題 8.a

8.a-1　柱頭・柱脚がピンで支持されている長さ 5m の柱について、下図のような断面形状である場合の各柱の座屈荷重を求めなさい。ただし、材料のヤング係数を $E=2.0\times10^5\mathrm{N/mm}^2$ とします。

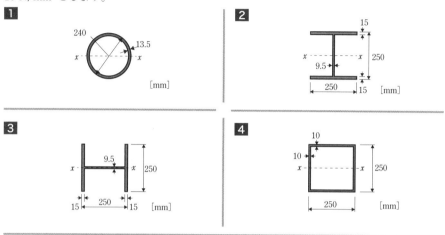

8.a-2　下図に示す柱の座屈荷重 (P_k) について、P を用いてそれぞれ示しなさい。ただし、柱の断面二次モーメント I は図に示す通りとします。

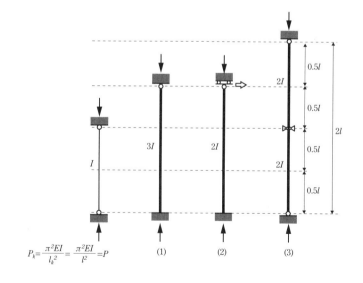

$$P_k=\frac{\pi^2 EI}{l_k{}^2}=\frac{\pi^2 EI}{l^2}=P$$

演習問題 8.a

8.a-3 半径 50mm、ヤング係数 $2.0×10^5\text{N/mm}^2$、降伏点強度 300N/mm^2 の円形断面を持つ長さ 6m の棒鋼について、次の問に答えなさい。ただし、円周率は 3.14 として計算しなさい。

1 棒が降伏するまで棒の両端に引張力を加えたときの棒の降伏荷重 (P_y) を求めなさい。また、降伏直前の垂直ひずみ度 (ε_y) および伸び量 (Δl_y) を求めなさい。

2 逆に棒の両端に圧縮力を加えたときの棒の座屈荷重 (P_k) を求めなさい。また、座屈を起こす直前の垂直応力度 (σ_k)、垂直ひずみ度 (ε_k) および縮み量 (Δl_k) を求めなさい。ただし、座屈長さは 3m とします。

なお、円の断面二次モーメントは $I=\pi r^4/4$ (r：半径) で計算することができます。

3 **2** における断面二次半径 (i) と細長比 (λ) を求めなさい。また、求めた細長比から座屈応力度 (σ_k) を求めなさい。

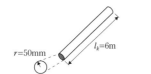

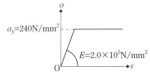

挑戦問題

8.1 下図に示す柱の座屈荷重 (P_k) について、P を用いてそれぞれ示しなさい。ただし、柱の断面二次モーメント (I) は図に示す通りとします。

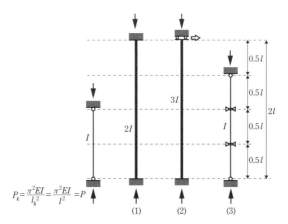

$$P_k = \frac{\pi^2 EI}{l_k^2} = \frac{\pi^2 EI}{l^2} = P$$

(1)　(2)　(3)

8.2 半径 10mm、ヤング係数 $2.0 \times 10^5 \text{N/mm}^2$、降伏点強度 180N/mm^2 の円形断面を持つ長さ 1m の棒鋼について、次の問に答えなさい。ただし、円周率は 3.14 として計算しなさい。

1 棒が降伏するまで棒の両端に引張力を加えたときの棒の降伏荷重 (P_y) を求めなさい。また、降伏直前の垂直ひずみ度 (ε_y) および伸び量 (Δl_y) を求めなさい。

2 逆に棒の両端に圧縮力を加えたときの棒の座屈荷重 (P_k) はいくらか。また、座屈を起こす直前の垂直応力度 (σ_k)、垂直ひずみ度 (ε_k) および縮み量 (Δl_k) を求めなさい。ただし、座屈長さは 4m とします。

なお、円の断面二次モーメントは $I = \pi r^4 / 4$ （r：半径）で計算することができます。

3 **2** における断面二次半径 (i) と細長比 (λ) を求めなさい。また、求めた細長比から座屈応力度 (σ_k) を求めなさい。

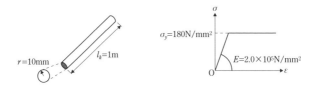

第9章

崩壊荷重

本章では、最初に弾塑性解析の基礎について解説した後、崩壊荷重について
説明します。難解な内容になりますが、まずは一通り読んでみてください。崩
壊荷重の求め方を習得しておくことは、複雑な弾塑性解析に依存することなく
構造設計が可能になるだけでなく、安全な構造物を設計する上でも重要です。

1. 弾塑性増分解析の基礎

　第4章で述べたように、物体内部に生じる応力度と歪度はある限界までは比例関係にあります。したがって、この比例限界内で物体に力を加えた後にその力を取り除くと、物体は元の状態に戻ります。この性質を弾性（elastic）と呼んでいます。一方、比例限界を超える力を加えた後にその力を取り除くと、物体は元の状態に戻らず、物体内部には残留歪を生じます。この性質を塑性（plastic）と呼んでいます。

　例えば、一般的な鋼材の応力度と歪度の関係をグラフに示すと、図9.1(a) に示すような曲線になります。すなわち、降伏点近くに弾性限界が存在し、降伏点を超えると応力度は一度下がり、その後しばらくの間は、応力度は上がったり下がったりを繰り返します（降伏棚という）。それから再び応力度が上昇するとともに歪度も伸長します（歪硬化域という）。最後は、応力度が少し下がって鋼材は破断します。もし応力点（応力度と歪度の座標）が弾性限界点を超えなければ、応力点は元の原点に戻りますが、弾性限界を超えると、元の原点に戻らず残留歪が生じます。なお、最大応力度を引張強さ（引張強度）と呼んでいます。

　このように材料は塑性域に入ると非線形挙動をします。それゆえ、解析的に追跡しようとすると非常に困難になります。そこで、一般的には図9.1(b) に示すような二つの線分で構成される理想化を行います。これを完全弾塑性モデルと呼んでいます。この理想化によって、構造物の弾塑性挙動を明らかにすることが可能になります。その解析原理の基礎となるのが、**例題9-1** に示すような増分法です。増分法では、ある荷重点において、変位の増分に対する荷重の増分を見いだすとともに線形性の限界点を求め、そこまでの荷重と変位の増分量を計算します。そして、それらの増分量をそれまでの荷重と変位に加えて、それを新たな荷重点とします。新たな荷重点においても同様の作業を行い、その一連の作業を順次繰り返し行うことで、崩壊に至るまでの構造物の弾塑性挙動を明らかにすることができます。

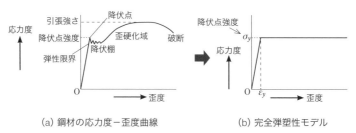

(a) 鋼材の応力度－歪度曲線　　　　　(b) 完全弾塑性モデル

図9.1　鋼材の応力度－歪度曲線のモデル化

例題 9-1 図に示すような二つの材料からなる円筒形の供試体に圧縮荷重を加えたとき、材料 A が右図のような応力度－歪度の関係を持っている場合の圧縮荷重と供試体の縮み量との関係をグラフにして説明しなさい。

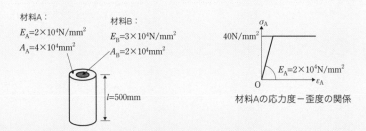

材料A：
$E_A = 2 \times 10^4 \text{N/mm}^2$
$A_A = 4 \times 10^4 \text{mm}^2$

材料B：
$E_B = 3 \times 10^4 \text{N/mm}^2$
$A_B = 2 \times 10^4 \text{mm}^2$

$l = 500\text{mm}$

σ_A
40N/mm²
$E_A = 2 \times 10^4 \text{N/mm}^2$
ε_A

材料Aの応力度－歪度の関係

解答

1) 材料が弾性状態にあるときの圧縮力と縮み量との関係を求める。
   圧縮力 P は、材料 A と B が弾性状態にあるとき、それぞれの負担圧縮力を P_A と P_B とすれば、$P = P_A + P_B = \sigma_A A_A + \sigma_B A_B = (E_A A_A + E_B A_B)\varepsilon$ であるから、圧縮力 P と縮み量 Δl との関係は、$P = (E_A A_A + E_B A_B)\Delta l / l = 2.8 \times 10^6 \times \Delta l$ となる。

2) 比例限界を求める。
   材料 A の応力度－歪度の関係から、比例限界時の歪度は 2×10^{-3} である。したがって、比例限界時の縮み量は $\Delta l_y = 1\text{mm}$ で、上式からそのときの荷重は $P_y = 2.8 \times 10^6 \text{N}$ であることがわかる。

3) 材料 A が塑性状態にあるときの圧縮力と縮み量との関係を求める。
   材料 A が塑性状態にあるときの増分圧縮力 ΔP と増分縮み量 $\Delta l - \Delta l_y$ との関係は、
   $$\Delta P = E_B A_B (\Delta l - \Delta l_y)/l = 1.2 \times 10^6 \times (\Delta l - 1)$$
   であるから、圧縮力と縮み量との関係は、
   $$P = \Delta P + P_y = 1.2 \times 10^6 \times (\Delta l - 1) + 2.8 \times 10^6$$
   となる。例えば、$\Delta l = 2\text{mm}$ のとき、$P = 4 \times 10^6 \text{N}$ となる。
   図化すると、下図の通りである。

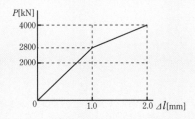

$P[\text{kN}]$
4000
2800
2000
0
1.0
2.0
$\Delta l[\text{mm}]$

9章

２．曲げを受ける断面の応力状態の変化

　ここではラーメンを取り上げ、曲げを受ける部材断面の応力状態を考察しましょう。本節では弾塑性解析の基礎を解説していますので、部材の断面は長方形で、完全弾塑性モデルの材料で構成されているとします。また、部材に生じる軸方向力は無視できるほど小さいものと仮定します。図9.2は、この場合の曲げモーメントの変化に伴う部材断面の応力状態の変化を示しています。曲げモーメントが大きくなるに従って、断面の応力状態は、弾性状態から降伏状態、弾塑性状態、全塑性状態へと変化していきます。

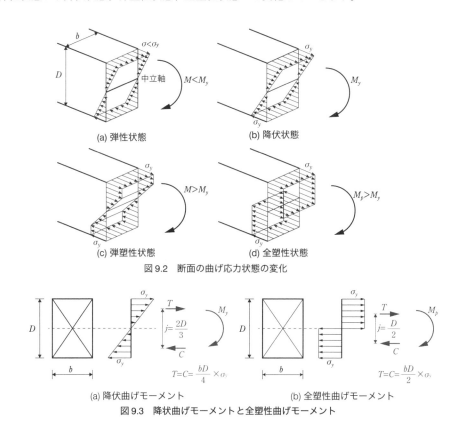

図9.2　断面の曲げ応力状態の変化

図9.3　降伏状曲げモーメントと全塑性曲げモーメント

　図9.2において、降伏状態の曲げモーメントを降伏曲げモーメント（M_y）、全塑性状態の曲げモーメントを全塑性モーメント（M_p）と呼んでいます。そしてこれらの曲げモーメントは、断面の形状と寸法および材料が決まれば、あらかじめ求めることができます。
　降伏曲げモーメントは、図9.3(a)から、次式によって求めることができます。

$$M_y = T \times j = C \times j = \frac{bD}{4} \times \sigma_y \times \frac{2D}{3} = \frac{bD^2}{6} \times \sigma_y = Z\sigma_y \tag{9-1}$$

ここで、Z は断面係数を表し、長方形断面の断面係数は次式になります。

$$Z = \frac{bD^2}{6} \tag{9-2}$$

また、降伏時の曲率（ϕ_y）は、材料のヤング係数と断面二次モーメントをそれぞれ E と I で表せば、次式によって求められます。

$$\phi_y = \frac{M_y}{EI} \tag{9-3}$$

一方、全塑性曲げモーメントは、図 9.3(b) から、次式によって求めることができます。

$$M_p = T \times j = C \times j = \frac{bD}{2} \times \sigma_y \times \frac{D}{2} = \frac{bD^2}{4} \times \sigma_y = Z_p\sigma_y \tag{9-4}$$

ここで、Z_p は塑性断面係数を表し、長方形断面の塑性断面係数は次式になることがわかります。

$$Z_p = \frac{bD^2}{4} \tag{9-5}$$

また、全塑性時の曲率（ϕ_p）は、次式で表されます。

$$\phi_p = \mu\phi_y \tag{9-6}$$

ここで、μ は塑性率と呼ばれ、一般に部材の曲げ特性に応じて仮定します。

以上から、部材の曲げモーメントと曲率の関係は図 9.4 に示すようにモデル化され、ラーメンに対して弾塑性増分解析を行えば、図 9.5 に示すような荷重－変位曲線を求めることができます。

しかしながら、このような弾塑性解析は一般に大変複雑になるので、我々はコンピューターの力を借りなければなりません。これは、構造設計という本来の目的から考えると、構造設計者に大きな負担をかけることになります。そこで構造設計の視点からこの問題を

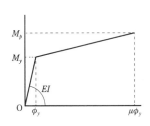

図 9.4　部材の曲げモーメントー曲率モデル

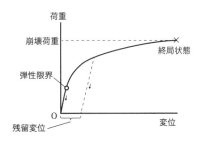

図 9.5　構造物の荷重－変位曲線

9章

俯瞰すれば、その構造物が保有している耐力（保有水平耐力）が地震などによってその構造物が耐えなければならない力（必要保有水平耐力）を超えていることを確認すればよいことになります。この保有水平耐力は、図9.5においては終局時の荷重になります。すなわち、崩壊荷重を求めることになります。

それでは、次節において、この崩壊荷重の求め方を解説しましょう。

2 崩壊荷重

1. 崩壊荷重と崩壊機構

建築構造物は、荷重を受けてもある時点までは弾性挙動をします。図9.5に示すように、弾性限界までに荷重が除かれると、建築構造物は元の状態に戻ります。しかし、弾性限界を超えて荷重を増大させていくと、建築構造物は少しずつ損傷を起こしていきます。この領域では、荷重が除かれても、残留変位を生じます。さらに、建築構造物の多くの部材が損傷すると荷重は上がらなくなり、建築構造物は大きく変形します。最後は、建物が崩壊します。この崩壊する直前の状態を終局状態と呼んでいます。また、このときの荷重が崩壊荷重です。

崩壊機構は、建築構造物の終局状態において、どの部材が破壊しているかを示した機構図です。例えば、ラーメンが地震荷重を受けると、各部材の端部に大きな曲げモーメントが生じるので、図9.6のような崩壊機構が考えられます。図中の○印は、塑性ヒンジと呼ばれ、この部分で破壊が生じています。また、崩壊機構は、これらの塑性ヒンジによって不安定構造物になっています。そして、建築構造物が崩壊していく過程では、一般にいくつかの崩壊機構が起きる可能性があります。図9.6は崩壊機構の一例ですが、柱崩壊形の場合は危険な崩壊機構になります。一方、梁崩壊形の場合は、粘りのある崩壊機構になります。構造設計者は、常に粘りのある崩壊機構を形成するように、構造計画において十分

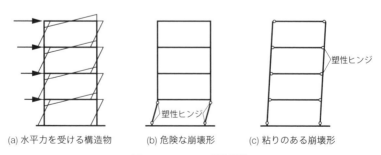

(a) 水平力を受ける構造物　　(b) 危険な崩壊形　　(c) 粘りのある崩壊形

図9.6　ラーメンの崩壊機構

に考えておく必要があります。

2．崩壊荷重の解法手順

　崩壊荷重を求める方法としては、一般に仮想変形法が用いられます。仮想変形法は発生する可能性のある塑性ヒンジを適当に組み合わせ、幾何学的に可能な崩壊形式を選定して崩壊荷重を決定していく方法です。これらの各崩壊形式に対してそれぞれ一つの限界荷重が存在し、構造物が実際に破壊する形式は、その最小限界荷重の場合に相当します。しかし、正しい崩壊形式が求められていることを確かめる必要があるので、正しいと思われる崩壊形式がその塑性条件を満足しているかどうかを検証しなければなりません。

　それでは、崩壊荷重の解法手順を下記に示します。

１）発生する可能性のある塑性ヒンジの位置を決定する

２）幾何学的に可能な崩壊形式を選定する

３）各々の可能な崩壊形式について、ある仮想変位を構造物に与えて、その場合の内力のなす仕事と外力のなす仕事を計算する

４）仮想仕事の原理（内力のなす仕事＝外力のなす仕事）から、限界荷重を計算する

５）最小限界荷重を選定し、正しいと思われる崩壊形式を求める

６）正しいと思われる崩壊形式について、構造物内部の任意の断面で曲げモーメントがその部材の全塑性モーメントを超えていないかどうかを確認し、すべての断面で全塑性モーメントを超えていなければ、与えられた荷重条件に対する正しい解といえる

　本書では、崩壊荷重（限界荷重）の計算に重点を置いていますので、塑性条件の吟味は省略します。それゆえ、例題や演習問題では崩壊機構をあらかじめ与えています。したがって、上記の解法手順のうちの３）と４）を行います。解き方の例を例題9-2に示します。例題9-2のような門形ラーメンでは、幾何学的に可能な崩壊形式としては、図9.7に挙げるような崩壊形式が考えられます。例題9-2は、その中の複合機構の崩壊形の一例になります。

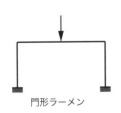

門形ラーメン

基本的には、層が崩壊する層機構と、梁が崩壊する梁機構、およびそれらが組み合わさった複合機構が考えられる。

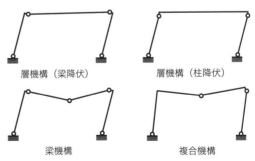

層機構（梁降伏）　　　　層機構（柱降伏）

梁機構　　　　　　　複合機構

図9.7　門形ラーメンの崩壊機構

9章

下図のようなラーメンに作用する荷重（P）を増大させたとき、与えられた
崩壊機構の崩壊荷重を求めなさい。ただし、梁の全塑性モーメント（M_p）は、
梁断面を $b×D$=200mm×350mm、降伏点強度を 200N/mm^2 として求めるも
のとします。また、l=5m とします。

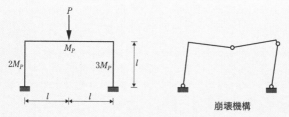

崩壊機構

解答

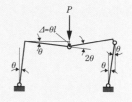

1) 崩壊形の塑性ヒンジの回転角は右図の通りである。
   また、荷重Pの移動距離は、$\varDelta=\theta l$になる。

2) 内力のなす仕事を求める。

$$\sum M_p \theta = \underbrace{2M_p×\theta}_{左柱} + \underbrace{M_p×2\theta}_{梁} + \underbrace{2×(3M_p×\theta)}_{右柱} = 10M_p\theta$$

3) 外力のなす仕事を求める。

$$\sum P\varDelta = P×\theta l = Pl\theta$$

4) 崩壊荷重と全塑性モーメントとの関係を求める。

$$Pl\theta = 10M_p\theta \quad \therefore P = \frac{10M_p}{l}$$

5) 全塑性モーメントを求める。

$$M_p = Z_p \sigma_y = \frac{bD^2}{4}×\sigma_y = \frac{200×350^2}{4}×200 = 1225×10^6 \text{Nmm} = 1225\text{kNm}$$

6) 崩壊荷重を求める。

$$P = \frac{10M_p}{l} = \frac{10×1225}{5} = 2450\text{kN}$$

補足）

①微小変形を扱っているので、$\varDelta=\theta l$が成り立つ。

②梁の塑性ヒンジの回転角は、下図の関係による。

演習問題 9.a

9.a-1 図に示すような二つの材料からなる円筒形の供試体に圧縮荷重を加えたとき、材料 B が右図のような応力度－歪度の関係を持っている場合の圧縮荷重と供試体の縮み量との関係をグラフにして説明しなさい。

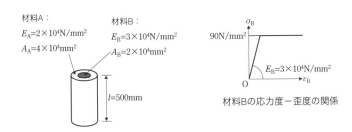

材料A：
$E_A = 2 \times 10^4 \text{N/mm}^2$
$A_A = 4 \times 10^4 \text{mm}^2$

材料B：
$E_B = 3 \times 10^4 \text{N/mm}^2$
$A_B = 2 \times 10^4 \text{mm}^2$

$l = 500\text{mm}$

材料Bの応力度－歪度の関係

9.a-2 下図のようなラーメンに作用する荷重（P）を増大させたとき、与えられた崩壊機構の崩壊荷重を求めなさい。ただし、1 階梁の全塑性モーメント（M_p）は、梁断面を $b \times D = 200\text{mm} \times 350\text{mm}$、降伏点強度を 240N/mm^2 として求めるものとします。

1

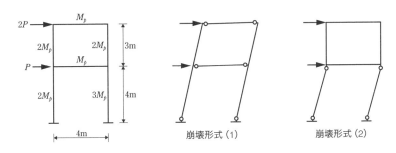

崩壊形式 (1)　　崩壊形式 (2)

2

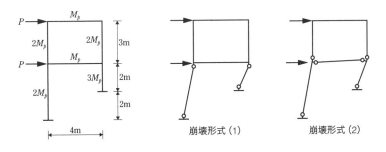

崩壊形式 (1)　　崩壊形式 (2)

9章

挑戦問題

9.1 図に示すような二つの材料からなる円筒形の供試体に圧縮荷重を加えたとき、二つの材料が下図のような応力度－歪度の関係を持っている場合の圧縮荷重と供試体の縮み量との関係をグラフにして説明しなさい。

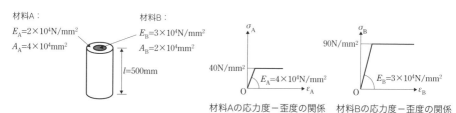

材料A：
$E_A=2×10^4N/mm^2$
$A_A=4×10^4mm^2$

材料B：
$E_B=3×10^4N/mm^2$
$A_B=2×10^4mm^2$

l=500mm

σ_A
40N/mm² $E_A=4×10^4N/mm^2$
O ε_A
材料Aの応力度－歪度の関係

σ_B
90N/mm²
$E_B=3×10^4N/mm^2$
O ε_B
材料Bの応力度－歪度の関係

9.2 下図のようなラーメンに作用する荷重（P）を増大させたとき、与えられた崩壊機構の崩壊荷重を求めなさい。ただし、1階梁の全塑性モーメント（M_p）は、梁断面を$b×D$=120mm×250mm、降伏点強度を300N/mm²として求めるものとします。

1

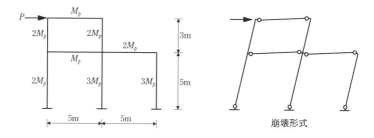

崩壊形式

2

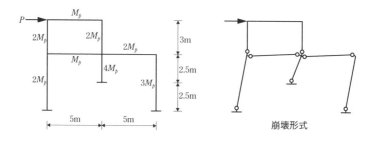

崩壊形式

解答編

本書に掲載している演習問題、挑戦問題の解説と解答です。なお、紙面で掲載しきれなかった、より詳しい解説を、読者の方限定で web 公開しております (pdf)。

下記の URL あるいは QR コードよりお申込みください
（メールアドレスの登録が必要です）

https://bit.ly/3RT0sya

演習問題解答

1.a-1

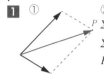

1 ① ②

$\Sigma P_x = 5\sqrt{2} + 2\sqrt{3} \fallingdotseq 10.54\text{kN}$

$\Sigma P_y = 5\sqrt{2} - 2 \fallingdotseq 5.07\text{kN}$

$P = \sqrt{10.54^2 + 5.07^2} \fallingdotseq 11.70\text{kN}$

2 ① ②

$\Sigma P_x = 5\sqrt{2} - 2.5\sqrt{3} \fallingdotseq 2.74\text{kN}$

$\Sigma P_y = 5\sqrt{2} + 2.5 - 8 \fallingdotseq 1.57\text{kN}$

$P = \sqrt{2.74^2 + 1.57^2} \fallingdotseq 3.16\text{kN}$

1.a-2

1 合力 $22 + 8 + 10 = 40$

$8 \times 7 + 10 \times 10 = 156 = 40x$

$x = 3.9\text{m}$

2 合力 $-20 + 50 = 30$

$50 \times 3 = 150 = 30x$

$x = 5\text{m}$

1.a-3

1

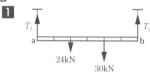

a 点：$-T_2 \times 6 + 30 \times 4 + 24 \times 2 = 0$

$T_2 = 28\text{kN}$

b 点：$T_1 \times 6 - 30 \times 2 - 24 \times 4 = 0$

$T_1 = 26\text{kN}$

2

a 点：$-T_2 \times 5 + 30 \times 4 - 10 \times 2 + 20 \times 1 = 0$

$T_2 = 24\text{kN}$

b 点：$T_1 \times 5 - 30 \times 1 + 10 \times 3 - 20 \times 4 = 0$

$T_1 = 16\text{kN}$

3

a 点：$-T_2 \times 2\sqrt{3} + 10 \times 3 = 0$

$T_2 = 5\sqrt{3}\ \text{kN}$

b 点：$T_1 \times 2 - 10 \times 1 = 0$

$T_1 = 5\text{kN}$

4

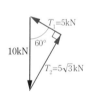

a 点：$-T_3 \times 2\sqrt{3} + T_2 \times \sqrt{3} = 0$

$T_3 = \dfrac{T_2}{2} = 2.5\sqrt{3}\ \text{kN}$

b 点：$T_4 \times 2 - T_2 \times \sqrt{3} = 0$

$T_4 = T_2 \times \dfrac{\sqrt{3}}{2} = 7.5\text{kN}$

1.b-1

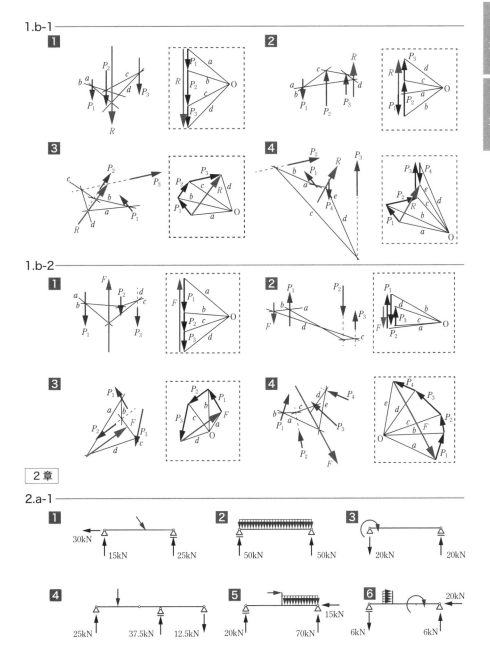

1.b-2

2.a-1

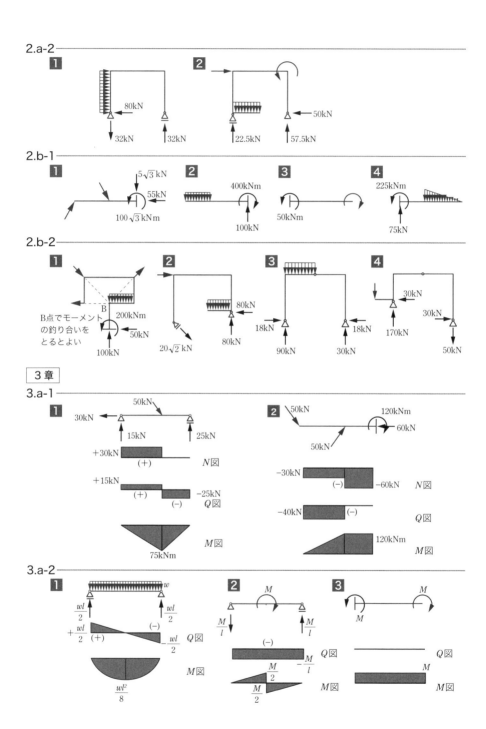

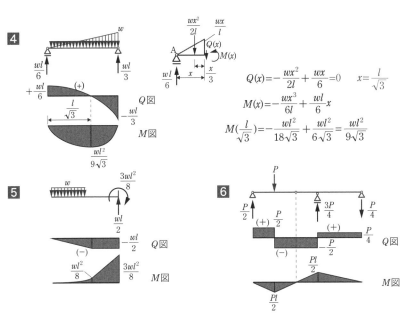

4

$$Q(x) = -\frac{wx^2}{2l} + \frac{wx}{6} = 0 \qquad x = \frac{l}{\sqrt{3}}$$

$$M(x) = -\frac{wx^3}{6l} + \frac{wl}{6}x$$

$$M\left(\frac{l}{\sqrt{3}}\right) = -\frac{wl^2}{18\sqrt{3}} + \frac{wl^2}{6\sqrt{3}} = \frac{wl^2}{9\sqrt{3}}$$

5

6

3.b-1

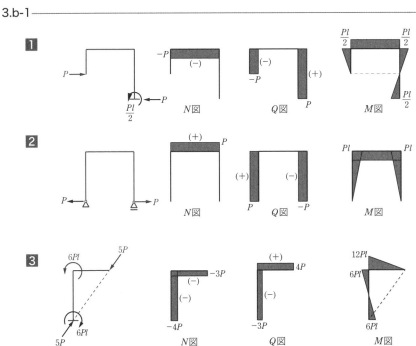

1

*N*図 *Q*図 *M*図

2

*N*図 *Q*図 *M*図

3

*N*図 *Q*図 *M*図

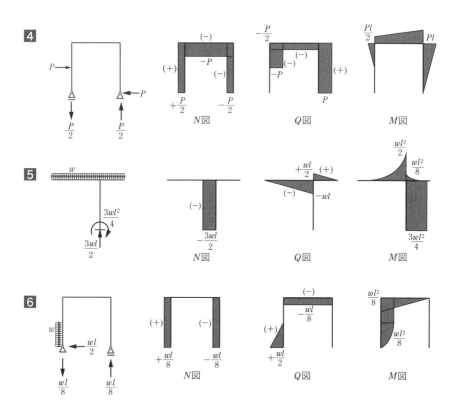

3.b-2

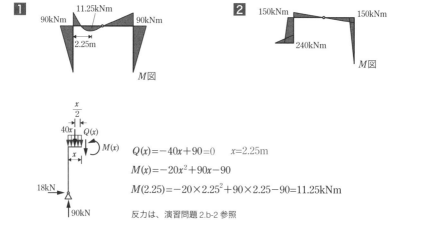

$Q(x) = -40x + 90 = 0 \qquad x = 2.25\text{m}$

$M(x) = -20x^2 + 90x - 90$

$M(2.25) = -20 \times 2.25^2 + 90 \times 2.25 - 90 = 11.25\text{kNm}$

反力は、演習問題 2.b-2 参照

3.c-1

1

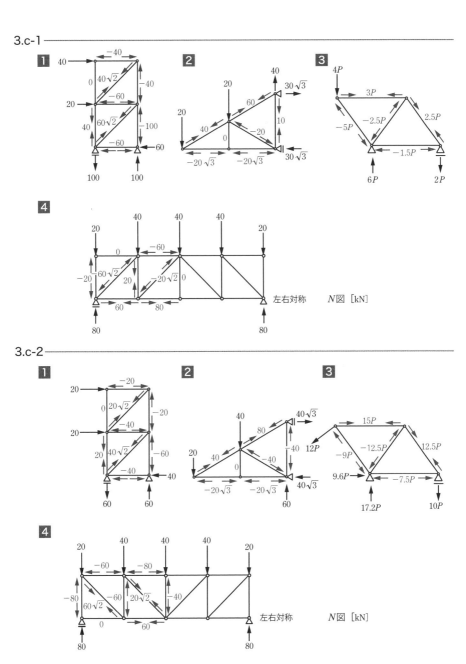

2

3

4

左右対称 N図〔kN〕

3.c-2

1

2

3

4

左右対称 N図〔kN〕

1

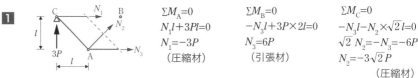

$\Sigma M_A=0$
$N_1 l+3Pl=0$
$N_1=-3P$
（圧縮材）

$\Sigma M_B=0$
$-N_3 l+3P\times 2l=0$
$N_3=6P$
（引張材）

$\Sigma M_C=0$
$-N_3 l-N_2\times\sqrt{2}\,l=0$
$\sqrt{2}\,N_2=-N_3=-6P$
$N_2=-3\sqrt{2}\,P$
（圧縮材）

2

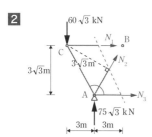

$\Sigma M_A=0$
$N_1\times 3\sqrt{3}-60\sqrt{3}\times 3=0$
$N_1=60\text{kN}$（引張材）

$\Sigma M_B=0$
$-N_3\times 3\sqrt{3}-60\sqrt{3}\times 6+75\sqrt{3}\times 3=0$
$3N_3=-360+225$
$N_3=-45\text{kN}$（圧縮材）
$\Sigma M_C=0$
$-N_2\times 3\sqrt{3}-N_3\times 3\sqrt{3}-75\sqrt{3}\times 3=0$
$N_2=-N_3-75=-(-45)-75=-30\text{kN}$
（圧縮材）

3

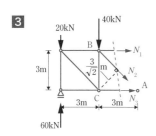

$\Sigma M_A=0$
$N_1\times 3+60\times 6-20\times 6-40\times 3=0$
$N_1=-40\text{kN}$（圧縮材）
$\Sigma M_C=0$
$N_1\times 3+N_2\times\dfrac{3}{\sqrt{2}}+60\times 3-20\times 3=0$
$\dfrac{N_2}{\sqrt{2}}=-N_1-60+20=-(-40)-60+20=0$
$N_2=0\text{kN}$

$\Sigma M_B=0$
$-N_3\times 3+60\times 3-20\times 3=0$
$N_3=40\text{kN}$（引張材）

4

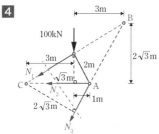

$\Sigma M_A=0$
$-N_1\times 2-100\times 1=0$
$N_1=-50\text{kN}$（圧縮材）
$\Sigma M_C=0$
$N_3\times 2\sqrt{3}+100\times 3=0$
$N_3=-50\sqrt{3}\text{kN}$（圧縮材）

$\Sigma M_B=0$
$N_2\times 2\sqrt{3}-100\times 3=0$
$N_2=50\sqrt{3}\,\text{kN}$（引張材）

5

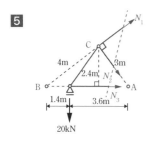

$\Sigma M_A=0$
$N_1\times 3-20\times 3.6=0$
$N_1=24\text{kN}$（引張材）

$\Sigma M_C=0$
$-N_3\times 2.4-20\times 1.8=0$
$N_3=-15\text{kN}$（圧縮材）

$\Sigma M_B=0$
$N_2\times 4+20\times 1.4=0$
$N_2=-7\text{kN}$（圧縮材）

6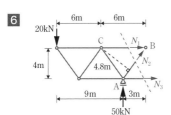

$\Sigma M_A=0$
$N_1\times4-20\times9=0$
$N_1=45$kN（引張材）

$\Sigma M_B=0$
$-N_3\times4-20\times12+50\times3=0$
$N_3=-22.5$kN（圧縮材）

$\Sigma M_C=0$
$-N_2\times4.8-N_3\times4-20\times6-50\times3=0$
$4.8N_2=-4N_3-120-150=90-120-150=-180$
$N_2=-37.5$kN（圧縮材）

7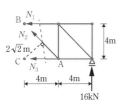

$\Sigma M_A=0$
$-N_1\times4-8\times12=0$
$N_1=24$kN（引張材）

$\Sigma M_B=0$
$N_3\times4+8\times8=0$
$N_3=-16$kN（圧縮材）

$\Sigma M_C=0$
$-N_2\times2\sqrt{2}-N_1\times4+8\times8=0$
$2\sqrt{2}N_2=-4N_1+64=-4\times24+64=-32$
$N_2=-8\sqrt{2}$kN（圧縮材）

8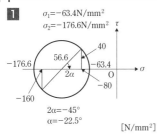

$\Sigma M_A=0$
$-N_1\times4-4\times16=0$
$N_1=-16$kN（圧縮材）

$\Sigma M_B=0$
$N_3\times4-16\times8=0$
$N_3=32$kN（引張材）

$\Sigma M_C=0$
$-N_2\times2\sqrt{2}-N_1\times4-16\times8=0$
$2\sqrt2N_2=-4N_1-128=64-128=-64$
$N_2=-16\sqrt{2}$kN（圧縮材）

| 4章 |

4.a-1

1
$\sigma_1=-63.4$N/mm^2
$\sigma_2=-176.6$N/mm^2

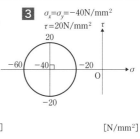

$2\alpha=-45°$
$\alpha=-22.5°$

[N/mm^2]

2
$\sigma_1=50$N/mm^2
$\sigma_2=-50$N/mm^2

$2\alpha=90°$
$\alpha=45°$

[N/mm^2]

3
$\sigma_x=\sigma_y=-40$N/mm^2
$\tau=20$N/mm^2

[N/mm^2]

4.a-2

1
$$\sigma_x=\frac{P}{A}=-\frac{240\times10^3}{3.14\times75^2}=-13.6\text{N/mm}^2$$
$$\varepsilon_x=\frac{\Delta l}{l}=-\frac{0.16}{300}=-5.333\times10^{-4}$$
$$\varepsilon_y=\frac{\Delta d}{d}=\frac{0.016}{150}=1.0667\times10^{-4}$$
$$E=\frac{\sigma_x}{\varepsilon_x}=2.55\times10^4\text{N/mm}^2$$
$$\nu=-\frac{\varepsilon_y}{\varepsilon_x}=0.2$$

2
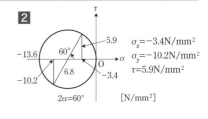

$\sigma_x=-3.4$N/mm^2
$\sigma_y=-10.2$N/mm^2
$\tau=5.9$N/mm^2

$2\alpha=60°$

[N/mm^2]

4.a-3

例題 9-1 参照。

4.a-4

1 $\dfrac{P_{ac}l_{ac}}{EA}=\dfrac{P_{cb}l_{cb}}{EA}$ $\quad P=P_{ac}+P_{cb}=\left(1+\dfrac{l_{ac}}{l_{cb}}\right)P_{ac}=\left(1+\dfrac{l_{cb}}{l_{ac}}\right)P_{cb}$ $\quad P_{ac}=\dfrac{l_{cb}}{l_{ac}+l_{cb}}P$ $\quad P_{cb}=\dfrac{l_{ac}}{l_{ac}+l_{cb}}P$

4.a-5

1 $A=150\times180-50\times40=25{,}000\text{mm}^2$

$S_X=150\times180\times90-50\times40\times160=2{,}110{,}000\text{mm}^3$ $\qquad Y_o=\dfrac{S_X}{A}=84.4\text{mm}$

$S_Y=150\times180\times75-50\times40\times125=1{,}775{,}000\text{mm}^3$ $\qquad X_o=\dfrac{S_Y}{A}=71.0\text{mm}$

2 $A=150\times170-100\times55=20{,}000\text{mm}^2$

$S_X=150\times170\times85-100\times55\times65=1{,}810{,}000\text{mm}^3$ $\qquad Y_o=\dfrac{S_X}{A}=90.5\text{mm}$

$S_Y=150\times170\times75-100\times55\times65=1{,}555{,}000\text{mm}^3$ $\qquad X_o=\dfrac{S_Y}{A}=77.75\text{mm}$

3 $A=200\times320+\dfrac{300\times240}{2}=100{,}000\text{mm}^2$

$S_X=200\times320\times160+\dfrac{300\times240}{2}\times80=13{,}120{,}000\text{mm}^3$ $\qquad Y_o=\dfrac{S_X}{A}=131.2\text{mm}$

$S_Y=200\times320\times100+\dfrac{300\times240}{2}\times300=17{,}200{,}000\text{mm}^3$ $\qquad X_o=\dfrac{S_Y}{A}=172.0\text{mm}$

4 $A=490\times400-\dfrac{300\times240}{2}=160{,}000\text{mm}^2$

$S_X=490\times400\times200-\dfrac{300\times240}{2}\times320=27{,}680{,}000\text{mm}^3$ $\qquad Y_o=\dfrac{S_X}{A}=173.0\text{mm}$

$S_Y=490\times400\times245-\dfrac{300\times240}{2}\times390=33{,}980{,}000\text{mm}^3$ $\qquad X_o=\dfrac{S_Y}{A}=212.375\text{mm}$

5 6

$Y=a\sin\theta\quad dY=a\cos\theta d\theta\quad t=\cos\theta\quad dt=-\sin\theta d\theta$

$dA=2ab\cos^2\theta d\theta$

$A=\displaystyle\int_0^a dA=2ab\int_0^{\pi/2}\cos^2\theta d\theta=ab\int_0^{\pi/2}(1+\cos2\theta)d\theta=ab\left[\theta+\dfrac{\sin2\theta}{2}\right]_0^{\pi/2}=\dfrac{\pi ab}{2}$

$S_X=\displaystyle\int_0^a YdA=2a^2b\int_0^{\pi/2}\sin\theta\cos^2\theta d\theta=-2a^2b\int_1^0 t^2dt=-2a^2b\left[\dfrac{t^3}{3}\right]_1^0=\dfrac{2a^2b}{3}$ $\qquad Y_o=\dfrac{S_X}{A}=\dfrac{4a}{3\pi}$

4.b-1

1 $I_X=\displaystyle\int_0^r Y^2dA=2r^4\int_0^{\pi/2}\sin^2\theta\cos^2\theta d\theta=\dfrac{r^4}{4}\int_0^{\pi/2}(1-\cos4\theta)d\theta=\dfrac{r^4}{4}\left[\theta-\dfrac{\sin4\theta}{4}\right]_0^{\pi/2}=\dfrac{\pi r^4}{8}$

$I_x=I_X-Y_o{}^2A=\dfrac{\pi r^4}{8}-\left(\dfrac{4r}{3\pi}\right)^2\dfrac{\pi r^2}{2}=\dfrac{9\pi^2-64}{72\pi}r^4$ $\qquad I_y=\dfrac{\pi r^4}{8}$

2 $I_x=\displaystyle\int_{-a}^a y^2dA=2a^3b\int_{-\pi/2}^{\pi/2}\sin^2\theta\cos^2\theta d\theta=\dfrac{a^3b}{4}\int_{-\pi/2}^{\pi/2}(1-\cos4\theta)d\theta=\dfrac{a^3b}{4}\left[\theta-\dfrac{\sin4\theta}{4}\right]_{-\pi/2}^{\pi/2}=\dfrac{\pi a^3b}{4}$ $\quad I_y=\dfrac{\pi ab^3}{4}$

3 $I_x=\dfrac{150\times170^3}{12}+(85-90.5)^2\times150\times170-\dfrac{100\times55^3}{12}-(65-90.5)^2\times100\times55=5.722\times10^7\text{mm}^4$

$I_y=\dfrac{150^3\times170}{12}+(75-77.75)^2\times150\times170-\dfrac{100^3\times55}{12}-(65-77.75)^2\times100\times55$
$=4.253\times10^7\text{mm}^4$

4 $I_x=\dfrac{490\times400^3}{12}+(200-173)^2\times490\times400-\dfrac{300\times240^3}{36}-(320-173)^2\times\dfrac{300\times240}{2}$
$=1.863\times10^9\text{mm}^4$

$I_y=\dfrac{490^3\times400}{12}+(245-212.375)^2\times490\times400-\dfrac{300^3\times240}{36}-(390-212.375)^2\times\dfrac{300\times240}{2}$
$=2.814\times10^9\text{mm}^4$

4.b-2

1 図心は演習問題 **4.a-5 1** の解答参照

$I_n=\dfrac{150\times180^3}{12}+(90-84.4)^2\times150\times180-\dfrac{50\times40^3}{12}-(160-84.4)^2\times50\times40=6.205\times10^7\text{mm}^4$

$\sigma_c=\dfrac{100\times10^6}{6.205\times10^7}\times(84.4-180)=-154.1\text{N/mm}^2$　　$\sigma_t=\dfrac{100\times10^6}{6.205\times10^7}\times84.4=136.0\text{N/mm}^2$

$\phi=-\dfrac{100\times10^6}{2\times10^4\times6.205\times10^7}=-8.058\times10^{-5}\text{mm}^{-1}$

2 図心は演習問題 **4.a-5 3** の解答参照

$I_n=\dfrac{200\times320^3}{12}+(160-131.2)^2\times200\times320+\dfrac{300\times240^3}{36}+(80-131.2)^2\times\dfrac{300\times240}{2}$
$=8.088\times10^8\text{mm}^4$

$\sigma_c=\dfrac{200\times10^6}{8.088\times10^8}\times(131.2-240)=-26.9\text{N/mm}^2$　　$\sigma_t=\dfrac{200\times10^6}{8.088\times10^8}\times131.2=32.4\text{N/mm}^2$

$\phi=-\dfrac{200\times10^6}{2\times10^4\times8.088\times10^8}=-1.236\times10^{-5}\text{mm}^{-1}$

4.c-1

1 2 $dA=2ab\cos^2\theta$　$t=\cos\theta$

$S(y)=\displaystyle\int_y^a ydA=2a^2b\int_\theta^{\pi/2}\sin\theta\cos^2\theta d\theta=-2a^2b\int_{\cos\theta}^0 t^2dt=-2a^2b\Big[\dfrac{t^3}{3}\Big]_{\cos\theta}^0=\dfrac{2a^2b}{3}\cos^3\theta$

$\tau(y)=\dfrac{Q\times\dfrac{2a^2b}{3}\cos^3\theta}{2b\cos\theta\times\dfrac{\pi a^3b}{4}}=\dfrac{4Q}{3\pi ab}\cos^2\theta=\dfrac{4}{3}\Big\{1-\Big(\dfrac{y}{a}\Big)^2\Big\}\dfrac{Q}{A}$

τの分布

3 $S(y)=\displaystyle\int_y^{2h/3}ydA=b\int_y^{2h/3}\Big(\dfrac{2}{3}y-\dfrac{y^2}{h}\Big)dy=b\Big[\dfrac{y^2}{3}-\dfrac{y^3}{3h}\Big]_y^{2h/3}=\Big\{\dfrac{4}{27}-\Big(\dfrac{y}{h}\Big)^2+\Big(\dfrac{y}{h}\Big)^3\Big\}\dfrac{bh^2}{3}$

$\tau(y)=\dfrac{Q\times\Big\{\dfrac{4}{27}-\Big(\dfrac{y}{h}\Big)^2+\Big(\dfrac{y}{h}\Big)^3\Big\}\dfrac{bh^2}{3}}{b\Big(\dfrac{2}{3}-\dfrac{y}{h}\Big)\times\dfrac{bh^3}{36}}=6\times\Big\{\dfrac{2}{9}+\dfrac{1}{3}\Big(\dfrac{y}{h}\Big)-\Big(\dfrac{y}{h}\Big)^2\Big\}\dfrac{Q}{A}=6\times\Big(\dfrac{1}{3}+\dfrac{y}{h}\Big)\Big(\dfrac{2}{3}-\dfrac{y}{h}\Big)\dfrac{Q}{A}$

$\tau'(y)=6\times\Big(\dfrac{1}{3h}-2\dfrac{y}{h^2}\Big)\dfrac{Q}{A}=0$　$y=\dfrac{h}{6}$　$\tau\Big(\dfrac{h}{6}\Big)=\dfrac{3}{2}\dfrac{Q}{A}$

τの分布

4 $\tau(y)=\dfrac{QS(y)}{bI}$ $A=a^2-b^2$

$S\left(\dfrac{b}{2}\right)=\dfrac{a(a-b)(a+b)}{8}$ $S(0)=\dfrac{(a-b)(a^2+ab+b^2)}{8}$

$\tau\left(\dfrac{b}{2}\right)=\dfrac{\dfrac{a(a-b)(a+b)}{8}Q}{a\times\dfrac{a^4-b^4}{12}}=\dfrac{3}{2}\dfrac{a^2-b^2}{a^2+b^2}\dfrac{Q}{A}$: 幅 a のとき

$\tau\left(\dfrac{b}{2}\right)=\dfrac{\dfrac{a(a-b)(a+b)}{8}Q}{(a-b)\times\dfrac{a^4-b^4}{12}}=\dfrac{3}{2}\dfrac{a^2+ab}{a^2+b^2}\dfrac{Q}{A}$: 幅 $b-a$ のとき

$\tau(0)=\dfrac{\dfrac{(a-b)(a^2+ab+b^2)}{8}Q}{(a-b)\times\dfrac{a^4-b^4}{12}}=\dfrac{3}{2}\dfrac{a^2+ab+b^2}{a^2+b^2}\dfrac{Q}{A}$

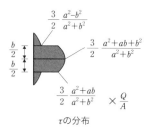

τ の分布

4.c-2

1 $-(T+dT)\times j+T\times j+Qdx-\dfrac{w(dx)^2}{2}=0$ $dT=\dfrac{Qdx}{j}$

2 $(T+dT)-T-\tau_{\max}\times bdx=0$ $\tau_{\max}=\dfrac{dT}{bdx}=\dfrac{Q}{bj}$

4.d-1

1 演習問題 4.a-5 **4** と演習問題 4.b-1 **4** の解答から

$A=160{,}000\text{mm}^2$ $I_x=1.863\times10^9\text{mm}^4$

$Y_o=173.0\text{mm}$ $I_y=2.814\times10^9\text{mm}^4$

$X_o=212.375\text{mm}$ $I_{xy}=490\times400\times245\times200-\dfrac{300\times240}{2}\times390\times320=5{,}111{,}200{,}000\text{mm}^4$

$I_{xy}=5.1112\times10^9-160{,}000\times212.375\times173=-767{,}340{,}000\text{mm}^4$

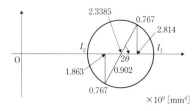

$I_1=(2.3385+0.902)\times10^9=3.2405\times10^9\text{mm}^4$

$I_2=(2.3385-0.902)\times10^9=1.4365\times10^9\text{mm}^4$

$2\theta=-\tan^{-1}\left(\dfrac{0.767}{0.4755}\right)=-58.2°$

$\theta=-29.1°$

2 演習問題 4.a-5 **3** の解答から

$A=100{,}000\mathrm{mm}^2$

$Y_0=131.2\mathrm{mm}$

$X_0=172.0\mathrm{mm}$

$I_x=\dfrac{200\times320^3}{12}+(160-131.2)^2\times200\times320+\dfrac{300\times240^3}{36}+(80-131.2)^2\times\dfrac{300\times240}{2}$
$=8.088\times10^8\mathrm{mm}^4$

$I_y=\dfrac{200^3\times320}{12}+(100-172)^2\times200\times320+\dfrac{300^3\times240}{36}+(300-172)^2\times\dfrac{300\times240}{2}$
$=13.149\times10^8\mathrm{mm}^4$

$I_{XY}=200\times320\times100\times160+\dfrac{300\times240}{2}\times300\times80=1.888\times10^9\mathrm{mm}^4$

$I_{xy}=1.888\times10^9-1\times10^5\times172\times131.2=-368{,}640{,}000\mathrm{mm}^4$

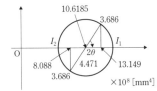

$I_1=(10.6185+4.471)\times10^8=15.0895\times10^8\mathrm{mm}^4$

$I_2=(10.6185-4.471)\times10^8=6.1475\times10^8\mathrm{mm}^4$

$2\theta=-\tan^{-1}\left(\dfrac{3.686}{2.5305}\right)=-55.5°$

$\theta=-27.8°$

3 $A=30\times40+90\times40=4{,}800\mathrm{mm}^2$

$S_X=30\times40\times60+90\times40\times20=144{,}000\mathrm{mm}^3 \quad Y_0=30\mathrm{mm}$

$S_Y=30\times40\times25+90\times40\times45=192{,}000\mathrm{mm}^3 \quad X_0=40\mathrm{mm}$

$I_x=\dfrac{30\times40^3}{12}+(60-30)^2\times30\times40+\dfrac{90\times40^3}{12}+(20-30)^2\times90\times40=2.08\times10^6\mathrm{mm}^4$

$I_y=\dfrac{30^3\times40}{12}+(25-40)^2\times30\times40+\dfrac{90^3\times40}{12}+(45-40)^2\times90\times40=2.88\times10^6\mathrm{mm}^4$

$I_{xy}=30\times40\times(-15)\times30+90\times40\times5\times(-10)=-0.72\times10^6\mathrm{mm}^4$

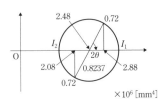

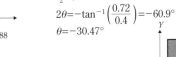

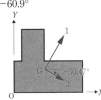

$I_1=(2.48+0.8237)\times10^6=3.3037\times10^6\mathrm{mm}^4$

$I_2=(2.48-0.8237)\times10^6=1.6563\times10^6\mathrm{mm}^4$

$2\theta=-\tan^{-1}\left(\dfrac{0.72}{0.4}\right)=-60.9°$

$\theta=-30.47°$

4

$$I_x = \frac{15a \times (12a)^3}{12} - 2 \times \frac{6a \times (10a)^3}{12} - 2 \times a^2 \times 6a \times 10a = 1040a^4$$

$$I_y = \frac{10a \times (3a)^3}{12} + \frac{2a \times (15a)^3}{12} = 585a^4$$

$$I_{xy} = -2 \times 6a \times 2a \times 5a \times 4.5a = -540a^4$$

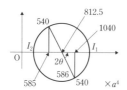

$I_1 = (812.5 + 586)a^4 = 1398.5a^4$

$I_2 = (812.5 - 586)a^4 = 226.5a^4$

$2\theta = \tan^{-1}\left(\dfrac{540}{227.5}\right) = 67.15°$

$\theta = 33.58°$

4.d-2

1

$A = 160 \times 200 - 120 \times 160 = 12{,}800\,\text{mm}^2$

$S_X = 160 \times 200 \times 100 - 120 \times 160 \times 120 = 896{,}000\,\text{mm}^3$ $\quad Y_o = 70\,\text{mm}$

$S_Y = 160 \times 200 \times 80 - 120 \times 160 \times 100 = 640{,}000\,\text{mm}^3$ $\quad X_o = 50\,\text{mm}$

$$I_x = \frac{160 \times 200^3}{12} + (100-70)^2 \times 160 \times 200 - \frac{120 \times 160^3}{12} - (120-70)^2 \times 120 \times 160 = 4.651 \times 10^7\,\text{mm}^4$$

$$I_y = \frac{160^3 \times 200}{12} + (80-50)^2 \times 160 \times 200 - \frac{120^3 \times 160}{12} - (100-50)^2 \times 120 \times 160 = 2.603 \times 10^7\,\text{mm}^4$$

$$e_{yc} = \frac{i_x^{\,2}}{y_c} = \frac{4.651 \times 10^7}{1.28 \times 10^4 \times 130} = 27.95\,\text{mm} \qquad e_{yt} = \frac{i_x^{\,2}}{y_t} = \frac{4.651 \times 10^7}{1.28 \times 10^4 \times 70} = 51.91\,\text{mm}$$

$$e_{xc} = \frac{i_y^{\,2}}{x_c} = \frac{2.603 \times 10^7}{1.28 \times 10^4 \times 110} = 18.49\,\text{mm} \qquad e_{xt} = \frac{i_y^{\,2}}{x_t} = \frac{2.603 \times 10^7}{1.28 \times 10^4 \times 50} = 40.67\,\text{mm}$$

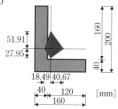

2

$A = 160 \times 200 - 120 \times 160 = 12{,}800\,\text{mm}^2$

$S_X = 160 \times 200 \times 100 - 120 \times 160 \times 80 = 1{,}664{,}000\,\text{mm}^3$ $\quad Y_o = 130\,\text{mm}$

$$I_x = \frac{160 \times 200^3}{12} + (100-130)^2 \times 160 \times 200 - \frac{120 \times 160^3}{12} - (80-130)^2 \times 120 \times 160 = 4.651 \times 10^7\,\text{mm}^4$$

$$I_y = \frac{40 \times 160^3}{12} + \frac{160 \times 40^3}{12} = 1.451 \times 10^7\,\text{mm}^4$$

$$e_{yc} = \frac{i_x^{\,2}}{y_c} = \frac{4.651 \times 10^7}{1.28 \times 10^4 \times 130} = 27.95\,\text{mm}$$

$$e_{yt} = \frac{i_x^{\,2}}{y_t} = \frac{4.651 \times 10^7}{1.28 \times 10^4 \times 70} = 51.91\,\text{mm}$$

$$e_x = \frac{i_y^{\,2}}{x} = \frac{1.451 \times 10^7}{1.28 \times 10^4 \times 80} = 14.17\,\text{mm}$$

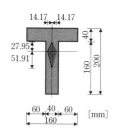

3 $A=160\times200-120\times120=17{,}600\text{mm}^2$

$S_Y=160\times200\times80-120\times120\times100=1{,}120{,}000\text{mm}^3 \qquad X_o=63.64\text{mm}$

$I_x=\dfrac{160\times200^3}{12}-\dfrac{120\times120^3}{12}=8.939\times10^7\text{mm}^4$

$I_y=\dfrac{160^3\times200}{12}+(80-63.64)^2\times160\times200-\dfrac{120^3\times120}{12}-(100-63.64)^2\times120\times120$
$$=4.051\times10^7\text{mm}^4$$

$e_y=\dfrac{i_x^2}{y}=\dfrac{8.939\times10^7}{1.76\times10^4\times100}=50.79\text{mm}$

$e_{xc}=\dfrac{i_y^2}{x_c}=\dfrac{4.051\times10^7}{1.76\times10^4\times96.36}=23.89\text{mm}$

$e_{xt}=\dfrac{i_y^2}{x_t}=\dfrac{4.051\times10^7}{1.76\times10^4\times63.64}=36.17\text{mm}$

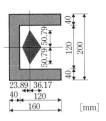

4 $A=160\times200-120\times120=17{,}600\text{mm}^2$

$I_x=\dfrac{160\times200^3}{12}-\dfrac{120\times120^3}{12}=8.939\times10^7\text{mm}^4$

$I_y=\dfrac{120\times40^3}{12}+2\times\dfrac{40\times160^3}{12}=2.795\times10^7\text{mm}^4$

$e_y=\dfrac{i_x^2}{y}=\dfrac{8.939\times10^7}{1.76\times10^4\times100}=50.79\text{mm}$

$e_x=\dfrac{i_y^2}{x}=\dfrac{2.795\times10^7}{1.76\times10^4\times80}=19.85\text{mm}$

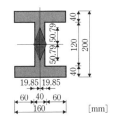

1

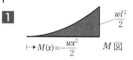

$$\mapsto M(x)=-\frac{wx^2}{2} \qquad M \text{図}$$

$$\frac{d^2v}{dx^2}=\frac{wx^2}{2EI}$$

$$\theta(x)=\frac{dv}{dx}=\frac{wx^3}{6EI}+C_1$$

$$v(x)=\frac{wx^4}{24EI}+C_1x+C_2$$

$$\theta(l)=\frac{wl^3}{6EI}+C_1=0 \qquad C_1=-\frac{wl^3}{6EI}$$

$$v(l)=\frac{wl^4}{24EI}+C_1l+C_2=0 \qquad C_2=\frac{wl^4}{8EI}$$

$$\theta(x)=\frac{wx^3}{6EI}-\frac{wl^3}{6EI}$$

$$v(x)=\frac{wx^4}{24EI}-\frac{wl^3}{6EI}x+\frac{wl^4}{8EI}$$

$$v(0)=\frac{wl^4}{8EI}\downarrow$$

2

$$M(x_1)=-Px_1 \qquad M(x_2)=P(x_2-2l)$$
$$0\leq x_1<l \qquad\qquad 0\leq x_2<l$$

$$2Pl \qquad M\text{図}$$

$$\frac{d^2v}{dx^2}\Big|_{AC}=\frac{Px_1}{EI} \qquad \frac{d^2v}{dx^2}\Big|_{BC}=\frac{P}{2EI}(-x_2+2l)$$

$$\theta(x_1)\Big|_{AC}=\frac{dv}{dx_1}\Big|_{AC}=\frac{Px_1^2}{2EI}+C_1 \qquad \theta(x_2)\Big|_{BC}=\frac{dv}{dx_2}\Big|_{BC}=\frac{P}{2EI}\left(-\frac{x_2^2}{2}+2lx_2\right)+C_3$$

$$v(x_1)\Big|_{AC}=\frac{wx_1^3}{6EI}+C_1x_1+C_2 \qquad v(x_2)\Big|_{BC}=\frac{P}{2EI}\left(-\frac{x_2^3}{6}+lx_2^2\right)+C_3x_2+C_4$$

$$\theta(0)\Big|_{BC}=0 \quad C_3=0 \qquad v(0)\Big|_{BC}=0 \quad C_4=0$$

$$\theta(l)\Big|_{AC}=-\theta(l)\Big|_{BC} \qquad C_1=-\frac{5Pl^2}{4EI}$$

$$v(l)\Big|_{AC}=v(l)\Big|_{BC} \qquad C_2=\frac{Pl^3}{4EI}-C_1l=\frac{3Pl^3}{2EI}$$

$$\theta(x_1)\Big|_{AC}=\frac{P}{4EI}(2x_1^2-5l^2) \qquad \theta(x_2)\Big|_{BC}=\frac{P}{2EI}\left(-\frac{x_2^2}{2}+2lx_2\right)$$

$$v(x_1)\Big|_{AC}=\frac{P}{12EI}(2x_1^3-15l^2x_1+18l^3) \quad v(x_2)\Big|_{BC}=\frac{P}{2EI}\left(-\frac{x_2^3}{6}+lx_2^2\right)$$

$$v(0)=\frac{3Pl^3}{2EI}\downarrow$$

3

$$M \qquad M\text{図}$$

$$\overset{\longmapsto}{M(x)=-\frac{Mx}{l}}$$

$$\frac{d^2v}{dx^2}=\frac{Mx}{EIl}$$

$$\theta(x)=\frac{dv}{dx}=\frac{Mx^2}{2EIl}+C_1$$

$$v(x)=\frac{Mx^3}{6EIl}+C_1x+C_2$$

$$v(0)=0 \quad C_2=0$$

$$v(l)=\frac{Ml^2}{6EI}+C_1l+C_2=0 \quad C_1=-\frac{Ml}{6EI}$$

$$\theta(x)=\frac{Mx^2}{2EIl}-\frac{Ml}{6EI}$$

$$v(x)=\frac{Mx^3}{6EIl}-\frac{Ml}{6EI}x$$

$$\theta(x)=0\rightarrow x=\frac{\sqrt{3}}{3}l$$

$$v\left(\frac{\sqrt{3}}{3}l\right)=-\frac{\sqrt{3}Ml^2}{27EI}\uparrow$$

4

$$M(x_1)=-\frac{Mx_1}{2l} \qquad \frac{M}{2}$$
$$0\leq x_1<l$$

$$\frac{M}{2} \qquad M\text{図}$$

$$M(x_2)=\frac{Mx_2}{2l}$$
$$0\leq x_2<l$$

$$\frac{d^2v}{dx_1^2}\Big|_{AC}=\frac{Mx_1}{2EIl} \qquad \frac{d^2v}{dx_2^2}\Big|_{BC}=-\frac{Mx_2}{4EIl}$$

$$\theta(x_1)\Big|_{AC}=\frac{dv}{dx_1}\Big|_{AC}=\frac{Mx_1^2}{4EIl}+C_1 \qquad \theta(x_2)\Big|_{BC}=\frac{dv}{dx_2}\Big|_{BC}=-\frac{Mx_2^2}{8EIl}+C_3$$

$$v(x_1)\Big|_{AC}=\frac{Mx_1^3}{12EIl}+C_1x_1+C_2 \qquad v(x_2)\Big|_{BC}=-\frac{Mx_2^3}{24EIl}+C_3x_2+C_4$$

$$v(0)\Big|_{AC}=0 \quad C_2=0 \qquad v(0)\Big|_{BC}=0 \quad C_4=0$$

$$\theta(l)\Big|_{AC}=-\theta(l)\Big|_{BC} \quad C_1+C_3=-\frac{Ml}{8EI} \qquad C_1=-\frac{Ml}{8EI}$$

$$v(l)\Big|_{AC}=v(l)\Big|_{BC} \quad C_1-C_3=-\frac{Ml}{8EI} \qquad C_3=0$$

$$\theta(x_1)\Big|_{AC}=\frac{M}{8EI}\left(\frac{2x_1^2}{l}-l\right) \qquad \theta(x_2)\Big|_{BC}=-\frac{Mx_2^2}{8EIl}$$

$$v(x_1)\Big|_{AC}=\frac{M}{12EI}\left(\frac{x_1^3}{l}-\frac{3x_1}{2}\right) \quad v(x_2)\Big|_{BC}=-\frac{Mx_2^3}{24EIl}$$

$$\theta(x_1)\Big|_{AC}=0\rightarrow x_1=\frac{\sqrt{2}}{2}l \qquad v\left(\frac{\sqrt{2}}{2}l\right)\Big|_{AC}=-\frac{\sqrt{2}Ml^2}{24EI}\uparrow$$

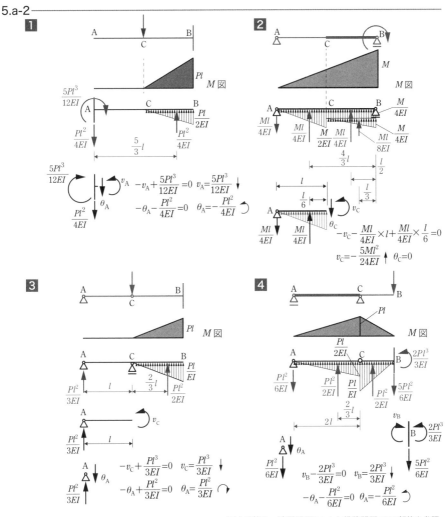

反力計算は、演習問題 5.b-1 と挑戦問題 5.3の解答を参照。

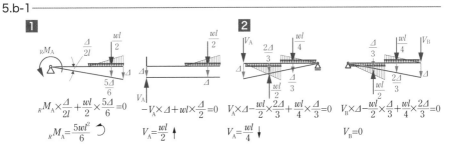

3

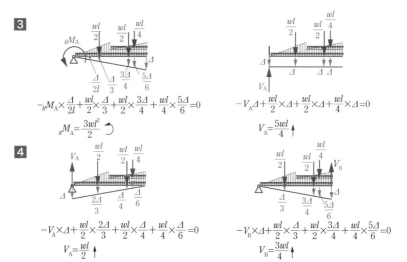

$$-_RM_A\times\frac{\Delta}{2l}+\frac{wl}{2}\times\frac{\Delta}{3}+\frac{wl}{2}\times\frac{3\Delta}{4}+\frac{wl}{4}\times\frac{5\Delta}{6}=0$$

$$_RM_A=\frac{3wl^2}{2}$$

$$-V_A\Delta+\frac{wl}{2}\times\Delta+\frac{wl}{2}\times\Delta+\frac{wl}{4}\times\Delta=0$$

$$V_A=\frac{5wl}{4}$$

4

$$-V_A\times\Delta+\frac{wl}{2}\times\frac{2\Delta}{3}+\frac{wl}{2}\times\frac{\Delta}{4}+\frac{wl}{4}\times\frac{\Delta}{6}=0$$

$$V_A=\frac{wl}{2}$$

$$-V_B\times\Delta+\frac{wl}{2}\times\frac{\Delta}{3}+\frac{wl}{2}\times\frac{3\Delta}{4}+\frac{wl}{4}\times\frac{5\Delta}{6}=0$$

$$V_B=\frac{3wl}{4}$$

5.b-2

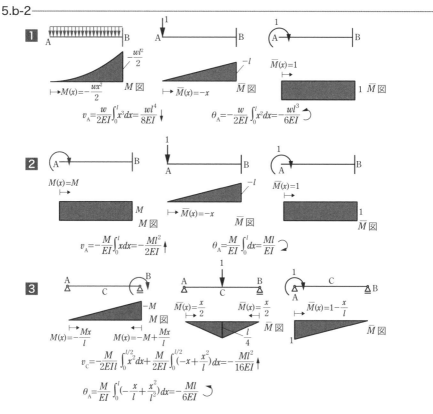

1

$$\longmapsto M(x)=-\frac{wx^2}{2}\quad M\,\boxtimes$$

$$\longmapsto \overline{M}(x)=-x\quad \overline{M}\,\boxtimes$$

$$\overline{M}(x)=1\quad 1\ \overline{M}\,\boxtimes$$

$$v_A=\frac{w}{2EI}\int_0^l x^3dx=\frac{wl^4}{8EI}$$

$$\theta_A=-\frac{w}{2EI}\int_0^l x^2dx=-\frac{wl^3}{6EI}$$

2

$$M(x)=M\quad M\,\boxtimes$$

$$\longmapsto \overline{M}(x)=-x\quad \overline{M}\,\boxtimes$$

$$\overline{M}(x)=1\quad 1\ \overline{M}\,\boxtimes$$

$$v_A=-\frac{M}{EI}\int_0^l xdx=-\frac{Ml^2}{2EI}$$

$$\theta_A=\frac{M}{EI}\int_0^l dx=\frac{Ml}{EI}$$

3

$$M(x)=-\frac{Mx}{l}\qquad M(x)=-M+\frac{Mx}{l}\qquad -M\quad M\,\boxtimes$$

$$\overline{M}(x)=\frac{x}{2}\qquad \overline{M}(x)=\frac{x}{2}\qquad \overline{M}\,\boxtimes$$

$$\overline{M}(x)=1-\frac{x}{l}\quad \overline{M}\,\boxtimes$$

$$v_C=-\frac{M}{2EIl}\int_0^{l/2}x^2dx+\frac{M}{2EI}\int_0^{l/2}(-x+\frac{x^2}{l})dx=-\frac{Ml^2}{16EI}$$

$$\theta_A=\frac{M}{EI}\int_0^l(-\frac{x}{l}+\frac{x^2}{l^2})dx=-\frac{Ml}{6EI}$$

4

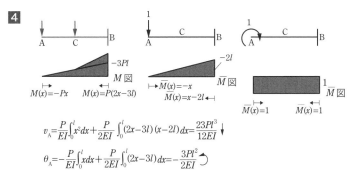

$$v_A = \frac{P}{EI}\int_0^l x^2 dx + \frac{P}{2EI}\int_0^l (2x-3l)(x-2l)\,dx = \frac{23Pl^3}{12EI} \downarrow$$

$$\theta_A = -\frac{P}{EI}\int_0^l x\,dx + \frac{P}{2EI}\int_0^l (2x-3l)\,dx = -\frac{3Pl^2}{2EI} \curvearrowright$$

5.b-3

1

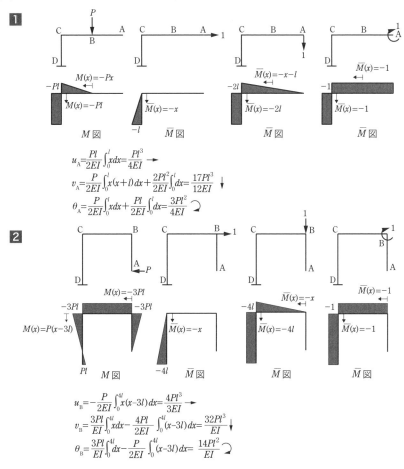

$$u_A = \frac{Pl}{2EI}\int_0^l x\,dx = \frac{Pl^3}{4EI} \rightarrow$$

$$v_A = \frac{P}{2EI}\int_0^l x(x+l)\,dx + \frac{2Pl^2}{2EI}\int_0^l dx = \frac{17Pl^3}{12EI} \downarrow$$

$$\theta_A = \frac{P}{2EI}\int_0^l x\,dx + \frac{Pl}{2EI}\int_0^l dx = \frac{3Pl^2}{4EI} \curvearrowright$$

2

$$u_B = -\frac{P}{2EI}\int_0^{4l} x(x-3l)\,dx = \frac{4Pl^3}{3EI} \rightarrow$$

$$v_B = \frac{3Pl}{EI}\int_0^{4l} x\,dx - \frac{4Pl}{2EI}\int_0^{4l}(x-3l)\,dx = \frac{32Pl^3}{EI} \downarrow$$

$$\theta_B = \frac{3Pl}{EI}\int_0^{4l} dx - \frac{P}{2EI}\int_0^{4l}(x-3l)\,dx = \frac{14Pl^2}{EI} \curvearrowright$$

5章

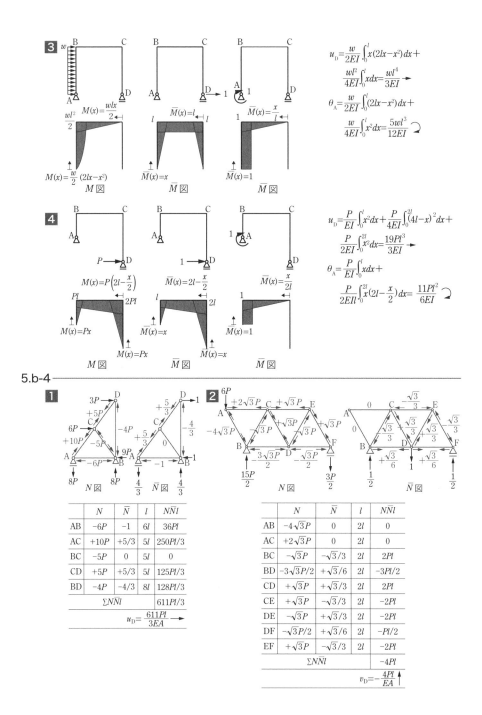

3

$M(x)=\dfrac{wlx}{2}$

$M(x)=\dfrac{w}{2}(2lx-x^2)$

M 図

$\overline{M}(x)=l$

$\overline{M}(x)=x$

$\overline{M}$ 図

$\overline{M}(x)=\dfrac{x}{l}$

$\overline{M}(x)=1$

$\overline{M}$ 図

$$u_{\mathrm{D}}=\frac{w}{2EI}\int_0^l x(2lx-x^2)\,dx+$$
$$\frac{wl^2}{4EI}\int_0^l x\,dx=\frac{wl^4}{3EI}\longrightarrow$$
$$\theta_{\mathrm{A}}=\frac{w}{2EI}\int_0^l(2lx-x^2)\,dx+$$
$$\frac{w}{4EI}\int_0^l x^2\,dx=\frac{5wl^3}{12EI}\ \curvearrowright$$

4

$M(x)=P\left(2l-\dfrac{x}{2}\right)$

$M(x)=Px$

M 図

$\overline{M}(x)=2l-\dfrac{x}{2}$

$\overline{M}(x)=x$

$\overline{M}$ 図

$\overline{M}(x)=\dfrac{x}{2l}$

$\overline{M}(x)=1$

$\overline{M}$ 図

$$u_{\mathrm{D}}=\frac{P}{EI}\int_0^l x^2\,dx+\frac{P}{4EI}\int_0^{2l}(4l-x)^2\,dx+$$
$$\frac{P}{2EI}\int_0^{2l}x^2\,dx=\frac{19Pl^3}{3EI}\longrightarrow$$
$$\theta_{\mathrm{A}}=\frac{P}{EI}\int_0^l x\,dx+$$
$$\frac{P}{2EIl}\int_0^{2l}x\left(2l-\frac{x}{2}\right)dx=\frac{11Pl^2}{6EI}\ \curvearrowright$$

5.b-4

1

N 図

$\overline{N}$ 図

	N	$\overline{N}$	l	$N\overline{N}l$
AB	$-6P$	-1	$6l$	$36Pl$
AC	$+10P$	$+5/3$	$5l$	$250Pl/3$
BC	$-5P$	0	$5l$	0
CD	$+5P$	$+5/3$	$5l$	$125Pl/3$
BD	$-4P$	$-4/3$	$8l$	$128Pl/3$
	$\Sigma N\overline{N}l$			$611Pl/3$

$$u_{\mathrm{D}}=\frac{611Pl}{3EA}\longrightarrow$$

2

N 図

$\overline{N}$ 図

	N	$\overline{N}$	l	$N\overline{N}l$
AB	$-4\sqrt{3}P$	0	$2l$	0
AC	$+2\sqrt{3}P$	0	$2l$	0
BC	$-\sqrt{3}P$	$-\sqrt{3}/3$	$2l$	$2Pl$
BD	$-3\sqrt{3}P/2$	$+\sqrt{3}/6$	$2l$	$-3Pl/2$
CD	$+\sqrt{3}P$	$+\sqrt{3}/3$	$2l$	$2Pl$
CE	$+\sqrt{3}P$	$-\sqrt{3}/3$	$2l$	$-2Pl$
DE	$-\sqrt{3}P$	$+\sqrt{3}/3$	$2l$	$-2Pl$
DF	$-\sqrt{3}P/2$	$+\sqrt{3}/6$	$2l$	$-Pl/2$
EF	$+\sqrt{3}P$	$-\sqrt{3}/3$	$2l$	$-2Pl$
	$\Sigma N\overline{N}l$			$-4Pl$

$$v_{\mathrm{D}}=-\frac{4Pl}{EA}\uparrow$$

3

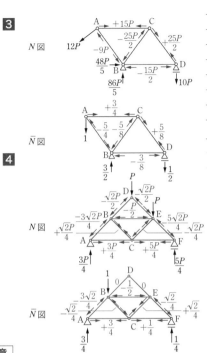

N 図

$\bar{N}$ 図

	N	$\bar{N}$	l	$N\bar{N}l$	$N\bar{N}l/EA$
AB	$-9P$	$-5/4$	$5l$	$225Pl/4$	$75/4(\times Pl/EA)$
AC	$+15P$	$+3/4$	$6l$	$270Pl/4$	$90/4$
BC	$-25P/2$	$-5/8$	$5l$	$625Pl/16$	$625/16$
BD	$-15P/2$	$-3/8$	$6l$	$270Pl/16$	$90/16$
CD	$+25P/2$	$+5/8$	$5l$	$625Pl/16$	$625/16$
$\Sigma N\bar{N}l/EA$					125
				$v_A=\dfrac{125Pl}{EA}\downarrow$	

4

N 図

$\bar{N}$ 図

	N	$\bar{N}$	l	$N\bar{N}l$	$N\bar{N}l/EA$
AB	$-3\sqrt{2}P/4$	$-3\sqrt{2}/4$	$\sqrt{2}l$	$9\sqrt{2}Pl/8$	$9\sqrt{2}/8(\times Pl/EA)$
AC	$+3P/4$	$+3/4$	$2l$	$9Pl/8$	$3/8$
BC	$+\sqrt{2}P/4$	$-\sqrt{2}/4$	$\sqrt{2}l$	$-\sqrt{2}Pl/8$	$-\sqrt{2}/8$
BD	$-\sqrt{2}P/2$	0	$\sqrt{2}l$	0	0
BE	$-P/2$	$-1/2$	$2l$	$Pl/2$	$1/2$
CE	$-\sqrt{2}P/4$	$+\sqrt{2}/4$	$\sqrt{2}l$	$-\sqrt{2}Pl/8$	$-\sqrt{2}/8$
CF	$+5P/4$	$+1/4$	$2l$	$5Pl/8$	$5/8$
DE	$-\sqrt{2}P/2$	0	$\sqrt{2}l$	0	0
DF	$-5\sqrt{2}P/4$	$-\sqrt{2}/4$	$\sqrt{2}l$	$5\sqrt{2}Pl/8$	$5\sqrt{2}/8$
$\Sigma N\bar{N}l/EA$					$3(1+\sqrt{2})2$
				$v_B=\dfrac{3(1+\sqrt{2})Pl}{2EA}\downarrow$	

6 章

6.a-1

1

$$v_{0a}=\frac{P}{2EI}\int_0^l x(x+l)\,dx+\frac{2Pl^2}{2EI}\int_0^l dx=\frac{17Pl^3}{12EI}$$

$$v_{1a}=\frac{1}{EI}\int_0^l x^2\,dx+\frac{1}{2EI}\int_0^l(x+l)^2\,dx+\frac{4l^2}{2EI}\int_0^l dx=\frac{7l^3}{2EI}$$

$$\frac{17Pl^3}{12EI}+\frac{7l^3}{2EI}X=0 \qquad X=-\frac{17}{42}P$$

M 図

2

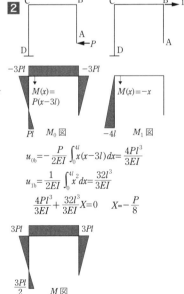

$$u_{0b}=-\frac{P}{2EI}\int_0^{4l} x(x-3l)\,dx=\frac{4Pl^3}{3EI}$$

$$u_{1b}=\frac{1}{2EI}\int_0^{4l} x^2\,dx=\frac{32l^3}{3EI}$$

$$\frac{4Pl^3}{3EI}+\frac{32l^3}{3EI}X=0 \qquad X=-\frac{P}{8}$$

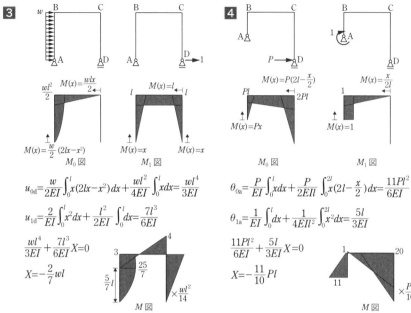

3

$M(x)=\dfrac{wlx}{2}$

$M(x)=\dfrac{w}{2}(2lx-x^2)$

M_0 図　　M_1 図

$M(x)=l$

$M(x)=x$　$M(x)=x$

$u_{0d}=\dfrac{w}{2EI}\int_0^l x(2lx-x^2)\,dx+\dfrac{wl^2}{4EI}\int_0^l x\,dx=\dfrac{wl^4}{3EI}$

$u_{1d}=\dfrac{2}{EI}\int_0^l x^2\,dx+\dfrac{l^2}{2EI}\int_0^l dx=\dfrac{7l^3}{6EI}$

$\dfrac{wl^4}{3EI}+\dfrac{7l^3}{6EI}X=0$

$X=-\dfrac{2}{7}wl$

M 図

4

$M(x)=P(2l-\dfrac{x}{2})$

$M(x)=Px$

$M(x)=\dfrac{x}{2l}$

$M(x)=1$

M_0 図　　M_1 図

$\theta_{0a}=\dfrac{P}{EI}\int_0^l x\,dx+\dfrac{P}{2EIl}\int_0^{2l} x(2l-\dfrac{x}{2})\,dx=\dfrac{11Pl^2}{6EI}$

$\theta_{1a}=\dfrac{1}{EI}\int_0^l dx+\dfrac{1}{4EIl^2}\int_0^{2l} x^2\,dx=\dfrac{5l}{3EI}$

$\dfrac{11Pl^2}{6EI}+\dfrac{5l}{3EI}X=0$

$X=-\dfrac{11}{10}Pl$

M 図

6.a-2

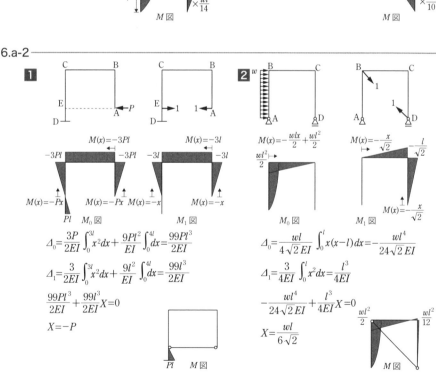

1

$M(x)=-3Pl$

$M(x)=-Px$

M_0 図

$M(x)=-3l$

$M(x)=-x$

M_1 図

$\Delta_0=\dfrac{3P}{2EI}\int_0^{3l} x^2\,dx+\dfrac{9Pl^2}{EI}\int_0^{4l} dx=\dfrac{99Pl^3}{2EI}$

$\Delta_1=\dfrac{3}{2EI}\int_0^{3l} x^2\,dx+\dfrac{9l^2}{EI}\int_0^{4l} dx=\dfrac{99l^3}{2EI}$

$\dfrac{99Pl^3}{2EI}+\dfrac{99l^3}{2EI}X=0$

$X=-P$

Pl　M 図

2

$M(x)=-\dfrac{wlx}{2}+\dfrac{wl^2}{2}$

M_0 図

$M(x)=-\dfrac{x}{\sqrt{2}}$

$M(x)=-\dfrac{x}{\sqrt{2}}$

M_1 図

$\Delta_0=\dfrac{wl}{4\sqrt{2}\,EI}\int_0^l x(x-l)\,dx=-\dfrac{wl^4}{24\sqrt{2}\,EI}$

$\Delta_1=\dfrac{3}{4EI}\int_0^l x^2\,dx=\dfrac{l^3}{4EI}$

$-\dfrac{wl^4}{24\sqrt{2}\,EI}+\dfrac{l^3}{4EI}X=0$

$X=\dfrac{wl}{6\sqrt{2}}$

$\dfrac{wl^2}{2}$　　$\dfrac{wl^2}{12}$

M 図

3

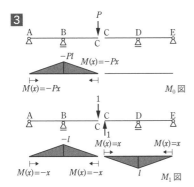

$M(x) = -Px$

$M_0 \boxtimes$

$M(x) = x$

$M_1 \boxtimes$

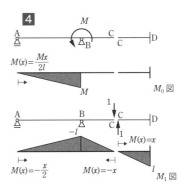

$M(x) = \dfrac{Mx}{2l}$

$M_0 \boxtimes$

$M(x) = x$

$M_1 \boxtimes$

$$v_{0c} = \frac{2P}{EI}\int_0^l x^2 dx = \frac{2Pl^3}{3EI}$$

$$v_{1c} = \frac{7}{2EI}\int_0^l x^2 dx = \frac{7l^3}{6EI}$$

$$\frac{2Pl^3}{3EI} + \frac{7l^3}{6EI}X = 0 \quad X = -\frac{4}{7}P$$

$$v_{0c} = -\frac{M}{4EIl}\int_0^{2l} x^2 dx = -\frac{2Ml^2}{3EI}$$

$$v_{1c} = \frac{1}{4EI}\int_0^{2l} x^2 dx + \frac{3}{2EI}\int_0^l x^2 dx = \frac{7l^3}{6EI}$$

$$-\frac{2Ml^2}{3EI} + \frac{7l^3}{6EI}X = 0 \quad X = \frac{4M}{7l}$$

$M \boxtimes \quad \times \dfrac{Pl}{7}$

$M \boxtimes \quad \times \dfrac{M}{7}$

6.b-1

1

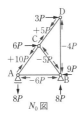 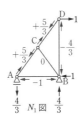 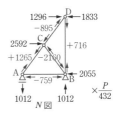

$N_0 \boxtimes$ $N_1 \boxtimes$ $N \boxtimes \quad \times \dfrac{P}{432}$

	N_0	N_1	l	$N_0 N_1 l$
AB	$-6P$	-1	$6l$	$36Pl$
AC	$+10P$	$+5/3$	$5l$	$250Pl/3$
BC	$-5P$	0	$5l$	0
CD	$+5P$	$+5/3$	$5l$	$125Pl/3$
BD	$-4P$	$-4/3$	$8l$	$128Pl/3$
$\Sigma N_0 N_1 l$				$611Pl/3$
$\Delta_0 = -\dfrac{611Pl}{3EA}$				

	N_1	N_1	l	$N_1 N_1 l$
AB	-1	-1	$6l$	$6l$
AC	$+5/3$	$+5/3$	$5l$	$125l/9$
BC	0	0	$5l$	0
CD	$+5/3$	$+5/3$	$5l$	$125l/9$
BD	$-4/3$	$-4/3$	$8l$	$128l/9$
$\Sigma N_1 N_1 l$				$48l$
$\Delta_1 = \dfrac{48l}{EA}$				

$$\frac{611Pl}{3EA} + \frac{48l}{EA}X = 0 \quad X = -\frac{611}{144}P$$

2

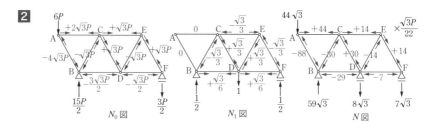

N_0 図 N_1 図 N 図

	N_0	N_1	l	$N_0 N_1 l$		N_1	N_1	l	$N_1 N_1 l$
AB	$-4\sqrt{3}P$	0	$2l$	0	AB	0	0	$2l$	0
AC	$+2\sqrt{3}P$	0	$2l$	0	AC	0	0	$2l$	0
BC	$-\sqrt{3}P$	$-\sqrt{3}/3$	$2l$	$2Pl$	BC	$-\sqrt{3}/3$	$-\sqrt{3}/3$	$2l$	$2l/3$
BD	$-3\sqrt{3}P/2$	$+\sqrt{3}/6$	$2l$	$-3Pl/2$	BD	$+\sqrt{3}/6$	$+\sqrt{3}/6$	$2l$	$l/6$
CD	$+\sqrt{3}P$	$+\sqrt{3}/3$	$2l$	$2Pl$	CD	$+\sqrt{3}/3$	$+\sqrt{3}/3$	$2l$	$2l/3$
CE	$+\sqrt{3}P$	$-\sqrt{3}/3$	$2l$	$-2Pl$	CE	$-\sqrt{3}/3$	$-\sqrt{3}/3$	$2l$	$2l/3$
DE	$-\sqrt{3}P$	$+\sqrt{3}/3$	$2l$	$-2Pl$	DE	$+\sqrt{3}/3$	$+\sqrt{3}/3$	$2l$	$2l/3$
DF	$-\sqrt{3}P/2$	$+\sqrt{3}/6$	$2l$	$-Pl/2$	DF	$+\sqrt{3}/6$	$+\sqrt{3}/6$	$2l$	$l/6$
EF	$+\sqrt{3}P$	$-\sqrt{3}/3$	$2l$	$-2Pl$	EF	$-\sqrt{3}/3$	$-\sqrt{3}/3$	$2l$	$2l/3$
	$\Sigma N_0 N_1 l$			$-4Pl$		$\Sigma N_1 N_1 l$			$11l/3$

$$\Delta_0 = -\frac{4Pl}{EA} \qquad \Delta_1 = \frac{11l}{3EA}$$

$$-\frac{4Pl}{EA} + \frac{11l}{3EA}X = 0 \qquad X = \frac{12}{11}P$$

3

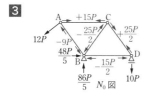 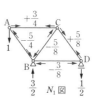 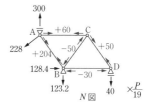

N_0 図 N_1 図 N 図

	N_0	N_1	l	$N_0 N_1 l$	$N_0 N_1 l/EA$		N_1	N_1	l	$N_1 N_1 l$	$N_1 N_1 l/EA$
AB	$-9P$	$-5/4$	$5l$	$225Pl/4$	$75/4(\times Pl/EA)$	AB	$-5/4$	$-5/4$	$5l$	$125l/16$	$125/48(\times l/EA)$
AC	$+15P$	$+3/4$	$6l$	$270Pl/4$	$90/4$	AC	$+3/4$	$+3/4$	$6l$	$27l/8$	$9/8$
BC	$-25P/2$	$-5/8$	$5l$	$625Pl/16$	$625/16$	BC	$-5/8$	$-5/8$	$5l$	$125l/64$	$125/64$
BD	$-15P/2$	$-3/8$	$6l$	$270Pl/16$	$90/16$	BD	$-3/8$	$-3/8$	$6l$	$27l/32$	$9/32$
CD	$+25P/2$	$+5/8$	$5l$	$625Pl/16$	$625/16$	CD	$+5/8$	$+5/8$	$5l$	$125l/64$	$125/64$
	$\Sigma N_0 N_1 l/EA$				125		$\Sigma N_1 N_1 l/EA$				$95/12$

$$\Delta_0 = -\frac{125Pl}{EA} \qquad \Delta_1 = \frac{95l}{12EA}$$

$$\frac{125Pl}{EA} + \frac{95l}{12EA}X = 0 \qquad X = -\frac{300}{19}P$$

228

4

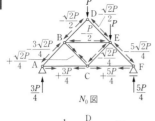

N_0 図

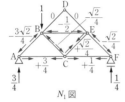

N_1 図

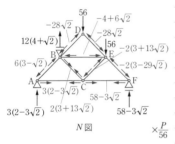

N 図 $\quad \times \dfrac{P}{56}$

	N_0	N_1	l	$N_0 N_1 l$	$N_0 N_1 l/EA$
AB	$-3\sqrt{2}P/4$	$-3\sqrt{2}/4$	$\sqrt{2}l$	$9\sqrt{2}Pl/8$	$9\sqrt{2}/8(\times Pl/EA)$
AC	$+3P/4$	$+3/4$	$2l$	$9Pl/8$	$3/8$
BC	$+\sqrt{2}P/4$	$-\sqrt{2}/4$	$\sqrt{2}l$	$-\sqrt{2}Pl/8$	$-\sqrt{2}/8$
BD	$-\sqrt{2}P/2$	0	$\sqrt{2}l$	0	0
BE	$-P/2$	$-1/2$	$2l$	$Pl/2$	$1/2$
CE	$-\sqrt{2}P/4$	$+\sqrt{2}/4$	$\sqrt{2}l$	$-\sqrt{2}Pl/8$	$-\sqrt{2}/8$
CF	$+5P/4$	$+1/4$	$2l$	$5Pl/8$	$5/8$
DE	$-\sqrt{2}P/2$	0	$\sqrt{2}l$	0	0
DF	$-5\sqrt{2}P/4$	$-\sqrt{2}/4$	$\sqrt{2}l$	$5\sqrt{2}Pl/8$	$5\sqrt{2}/8$
	$\Sigma N_0 N_1 l/EA$				$3(1+\sqrt{2})/2$

$$\Delta_0 = \frac{3(1+\sqrt{2})Pl}{2EA}$$

	N_1	N_1	l	$N_1 N_1 l$	$N_1 N_1 l/EA$
AB	$-3\sqrt{2}/4$	$-3\sqrt{2}/4$	$\sqrt{2}l$	$9\sqrt{2}l/8$	$9\sqrt{2}/8(\times l/EA)$
AC	$+3/4$	$+3/4$	$2l$	$9l/8$	$3/8$
BC	$+\sqrt{2}/4$	$-\sqrt{2}/4$	$\sqrt{2}l$	$\sqrt{2}l/8$	$\sqrt{2}/8$
BD	0	0	$\sqrt{2}l$	0	0
BE	$-1/2$	$-1/2$	$2l$	$l/2$	$1/2$
CE	$+\sqrt{2}/4$	$+\sqrt{2}/4$	$\sqrt{2}l$	$\sqrt{2}l/8$	$\sqrt{2}/8$
CF	$+1/4$	$+1/4$	$2l$	$l/8$	$1/8$
DE	0	0	$\sqrt{2}l$	0	0
DF	$-\sqrt{2}/4$	$-\sqrt{2}/4$	$\sqrt{2}l$	$\sqrt{2}l/8$	$\sqrt{2}/8$
	$\Sigma N_1 N_1 l/EA$				$(2+3\sqrt{2})/2$

$$\Delta_1 = \frac{(2+3\sqrt{2})l}{2EA}$$

$$\frac{3(1+\sqrt{2})Pl}{2EA} + \frac{(2+3\sqrt{2})l}{2EA}X = 0 \quad X = -\frac{3(4+\sqrt{2})}{14}P$$

6.b-2

1

N_0 図

N_1 図

N 図 $\quad 404.8 \quad \times \dfrac{5P}{2024}$

	N_0	N_1	l	$N_0 N_1 l$		N_1	N_1	l	$N_1 N_1 l$
OA	$+5P/8$	$+5/8$	$5l$	$125Pl/64$	OA	$+5/8$	$+5/8$	$5l$	$125l/64$
OC	$+5P/8$	$+5/8$	$5l$	$125Pl/64$	OC	$+5/8$	$+5/8$	$5l$	$125l/64$
	$\Sigma N_0 N_1 l$			$250Pl/64$		$\Sigma N_1 N_1 l$			$250l/64$

$$\Delta_0 = \frac{250Pl}{64EA} \qquad \Delta_1 = \frac{250l}{64EA}$$

$$\frac{250Pl}{64EA} + \left(\frac{250l}{64EA} + \frac{4l}{EA} \right)X = 0 \quad X = -\frac{125}{253}P$$

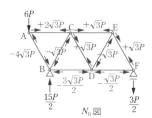

N_0図 N_1図 N図

	N_0	N_1	l	$N_0 N_1 l$
AB	$-4\sqrt{3}P$	$-\sqrt{3}/3$	$2l$	$8Pl$
AC	$+2\sqrt{3}P$	$-\sqrt{3}/3$	$2l$	$-4Pl$
BC	$-\sqrt{3}P$	$+\sqrt{3}/3$	$2l$	$-2Pl$
BD	$-3\sqrt{3}P/2$	$-\sqrt{3}/3$	$2l$	$3Pl$
CD	$+\sqrt{3}P$	$-\sqrt{3}/3$	$2l$	$-2Pl$
CE	$+\sqrt{3}P$	0	$2l$	0
DE	$-\sqrt{3}P$	0	$2l$	0
DF	$-\sqrt{3}P/2$	0	$2l$	0
EF	$+\sqrt{3}P$	0	$2l$	0
$\Sigma N_0 N_1 l$				$3Pl$
				$\Delta_0 = \dfrac{3Pl}{EA}$

	N_1	N_1	l	$N_1 N_1 l$
AB	$-\sqrt{3}/3$	$-\sqrt{3}/3$	$2l$	$2l/3$
AC	$-\sqrt{3}/3$	$-\sqrt{3}/3$	$2l$	$2l/3$
BC	$+\sqrt{3}/3$	$+\sqrt{3}/3$	$2l$	$2l/3$
BD	$-\sqrt{3}/3$	$-\sqrt{3}/3$	$2l$	$2l/3$
CD	$-\sqrt{3}/3$	$-\sqrt{3}/3$	$2l$	$2l/3$
CE	0	0	$2l$	0
DE	0	0	$2l$	0
DF	0	0	$2l$	0
EF	0	0	$2l$	0
$\Sigma N_1 N_1 l$				$10l/3$
				$\Delta_1 = \dfrac{10l}{3EA}$

$$\frac{3Pl}{EA} + \left(\frac{10l}{3EA} + \frac{2\sqrt{3}l}{\sqrt{3}EA} \right)X = 0 \quad X = -\frac{9}{16}P$$

7章

7.a-1

1

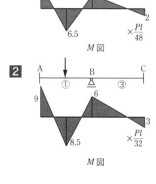

M図

$$\begin{Bmatrix} M_{AB} \\ M_{BA} \end{Bmatrix} = 2EK_0 \begin{bmatrix} 2 & 1 \\ 1 & 2 \end{bmatrix} \begin{Bmatrix} 0 \\ \theta_B \end{Bmatrix} + \begin{Bmatrix} -1 \\ 1 \end{Bmatrix} \frac{Pl}{8}$$

$$\begin{Bmatrix} M_{BC} \\ M_{CB} \end{Bmatrix} = 4EK_0 \begin{bmatrix} 2 & 1 \\ 1 & 2 \end{bmatrix} \begin{Bmatrix} \theta_B \\ 0 \end{Bmatrix}$$

$$M_{BA} + M_{BC} = 0$$

$$4EK_0\theta_B + \frac{Pl}{8} + 8EK_0\theta_B = 0$$

$$\theta_B = -\frac{Pl}{96EK_0}$$

2

M図

$$\begin{Bmatrix} M_{AB} \\ M_{BA} \end{Bmatrix} = 2EK_0 \begin{bmatrix} 2 & 1 \\ 1 & 2 \end{bmatrix} \begin{Bmatrix} 0 \\ \theta_B \end{Bmatrix} + \begin{Bmatrix} -1 \\ 1 \end{Bmatrix} \frac{Pl}{4}$$

$$\begin{Bmatrix} M_{BC} \\ M_{CB} \end{Bmatrix} = 6EK_0 \begin{bmatrix} 2 & 1 \\ 1 & 2 \end{bmatrix} \begin{Bmatrix} \theta_B \\ 0 \end{Bmatrix}$$

$$M_{BA} + M_{BC} = 0$$

$$4EK_0\theta_B + \frac{Pl}{4} + 12EK_0\theta_B = 0$$

$$\theta_B = -\frac{Pl}{64EK_0}$$

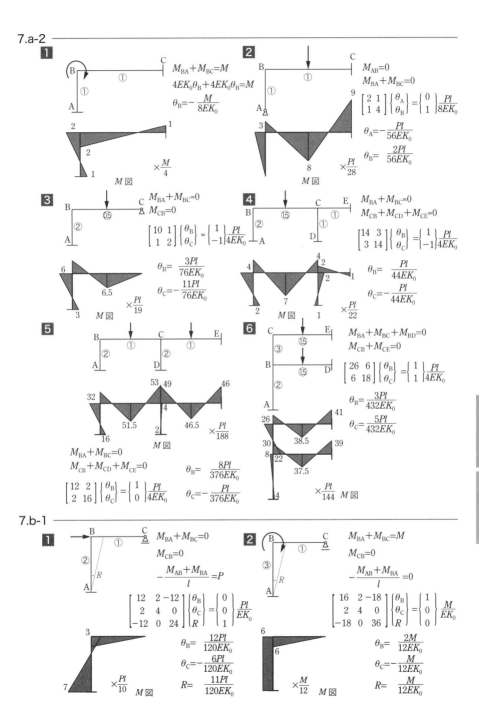

1

$M_{BA}+M_{BC}=M$

$4EK_0\theta_B+4EK_0\theta_B=M$

$\theta_B=-\dfrac{M}{8EK_0}$

$\times\dfrac{M}{4}$　M 図

2

$M_{AB}=0$

$M_{BA}+M_{BC}=0$

$\begin{bmatrix} 2 & 1 \\ 1 & 4 \end{bmatrix}\begin{Bmatrix} \theta_A \\ \theta_B \end{Bmatrix}=\begin{Bmatrix} 0 \\ 1 \end{Bmatrix}\dfrac{Pl}{8EK_0}$

$\theta_A=-\dfrac{Pl}{56EK_0}$

$\theta_B=\dfrac{2Pl}{56EK_0}$

$\times\dfrac{Pl}{28}$　M 図

3

$M_{BA}+M_{BC}=0$

$M_{CB}=0$

$\begin{bmatrix} 10 & 1 \\ 1 & 2 \end{bmatrix}\begin{Bmatrix} \theta_B \\ \theta_C \end{Bmatrix}=\begin{Bmatrix} 1 \\ -1 \end{Bmatrix}\dfrac{Pl}{4EK_0}$

$\theta_B=\dfrac{3Pl}{76EK_0}$

$\theta_C=-\dfrac{11Pl}{76EK_0}$

$\times\dfrac{Pl}{19}$　M 図

4

$M_{BA}+M_{BC}=0$

$M_{CB}+M_{CD}+M_{CE}=0$

$\begin{bmatrix} 14 & 3 \\ 3 & 14 \end{bmatrix}\begin{Bmatrix} \theta_B \\ \theta_C \end{Bmatrix}=\begin{Bmatrix} 1 \\ -1 \end{Bmatrix}\dfrac{Pl}{4EK_0}$

$\theta_B=\dfrac{Pl}{44EK_0}$

$\theta_C=-\dfrac{Pl}{44EK_0}$

$\times\dfrac{Pl}{22}$　M 図

5

$\times\dfrac{Pl}{188}$　M 図

$M_{BA}+M_{BC}=0$

$M_{CB}+M_{CD}+M_{CE}=0$

$\begin{bmatrix} 12 & 2 \\ 2 & 16 \end{bmatrix}\begin{Bmatrix} \theta_B \\ \theta_C \end{Bmatrix}=\begin{Bmatrix} 1 \\ 0 \end{Bmatrix}\dfrac{Pl}{4EK_0}$

$\theta_B=\dfrac{8Pl}{376EK_0}$

$\theta_C=-\dfrac{Pl}{376EK_0}$

6

$M_{BA}+M_{BC}+M_{BD}=0$

$M_{CB}+M_{CE}=0$

$\begin{bmatrix} 26 & 6 \\ 6 & 18 \end{bmatrix}\begin{Bmatrix} \theta_B \\ \theta_C \end{Bmatrix}=\begin{Bmatrix} 1 \\ 1 \end{Bmatrix}\dfrac{Pl}{4EK_0}$

$\theta_B=\dfrac{3Pl}{432EK_0}$

$\theta_C=\dfrac{5Pl}{432EK_0}$

$\times\dfrac{Pl}{144}$　M 図

7.b-1

1

$M_{BA}+M_{BC}=0$

$M_{CB}=0$

$-\dfrac{M_{AB}+M_{BA}}{l}=P$

$\begin{bmatrix} 12 & 2 & -12 \\ 2 & 4 & 0 \\ -12 & 0 & 24 \end{bmatrix}\begin{Bmatrix} \theta_B \\ \theta_C \\ R \end{Bmatrix}=\begin{Bmatrix} 0 \\ 0 \\ 1 \end{Bmatrix}\dfrac{Pl}{EK_0}$

$\theta_B=\dfrac{12Pl}{120EK_0}$

$\theta_C=-\dfrac{6Pl}{120EK_0}$

$R=\dfrac{11Pl}{120EK_0}$

$\times\dfrac{Pl}{10}$　M 図

2

$M_{BA}+M_{BC}=M$

$M_{CB}=0$

$-\dfrac{M_{AB}+M_{BA}}{l}=0$

$\begin{bmatrix} 16 & 2 & -18 \\ 2 & 4 & 0 \\ -18 & 0 & 36 \end{bmatrix}\begin{Bmatrix} \theta_B \\ \theta_C \\ R \end{Bmatrix}=\begin{Bmatrix} 1 \\ 0 \\ 0 \end{Bmatrix}\dfrac{M}{EK_0}$

$\theta_B=\dfrac{2M}{12EK_0}$

$\theta_C=-\dfrac{M}{12EK_0}$

$R=\dfrac{M}{12EK_0}$

$\times\dfrac{M}{12}$　M 図

3

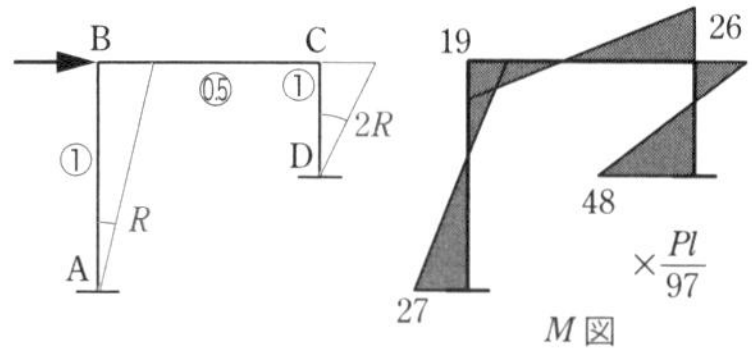

$$M_{BA}+M_{BC}=0$$

$$M_{CB}+M_{CD}=0$$

$$-\frac{M_{AB}+M_{BA}}{2l}-\frac{M_{CD}+M_{DC}}{l}=P$$

$$\begin{bmatrix} 6 & 1 & -6 \\ 1 & 6 & -12 \\ -6 & -12 & 60 \end{bmatrix}\begin{Bmatrix} \theta_B \\ \theta_C \\ R \end{Bmatrix}=\begin{Bmatrix} 0 \\ 0 \\ 2 \end{Bmatrix}\frac{Pl}{EK_0}$$

$$\theta_B=\frac{24Pl}{582EK_0}\qquad \theta_C=\frac{66Pl}{582EK_0}\qquad R=\frac{35Pl}{582EK_0}$$

4

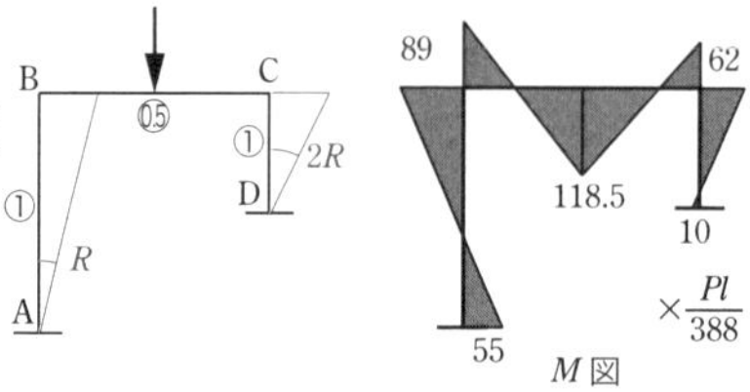

$$M_{BA}+M_{BC}=0$$

$$M_{CB}+M_{CD}=0$$

$$-\frac{M_{AB}+M_{BA}}{2l}-\frac{M_{CD}+M_{DC}}{l}=0$$

$$\begin{bmatrix} 6 & 1 & -6 \\ 1 & 6 & -12 \\ -6 & -12 & 60 \end{bmatrix}\begin{Bmatrix} \theta_B \\ \theta_C \\ R \end{Bmatrix}=\begin{Bmatrix} 1 \\ -1 \\ 0 \end{Bmatrix}\frac{Pl}{4EK_0}$$

$$\theta_B=\frac{34Pl}{776EK_0}\qquad \theta_C=-\frac{52Pl}{776EK_0}\qquad R=-\frac{7Pl}{776EK_0}$$

7.b-2

1

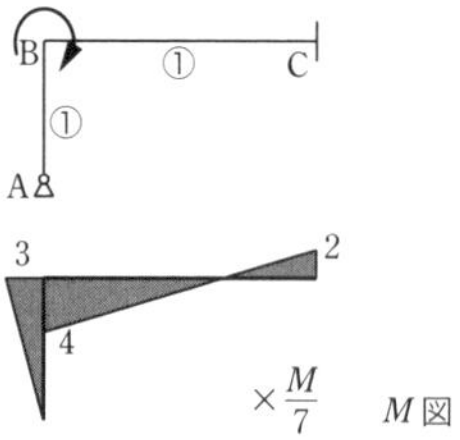

$$EK_0\begin{bmatrix} 4 & 2 & 0 \\ 2 & 8 & 2 \\ 0 & 2 & 4 \end{bmatrix}\begin{Bmatrix} \theta_A \\ \theta_B \\ 0 \end{Bmatrix}=\begin{Bmatrix} 0 \\ M \\ M_{CB} \end{Bmatrix}$$

$$\begin{bmatrix} 4 & 2 \\ 2 & 8 \end{bmatrix}\begin{Bmatrix} \theta_A \\ \theta_B \end{Bmatrix}=\begin{Bmatrix} 0 \\ 1 \end{Bmatrix}\frac{M}{EK_0}$$

$$\theta_A=-\frac{M}{14EK_0}\qquad \theta_B=\frac{2M}{14EK_0}$$

2

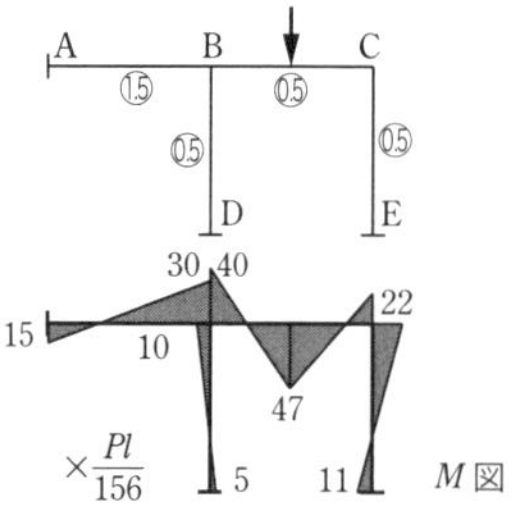

$$EK_0\begin{bmatrix} 6 & 3 & 0 & 0 & 0 \\ 3 & 10 & 1 & 1 & 0 \\ 0 & 1 & 4 & 0 & 1 \\ 0 & 1 & 0 & 2 & 0 \\ 0 & 0 & 1 & 0 & 2 \end{bmatrix}\begin{Bmatrix} 0 \\ \theta_B \\ \theta_C \\ 0 \\ 0 \end{Bmatrix}=\begin{Bmatrix} M_{AB} \\ Pl/4 \\ -Pl/4 \\ M_{DB} \\ M_{EC} \end{Bmatrix}$$

$$\begin{bmatrix} 10 & 1 \\ 1 & 4 \end{bmatrix}\begin{Bmatrix} \theta_B \\ \theta_C \end{Bmatrix}=\begin{Bmatrix} 1 \\ -1 \end{Bmatrix}\frac{Pl}{4EK_0}$$

$$\theta_B=\frac{5Pl}{156EK_0}\qquad \theta_C=-\frac{11Pl}{156EK_0}$$

3

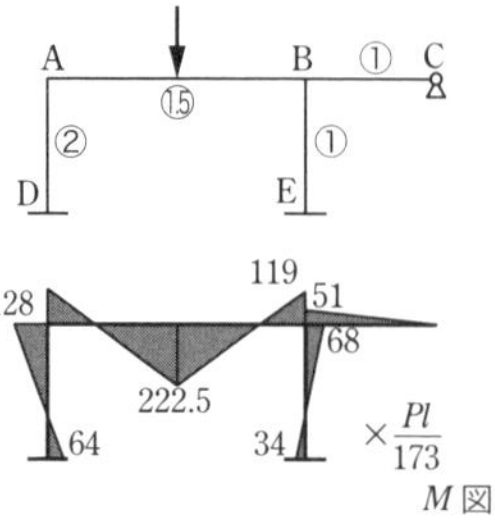

$$EK_0\begin{bmatrix} 14 & 3 & 0 & 4 & 0 \\ 3 & 14 & 2 & 0 & 2 \\ 0 & 2 & 4 & 0 & 0 \\ 4 & 0 & 0 & 8 & 0 \\ 0 & 2 & 0 & 0 & 4 \end{bmatrix}\begin{Bmatrix} \theta_A \\ \theta_B \\ \theta_C \\ 0 \\ 0 \end{Bmatrix}=\begin{Bmatrix} Pl \\ -Pl \\ 0 \\ M_{DA} \\ M_{EB} \end{Bmatrix}$$

$$\begin{bmatrix} 14 & 3 & 0 \\ 3 & 14 & 2 \\ 0 & 2 & 4 \end{bmatrix}\begin{Bmatrix} \theta_A \\ \theta_B \\ \theta_C \end{Bmatrix}=\begin{Bmatrix} 1 \\ -1 \\ 0 \end{Bmatrix}\frac{Pl}{EK_0}$$

$$\theta_A=\frac{32Pl}{346EK_0}\qquad \theta_B=-\frac{34Pl}{346EK_0}\qquad \theta_C=\frac{17Pl}{346EK_0}$$

4

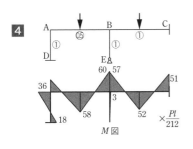

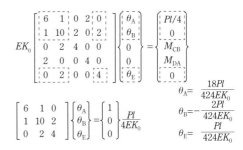

$$EK_0 \begin{bmatrix} 6 & 1 & 0 & 2 & 0 \\ 1 & 10 & 2 & 0 & 2 \\ 0 & 2 & 4 & 0 & 0 \\ 2 & 0 & 0 & 4 & 0 \\ 0 & 2 & 0 & 0 & 4 \end{bmatrix} \begin{Bmatrix} \theta_A \\ \theta_B \\ 0 \\ 0 \\ \theta_E \end{Bmatrix} = \begin{Bmatrix} Pl/4 \\ 0 \\ M_{CB} \\ M_{DA} \\ 0 \end{Bmatrix}$$

$$\begin{bmatrix} 6 & 1 & 0 \\ 1 & 10 & 2 \\ 0 & 2 & 4 \end{bmatrix} \begin{bmatrix} \theta_A \\ \theta_B \\ \theta_E \end{bmatrix} = \begin{bmatrix} 1 \\ 0 \\ 0 \end{bmatrix} \frac{Pl}{4EK_0}$$

$$\theta_A = \frac{18Pl}{424EK_0}$$

$$\theta_B = -\frac{2Pl}{424EK_0}$$

$$\theta_E = \frac{Pl}{424EK_0}$$

7.c-1

1

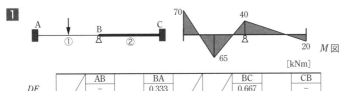

[kNm]

M 図

	AB	BA		BC	CB
DF	–	0.333		0.667	–
FEM	−60	60		0	−60	0
D_1	0	−20		−40	0
C_1	−10	0		0	0	−20
Σ	−70	40		−40	−20

2

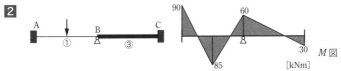

[kNm]

M 図

	AB	BA		BC	CB
DF	–	0.25		0.75	–
FEM	−80	80		0	−80	0
D_1	0	−20		−60	0
C_1	−10	0		0	0	−30
Σ	−90	60		−60	−30

7.c-2

1

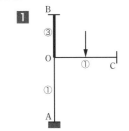

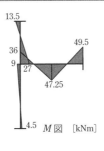

M 図　[kNm]

	BO			
D_1	13.5			
C_1	13.5			
Σ	13.5			

	OA	OB	OC		CO
DF	0.2	0.6	0.2		-
FEM	0	0	−45	45	45
D_1	9	27	9		0
C_1	0	0	0	0	4.5
Σ	9	27	−36		49.5

	AO
C_1	4.5
Σ	4.5

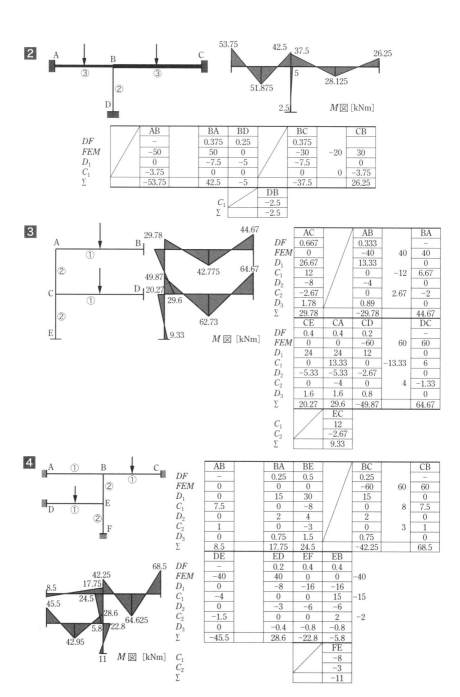

234

1

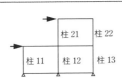

柱21： $\bar{k}=\dfrac{2+3+3}{2\times2}=2.0$

$a=\dfrac{2.0}{2+2.0}=0.5$

$D_{21}=0.5\times2=1.0$

柱22： $\bar{k}=\dfrac{3+3}{2\times3}=1.0$

$a=\dfrac{1.0}{2+1.0}=0.333$

$D_{22}=0.333\times3=1.0$

$\Sigma D_2=1.0+1.0=2.0$

柱11： $\bar{k}=\dfrac{2+2}{2\times2}=1.0$

$a=\dfrac{1.0}{1+1.0}=0.5$

$D_{11}=0.5\times2=1.0$

柱12： $\bar{k}=\dfrac{2+3+2+3}{2\times5}=1.0$

$a=\dfrac{1.0}{2+1.0}=0.333$

$D_{12}=0.333\times5=1.667$

柱13： $\bar{k}=\dfrac{3+3}{2\times3}=1.0$

$a=\dfrac{1.0}{2+1.0}=0.333$

$D_{13}=0.333\times3=1.0$

$\Sigma D_1=1.0+1.667+1.0=3.667$

1層： $Q_{11}=\dfrac{1.0}{3.667}\times110=30.0\text{kN}$

$Q_{12}=\dfrac{1.667}{3.667}\times110=50.0\text{kN}$

$Q_{13}=\dfrac{1.0}{3.667}\times110=30.0\text{kN}$

2層： $Q_{21}=\dfrac{1.0}{2.0}\times60=30.0\text{kN}$

$Q_{22}=\dfrac{1.0}{2.0}\times60=30.0\text{kN}$

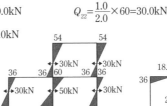

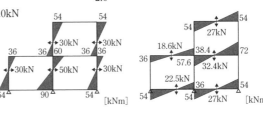

M図 [kNm]

2

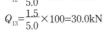

柱21： $\bar{k}=\dfrac{2+3+3}{2\times2}=2.0$

$a=\dfrac{2.0}{2+2.0}=0.5$

$D_{21}=0.5\times2=1.0$

柱22： $\bar{k}=\dfrac{3+3}{2\times3}=1.0$

$a=\dfrac{1.0}{2+1.0}=0.333$

$D_{22}=0.333\times3=1.0$

$\Sigma D_2=1.0+1.0=2.0$

柱11： $\bar{k}=\dfrac{2}{2}=1.0$

$a=\dfrac{0.5+1.0}{2+1.0}=0.5$

$D_{11}=0.5\times2=1.0$

柱12： $\bar{k}=\dfrac{2+3}{5}=1.0$

$a=\dfrac{0.5+1.0}{2+1.0}=0.5$

$D_{12}=0.5\times5=2.5$

柱13： $\bar{k}=\dfrac{3}{3}=1.0$

$a=\dfrac{0.5+1.0}{2+1.0}=0.5$

$D_{13}=0.5\times3=1.5$

$\Sigma D_1=1.0+2.5+1.5=5.0$

1層： $Q_{11}=\dfrac{1.0}{5.0}\times100=20.0\text{kN}$

$Q_{12}=\dfrac{2.5}{5.0}\times100=50.0\text{kN}$

$Q_{13}=\dfrac{1.5}{5.0}\times100=30.0\text{kN}$

2層： $Q_{21}=\dfrac{1.0}{2.0}\times40=20.0\text{kN}$

$Q_{22}=\dfrac{1.0}{2.0}\times40=20.0\text{kN}$

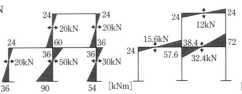

M図 [kNm] [kNm]

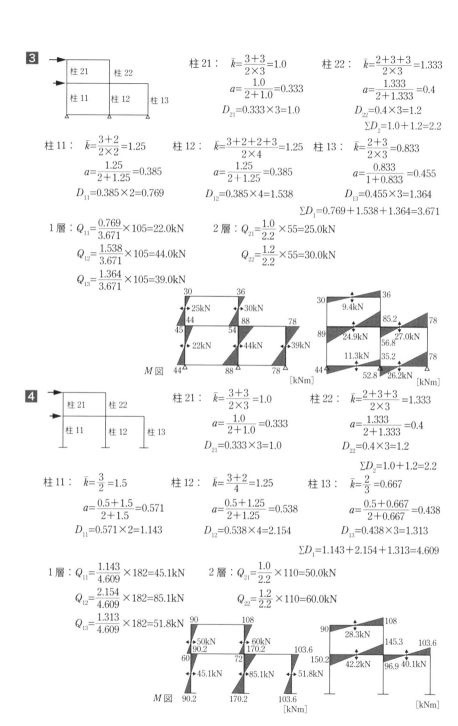

3

柱21：$\bar{k}=\dfrac{3+3}{2\times3}=1.0$

$a=\dfrac{1.0}{2+1.0}=0.333$

$D_{21}=0.333\times3=1.0$

柱22：$\bar{k}=\dfrac{2+3+3}{2\times3}=1.333$

$a=\dfrac{1.333}{2+1.333}=0.4$

$D_{22}=0.4\times3=1.2$

$\Sigma D_2=1.0+1.2=2.2$

柱11：$\bar{k}=\dfrac{3+2}{2\times2}=1.25$

$a=\dfrac{1.25}{2+1.25}=0.385$

$D_{11}=0.385\times2=0.769$

柱12：$\bar{k}=\dfrac{3+2+2+3}{2\times4}=1.25$

$a=\dfrac{1.25}{2+1.25}=0.385$

$D_{12}=0.385\times4=1.538$

柱13：$\bar{k}=\dfrac{2+3}{2\times3}=0.833$

$a=\dfrac{0.833}{1+0.833}=0.455$

$D_{13}=0.455\times3=1.364$

$\Sigma D_1=0.769+1.538+1.364=3.671$

1層：$Q_{11}=\dfrac{0.769}{3.671}\times105=22.0\text{kN}$

$Q_{12}=\dfrac{1.538}{3.671}\times105=44.0\text{kN}$

$Q_{13}=\dfrac{1.364}{3.671}\times105=39.0\text{kN}$

2層：$Q_{21}=\dfrac{1.0}{2.2}\times55=25.0\text{kN}$

$Q_{22}=\dfrac{1.2}{2.2}\times55=30.0\text{kN}$

4

柱21：$\bar{k}=\dfrac{3+3}{2\times3}=1.0$

$a=\dfrac{1.0}{2+1.0}=0.333$

$D_{21}=0.333\times3=1.0$

柱22：$\bar{k}=\dfrac{2+3+3}{2\times3}=1.333$

$a=\dfrac{1.333}{2+1.333}=0.4$

$D_{22}=0.4\times3=1.2$

$\Sigma D_2=1.0+1.2=2.2$

柱11：$\bar{k}=\dfrac{3}{2}=1.5$

$a=\dfrac{0.5+1.5}{2+1.5}=0.571$

$D_{11}=0.571\times2=1.143$

柱12：$\bar{k}=\dfrac{3+2}{4}=1.25$

$a=\dfrac{0.5+1.25}{2+1.25}=0.538$

$D_{12}=0.538\times4=2.154$

柱13：$\bar{k}=\dfrac{2}{3}=0.667$

$a=\dfrac{0.5+0.667}{2+0.667}=0.438$

$D_{13}=0.438\times3=1.313$

$\Sigma D_1=1.143+2.154+1.313=4.609$

1層：$Q_{11}=\dfrac{1.143}{4.609}\times182=45.1\text{kN}$

$Q_{12}=\dfrac{2.154}{4.609}\times182=85.1\text{kN}$

$Q_{13}=\dfrac{1.313}{4.609}\times182=51.8\text{kN}$

2層：$Q_{21}=\dfrac{1.0}{2.2}\times110=50.0\text{kN}$

$Q_{22}=\dfrac{1.2}{2.2}\times110=60.0\text{kN}$

8.a-1

$E=2\times10^5\text{N/mm}^2=2\times10^8\text{kN/m}^2$

1 $I=3.14\times\left(\dfrac{0.24^4}{64}-\dfrac{0.213^4}{64}\right)=6.179\times10^{-5}\text{m}^4$

$P_k=\dfrac{3.14^2\times2\times10^8\times6.179\times10^{-5}}{5^2}=4874\text{kN}$

2 $I=\dfrac{0.25\times0.25^3}{12}-\dfrac{0.2405\times0.22^3}{12}=11.212\times10^{-5}\text{m}^4$

$P_k=\dfrac{3.14^2\times2\times10^8\times11.212\times10^{-5}}{5^2}=8844\text{kN}$

3 $I=2\times\dfrac{0.015\times0.25^3}{12}+\dfrac{0.22\times0.0095^3}{12}=3.908\times10^{-5}\text{m}^4$

$P_k=\dfrac{3.14^2\times2\times10^8\times3.908\times10^{-5}}{5^2}=3083\text{kN}$

4 $I=\dfrac{0.25\times0.25^3}{12}-\dfrac{0.23\times0.23^3}{12}=9.232\times10^{-5}\text{m}^4$

$P_k=\dfrac{3.14^2\times2\times10^8\times9.232\times10^{-5}}{5^2}=7282\text{kN}$

8.a-2

(1) $P_k=\dfrac{\pi^2E(3I)}{(1.5\times0.699l)^2}=2.73\times\dfrac{\pi^2EI}{l^2}=2.73P$

(2) $P_k=\dfrac{\pi^2E(2I)}{(1.5l)^2}=0.89\times\dfrac{\pi^2EI}{l^2}=0.89P$

(3) $P_k=\dfrac{\pi^2E(2I)}{l^2}=2\times\dfrac{\pi^2EI}{l^2}=2P$

8.a-3

1 $A=\pi r^2=3.14\times50^2=7850\text{mm}^2$

$P_y=\sigma_y\times A=240\times7850=1884\text{kN}$

$\varepsilon_y=\dfrac{\sigma_y}{E}=\dfrac{240}{2.0\times10^5}=1.2\times10^{-3}$

$\Delta l_y=\varepsilon_y\times l_k=1.2\times10^{-3}\times6000=7.2\text{mm}$

2 $I=3.14\times\dfrac{50^4}{4}=4.91\times10^6\text{mm}^4$

$P_k=\dfrac{\pi^2EI}{l_k^2}=\dfrac{3.14^2\times2.0\times10^5\times4.91\times10^6}{6000^2}=268.9\text{kN}$

$\sigma_k=\dfrac{P_k}{A}=\dfrac{268.9\times10^3}{7850}=34.3\text{N/mm}^2$

$\varepsilon_k=\dfrac{\sigma_k}{E}=\dfrac{34.3}{2.0\times10^5}=1.71\times10^{-4}$

$\Delta l_y=\varepsilon_y\times l_k=1.71\times10^{-4}\times6000=1.03\text{mm}$

3 $i=\sqrt{\dfrac{I}{A}}=\sqrt{\dfrac{4.91\times10^6}{7850}}=25\text{mm}$

$\lambda=\dfrac{l_k}{i}=\dfrac{6000}{25}=240$

$\sigma_k=\dfrac{\pi^2E}{\lambda^2}=\dfrac{3.14^2\times2.0\times10^5}{240^2}=34.2\text{N/mm}^2$

9.a-1

$$P=\frac{E_AA_A+E_BA_B}{l}\Delta l=2.8\times10^6\times\Delta l$$

$$\varepsilon_{By}=\frac{90}{3\times10^4}=3.0\times10^{-3}$$

$\Delta l_y=3.0\times10^{-3}\times500=1.5$mm

$P_y=2.8\times10^6\times1.5=4200$kN

$$P=\frac{E_AA_A(\Delta l-\Delta l_y)}{l}+P_y=1.6\times10^6\times(\Delta l-1.5)+4.2\times10^6$$

$\Delta l=2$mm$\rightarrow P=5000$kN

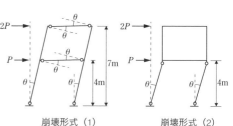

9.a-2

1 $M_p=\frac{200\times350^2}{4}\times240=1470$kNm

崩壊形式（1）

$W=2P\times7\theta+P\times4\theta=18P\theta$

$U=4\times M_p\theta+(2M_p+3M_p)\times\theta=9M_p\theta$

$W=U$　　$18P\theta=9M_p\theta$

$$P=\frac{M_p}{2}=\frac{1470}{2}=735\text{kN}$$

崩壊形式（2）

$W=2P\times4\theta+P\times4\theta=12P\theta$

$U=2\times(2M_p\theta+3M_p\theta)=10M_p\theta$

$W=U$　　$12P\theta=10M_p\theta$

$$P=\frac{10M_p}{12}=\frac{10\times1470}{12}=1225\text{kN}$$

崩壊形式（1）　　　　　崩壊形式（2）

2 崩壊形式（1）

$W=2\times(P\times4\theta)=8P\theta$

$U=2\times(2M_p\theta+3M_p\times2\theta)=16M_p\theta$

$W=U$　　$8P\theta=16M_p\theta$

　　$P=2M_p=2\times1470=2940$kN

崩壊形式（2）

$W=2\times(P\times4\theta)=8P\theta$

$U=M_p\times(\theta+2\theta)+2\times2M_p\theta+(2M_p+3M_p)\times2\theta=17M_p\theta$

$W=U$　　$8P\theta=17M_p\theta$

$$P=\frac{17M_p}{8}=\frac{17\times1470}{8}=3123.8\text{kN}$$

崩壊形式（1）　　　　　崩壊形式（2）

1.1

1 合力 30+50=80

50×6=300=80x

x=3.75m

2 合力 30−20+50=60

50×6−20×3=240=60x

x=4m

3 合力 45−15+30=60

30×6−15×4=120=60x

x=2m

1.2

1

T_1 T_2
a ────────── b
40kN 15kN 50kN

a 点：$-T_2×7+50×5+15×4+40×1=0$

T_2=50kN

b 点：$T_1×7-40×6-15×3-50×2=0$

T_1=55kN

2

20kN
T_1 T_2
a ────────── b
50kN 40kN

a 点：$-T_2×7+40×6-20×4+50×1=0$

T_2=30kN

b 点：$T_1×7-50×6+20×3-40×1=0$

T_1=40kN

3

T_1 6.4m   1.4m T_2
a ─── 7.488m ── b
c ── 4.8m ── d
3.744m   5m
2.4m
234kN

a 点：$-T_2×7.488+234×6.4=0$

T_2=200kN

b 点：$T_1×4.8-234×1.4=0$

T_1=68.25kN

c 点：$-T_2×3.744+234×3.2=0$

d 点：$T_1×2.4-234×0.7=0$

1.3

1

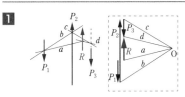

2

3

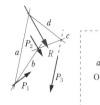

4

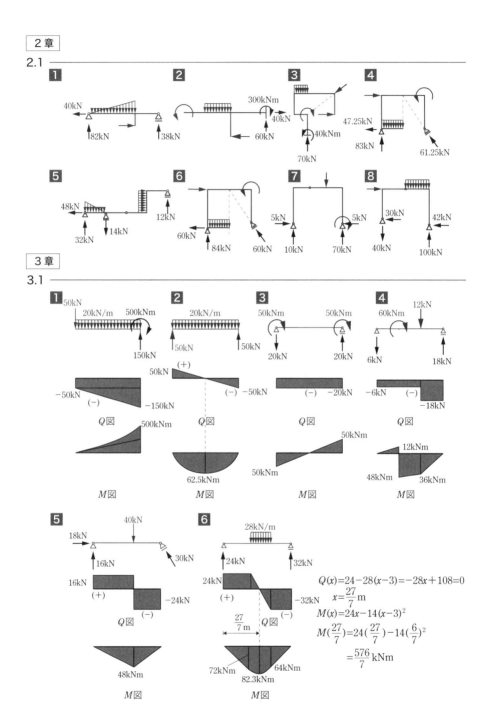

For problem 6:

$$Q(x)=24-28(x-3)=-28x+108=0$$
$$x=\frac{27}{7}\text{m}$$
$$M(x)=24x-14(x-3)^2$$
$$M(\frac{27}{7})=24(\frac{27}{7})-14(\frac{6}{7})^2$$
$$=\frac{576}{7}\text{kNm}$$

3.2

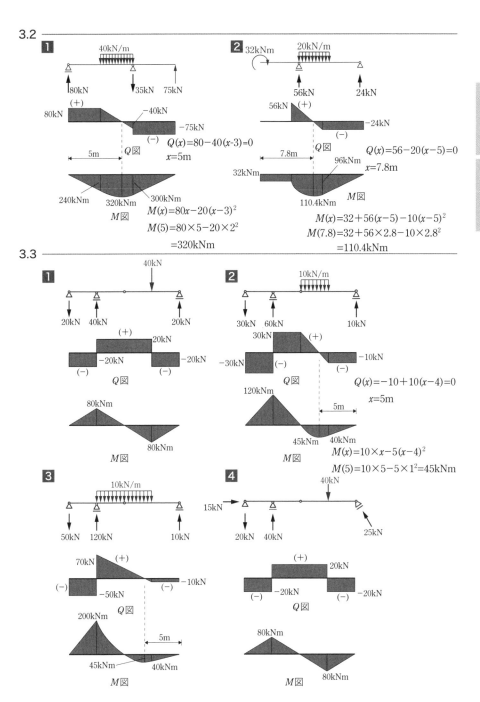

1

40kN/m

80kN　35kN　75kN

(+)
80kN
−40kN
−75kN
(−)　$Q(x)=80-40(x-3)=0$
$x=5\text{m}$

5m　Q図

240kNm　320kNm　300kNm
M図

$M(x)=80x-20(x-3)^2$
$M(5)=80\times5-20\times2^2$
$\quad=320\text{kNm}$

2 32kNm　20kN/m

56kN　24kN

56kN　(+)
−24kN
(−)
7.8m　Q図　$Q(x)=56-20(x-5)=0$
$x=7.8\text{m}$

32kNm　96kNm
M図
110.4kNm

$M(x)=32+56(x-5)-10(x-5)^2$
$M(7.8)=32+56\times2.8-10\times2.8^2$
$\quad=110.4\text{kNm}$

3.3

1

40kN

20kN　40kN　20kN

(+)　20kN
−20kN　−20kN
(−)　(−)
Q図

80kNm

80kNm
M図

2 10kN/m

30kN　60kN　10kN

30kN　(+)
−30kN　(−)　−10kN
(−)
Q図　$Q(x)=-10+10(x-4)=0$
$x=5\text{m}$

120kNm

5m

45kNm　40kNm
M図

$M(x)=10\times x-5(x-4)^2$
$M(5)=10\times5-5\times1^2=45\text{kNm}$

3 10kN/m

50kN　120kN　10kN

70kN　(+)
(−)　−10kN
−50kN　(−)
Q図

200kNm

5m

45kNm　40kNm
M図

4 40kN

15kN

20kN　40kN　25kN

(+)
20kN
−20kN　−20kN
(−)　(−)
Q図

80kNm

80kNm
M図

3.4

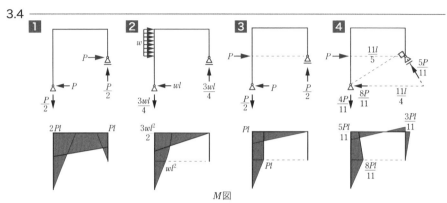

M図

3.5

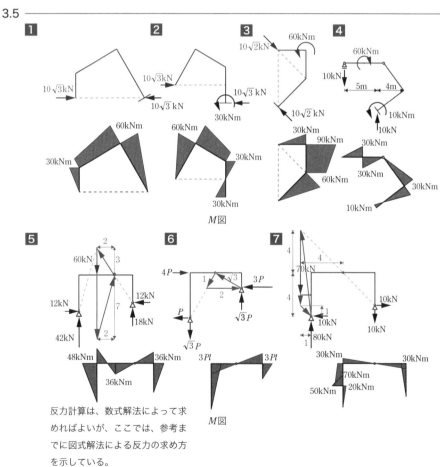

M図

反力計算は、数式解法によって求
めればよいが、ここでは、参考ま
でに図式解法による反力の求め方
を示している。

M図

8

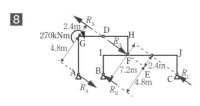

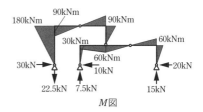

M図

$\Sigma M_{\mathrm{A}}=0$
$-R_{\mathrm{A}}\times(2.4+4.8)+270=0$
$R_{\mathrm{A}}=37.5\mathrm{kN}$

$\Sigma M_{\mathrm{C}}=0$
$-R_{\mathrm{A}}\times2.4+R_{\mathrm{B}}\times7.2=0$
$R_{\mathrm{B}}=12.5\mathrm{kN}$

$\Sigma M_{\mathrm{B}}=0$
$R_{\mathrm{A}}\times4.8-R_{\mathrm{C}}\times7.2=0$
$R_{\mathrm{C}}=25\mathrm{kN}$

3.6

1

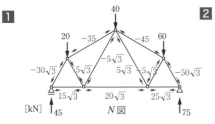

[kN]　N図

2

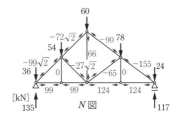

[kN]　N図

3.7

1

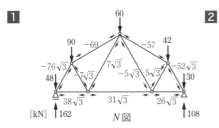

[kN]　N図

2

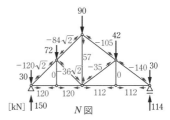

[kN]　N図

3.8

1

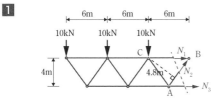

$\Sigma M_{\mathrm{A}}=0$
$N_{1}\times4-10\times(15+9+3)=0$
$N_{1}=67.5\mathrm{kN}$（引張材）
$\Sigma M_{\mathrm{B}}=0$
$-N_{3}\times4-10\times(18+12+6)=0$
$N_{3}=-90\mathrm{kN}$（圧縮材）
$\Sigma M_{\mathrm{C}}=0$
$-N_{2}\times4.8-N_{3}\times4-10\times(12+6)=0$
$4.8N_{2}=-4N_{3}-180=360-180=180$
$N_{2}=37.5\mathrm{kN}$（引張材）

2

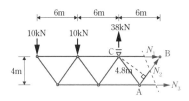

$\Sigma M_A=0$

$N_1\times4-10\times(15+9)+38\times3=0$

$N_1=31.5$kN （引張材）

$\Sigma M_B=0$

$-N_3\times4-10\times(18+12)+38\times6=0$

$N_3=-18$kN （圧縮材）

$\Sigma M_C=0$

$-N_2\times4.8-N_3\times4-10\times(12+6)=0$

$4.8N_2=-4N_3-180=72-180=-108$

$N_2=-22.5$kN （圧縮材）

3

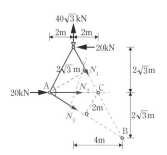

$\Sigma M_A=0$

$N_1\times2\sqrt{3}-40\sqrt{3}\times2-20\times2\sqrt{3}=0$

$N_1=60$kN （引張材）

$\Sigma M_B=0$

$N_2\times2\sqrt{3}+20\times2\sqrt{3}+40\sqrt{3}\times4-20\times4\sqrt{3}=0$

$N_2=-60$kN （圧縮材）

$\Sigma M_C=0$

$-N_3\times20+40\sqrt{3}\times2-20\times2\sqrt{3}=0$

$N_3=20\sqrt{3}$kN （引張材）

4

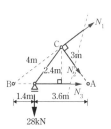

$\Sigma M_A=0$

$N_1\times3-28\times3.6=0$

$N_1=33.6$kN （引張材）

$\Sigma M_B=0$

$N_2\times4+28\times1.4=0$

$N_2=-9.8$kN （圧縮材）

$\Sigma M_C=0$

$-N_3\times2.4-28\times1.8=0$

$N_3=-21$kN （圧縮材）

---

4 章

4.1

$$A=\frac{\pi d^2}{4}=\frac{3.14\times25^2}{4}=490.625\text{mm}^2$$

$$\sigma_x=\frac{P}{A}=\frac{100\times10^3}{490.625}=203.8\text{N/mm}^2$$

$$\varepsilon_x=\frac{\sigma_x}{E}=\frac{203.8}{2.0\times10^5}=1.019\times10^{-3}$$

$\Delta l=\varepsilon_x l=1.019\times10^{-3}\times1.0\times10^3=1.019\text{mm}$

$\Delta d=-\nu\varepsilon_x d=0.3\times1.019\times10^{-3}\times25=-0.0076\text{mm}$

4.2

$$P=(E_cA_c+E_sA_s)\varepsilon=E_c(A_c+nA_s)\varepsilon$$

$$\varepsilon=\frac{P}{E_c(A_c+nA_s)}=\frac{500\times10^3}{2\times10^4\times(300\times300+10\times2000)}=2.273\times10^{-4}$$

$\Delta l=\varepsilon l=2.273\times10^{-4}\times4\times10^3=0.909\text{mm}$

4.3

$$\sigma=\frac{P}{A}=\frac{50\times10^3}{500}=100\text{N/mm}^2$$

$$\tau=\frac{\sigma}{2}=50\text{N/mm}^2$$

4.4

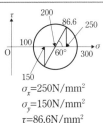

$\sigma_x=250\text{N/mm}^2$
$\sigma_y=150\text{N/mm}^2$
$\tau=86.6\text{N/mm}^2$

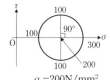

$\sigma_x=200\text{N/mm}^2$
$\sigma_y=200\text{N/mm}^2$
$\tau=100\text{N/mm}^2$

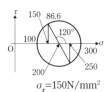

$\sigma_x=150\text{N/mm}^2$
$\sigma_y=250\text{N/mm}^2$
$\tau=86.6\text{N/mm}^2$

$[\text{N/mm}^2]$

4.5

1

正方形は、$I_x=I_y=a^4/12$かつ$I_{xy}=0$なので、図心周りに45度回転させても、断面二次モーメントは$a^4/12$である。

2

$$I_x=\frac{ab(a^2+b^2)}{24}$$

4.6

1

$$A=\frac{ah}{2}+\frac{bh}{2}=\frac{(a+b)h}{2}$$

$$S_X=\frac{2h}{3}\times\frac{ah}{2}+\frac{h}{3}\times\frac{bh}{2}=\frac{(2a+b)h^2}{6}\qquad Y_0=\frac{2a+b}{3(a+b)}h$$

$$I_X=\frac{(a+b)h^3}{36}+\left(\frac{2h}{3}\right)^2\frac{ah}{2}+\left(\frac{h}{3}\right)^2\frac{bh}{2}=\frac{(3a+b)h^3}{12}$$

$$I_x=\frac{(3a+b)h^3}{12}-\left\{\frac{2a+b}{3(a+b)}h\right\}^2\frac{(a+b)h}{2}=\frac{a^2+4ab+b^2}{36(a+b)}h^3$$

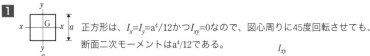

$$c=\frac{2(a^2+ab+b^2)}{3(a+b)}+\frac{a-b}{h}y$$

$$\tau(y)=6\times\frac{\left\{\frac{(2a+b)(a+2b)}{3(a+b)}+(a-b)\left(\frac{y}{h}\right)\right\}\left\{\frac{2a+b}{3(a+b)}+\left(\frac{y}{h}\right)\right\}\left\{\frac{a+2b}{3(a+b)}-\left(\frac{y}{h}\right)\right\}}{\left\{\frac{2(a^2+ab+b^2)}{3(a+b)}+(a-b)\left(\frac{y}{h}\right)\right\}\frac{a^2+4ab+b^2}{(a+b)^2}}\frac{Q}{A}$$

2

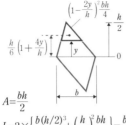

$$A=\frac{bh}{2}$$

$$I_x=2\times\left\{\frac{b(h/2)^3}{36}+\left(\frac{h}{6}\right)^2\frac{bh}{4}\right\}=\frac{bh^3}{48}$$

$$\tau(y)=\frac{\left(1-\frac{2y}{h}\right)^2\left(1+\frac{4y}{h}\right)\frac{bh^2}{24}}{\left(1-\frac{2y}{h}\right)b\times\frac{bh^3}{48}}=\left(1-\frac{2y}{h}\right)\left(1+\frac{4y}{h}\right)\frac{Q}{A}$$

τの分布

4.7

1

$A=300\times200+100\times500+700\times100=180{,}000\mathrm{mm}^2$

$S_X=300\times200\times700+100\times500\times350+700\times100\times50=63{,}000{,}000\mathrm{mm}^3$ $\quad Y_0=350\mathrm{mm}$

$S_Y=300\times200\times150+100\times500\times50+700\times100\times350=36{,}000{,}000\mathrm{mm}^3$ $\quad X_0=200\mathrm{mm}$

$$I_x=\frac{300\times200^3}{12}+(700-350)^2\times300\times200+\frac{100\times500^3}{12}$$
$$+\frac{700\times100^3}{12}+(50-350)^2\times700\times100=1.495\times10^{10}\mathrm{mm}^4$$

$$I_y=\frac{300^3\times200}{12}+(150-200)^2\times300\times200+\frac{100^3\times500}{12}+(50-200)^2\times100\times500$$
$$+\frac{700^3\times100}{12}+(350-200)^2\times700\times100=6.2\times10^9\mathrm{mm}^4$$

$I_{XY}=300\times200\times150\times700+100\times500\times50\times350+700\times100\times350\times50=8.4\times10^9\mathrm{mm}^4$

$I_{xy}=8.4\times10^9-180{,}000\times350\times200=-4.2\times10^9\mathrm{mm}^4$

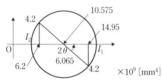

$I_1=(10.575+6.065)\times10^9=16.64\times10^9\mathrm{mm}^4$

$I_2=(10.575-6.065)\times10^9=4.51\times10^9\mathrm{mm}^4$

$2\theta=\tan^{-1}\left(\frac{4.2}{4.375}\right)=43.83°$

$\theta=21.92°$

2

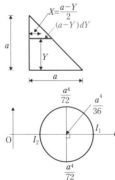

$$I_x=I_y=\frac{a^4}{36}$$

$$I_{XY}=\int XYdA=\frac{1}{2}\int_0^a(a-Y)^2YdY=\frac{a^4}{24}$$

$$A=\frac{a^2}{2}\quad Y_o=\frac{a}{3}\quad X_o=\frac{a}{3}$$

$$I_{xy}=\frac{a^4}{24}-\frac{a^2}{2}\times\frac{a}{3}\times\frac{a}{3}=-\frac{a^4}{72}$$

$$I_1=\frac{a^4}{24}\quad I_2=\frac{a^4}{72}$$

$$\theta=45°$$

4.8

1
$$i^2=\frac{\pi(a^4-b^4)/4}{\pi(a^2-b^2)}=\frac{a^2+b^2}{4}$$
$$e=\frac{i^2}{a}=\left\{1+\left(\frac{b}{a}\right)^2\right\}\frac{a}{4}$$

円形断面の場合、断面の核の範囲は、半径の4分の1以内である。また、薄肉円筒断面の場合、半径の半分近くに断面の核の境界がある。

2
$$A=\frac{a}{2}\frac{\sqrt{3}\,a}{2}=\frac{\sqrt{3}}{4}a^2$$
$$I_x=\frac{a\times\left(\frac{\sqrt{3}\,a}{2}\right)^3}{36}=\frac{\sqrt{3}}{96}a^4$$
$$i_x^2=\frac{a^2}{24}$$
$$e_x=\frac{i_x^2}{a/\sqrt{3}}=\frac{\sqrt{3}}{24}a$$

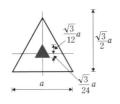

4.9

1　$M=200\text{kNm}$, $Q=200\text{kN}$　$I=4.5\times10^8\text{mm}^4$, $A=6\times10^4\text{mm}^2$

$$\sigma(y)=\frac{M}{I}y\qquad\tau(y)=6\left(\frac{1}{2}-\frac{y}{h}\right)\left(\frac{1}{2}+\frac{y}{h}\right)\frac{Q}{A}$$

A点：$\sigma_x(0)=0\text{N/mm}^2$, $\tau(0)=1.5\times\dfrac{200\times10^3}{6\times10^4}=5\text{N/mm}^2$

$\sigma_1=5\text{N/mm}^2$, $\sigma_2=-5\text{N/mm}^2$, $\theta=45°$

B点：$\sigma_x(75)=\dfrac{200\times10^6}{4.5\times10^8}\times75=33.3\text{N/mm}^2$, $\tau(75)=\dfrac{9}{8}\times\dfrac{200\times10^3}{6\times10^4}=3.75\text{N/mm}^2$

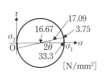

$\sigma_1=16.67+17.09=33.76\text{N/mm}^2$

$\sigma_2=16.67-17.09=-0.42\text{N/mm}^2$

$2\theta=\tan^{-1}\left(\dfrac{3.75}{16.67}\right)=12.68°$

$\theta=6.34°$

C点：$\sigma_x(150)=\dfrac{200\times10^6}{4.5\times10^8}\times150=66.7\text{N/mm}^2$, $\tau(150)=0\text{N/mm}^2$

$\sigma_1=66.7\text{N/mm}^2$, $\sigma_2=0\text{N/mm}^2$, $\theta=0°$

2　$M=400\text{kNm}$, $Z=\dfrac{200\times300^2}{6}=3\times10^6\text{mm}^3$

$$\frac{400\times10^6}{3\times10^6}=133.3\text{N/mm}^2<f=100\text{N/mm}^2\quad\text{安全でない。}$$

$$\phi=-\frac{400\times10^6}{2\times10^4\times4.5\times10^8}=-4.44\times10^{-5}\text{mm}^{-1}$$

4.10

$$\sigma=\frac{N}{A}-\frac{M}{Z}=\frac{N}{bD}-\frac{M}{bD^2/6}=0\qquad D=\frac{6M}{N}=\frac{6\times100\times10^3}{240\times10^3}=2.5\text{m}$$

1

M

M 図

$$M(x)=-M$$

$$\frac{d^2v}{dx^2}=\frac{M}{EI}$$

$$\theta(x)=\frac{dv}{dx}=\frac{Mx}{EI}+C_1$$

$$v(x)=\frac{Mx^2}{2EI}+C_1x+C_2$$

$$\theta(l)=\frac{Ml}{EI}+C_1=0 \quad C_1=-\frac{Ml}{EI}$$

$$v(l)=\frac{Ml^2}{2EI}+C_1l+C_2=0 \quad C_2=\frac{Ml^2}{2EI}$$

$$\theta(x)=\frac{M(x-l)}{EI}$$

$$v(x)=\frac{M(x-l)^2}{2EI}$$

$$v(0)=\frac{Ml^2}{2EI}$$

2

$$\longmapsto M(x)=-\frac{wx^2}{2}+\frac{wl}{2}x$$

$\dfrac{wl^2}{8}$ M 図

$$\frac{d^2v}{dx^2}=\frac{w}{2EI}\left(x^2-lx\right)$$

$$\theta(x)=\frac{dv}{dx}=\frac{w}{2EI}\left(\frac{x^3}{3}-\frac{lx^2}{2}\right)+C_1$$

$$v(x)=\frac{w}{2EI}\left(\frac{x^4}{12}-\frac{lx^3}{6}\right)+C_1x+C_2$$

$$v(0)=C_2=0$$

$$v(l)=-\frac{wl^4}{24EI}+C_1l+C_2=0 \quad C_1=\frac{wl^3}{24EI}$$

$$\theta(x)=\frac{wx^3}{6EI}-\frac{wlx^2}{4EI}+\frac{wl^3}{24EI}=\frac{w}{6EI}\left(x-\frac{l}{2}\right)\left(x^2-lx-\frac{l^2}{2}\right)$$

$$v(x)=\frac{wx^4}{24EI}-\frac{wl}{12EI}x^3+\frac{wl^3}{24EI}x$$

$$\frac{dv}{dx}=0 \rightarrow x=\frac{l}{2} \quad v\left(\frac{l}{2}\right)=\frac{5wl^4}{384EI}$$

3

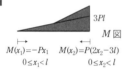

$3Pl$

M 図

$$M(x_1)=-Px_1 \qquad M(x_2)=P(2x_2-3l)$$

$$0\leq x_1<l \qquad\qquad 0\leq x_2<l$$

$$\frac{d^2v}{dx_1^2}\Big|_{AC}=\frac{Px_1}{EI} \qquad\qquad \frac{d^2v}{dx_2^2}\Big|_{BC}=\frac{P}{2EI}(-2x_2+3l)$$

$$\theta(x_1)\Big|_{AC}=\frac{dv}{dx_1}\Big|_{AC}=\frac{Px_1^2}{2EI}+C_1 \qquad \theta(x_2)\Big|_{BC}=\frac{dv}{dx_2}\Big|_{BC}=\frac{P}{2EI}(-x_2^2+3lx_2)+C_3$$

$$v(x_1)\Big|_{AC}=\frac{wx_1^3}{6EI}+C_1x_1+C_2 \qquad v(x_2)\Big|_{BC}=\frac{P}{2EI}\left(-\frac{x_2^3}{3}+\frac{3l}{2}x_2^2\right)+C_3x_2+C_4$$

$$\theta(0)\Big|_{BC}=0 \quad C_3=0$$

$$v(0)\Big|_{BC}=0 \quad C_4=0$$

$$\theta(l)\Big|_{AC}=-\theta(l)\Big|_{BC} \quad C_1=-\frac{3Pl^2}{2EI} \qquad \theta(x_1)\Big|_{AC}=\frac{P}{2EI}(x_1^2-3l^2) \qquad \theta(x_2)\Big|_{BC}=\frac{P}{2EI}(-x_2^2+3lx_2)$$

$$v(l)\Big|_{AC}=v(l)\Big|_{BC} \quad C_2=\frac{5Pl^3}{12EI}-C_1l=\frac{23Pl^3}{12EI} \qquad v(x_1)\Big|_{AC}=\frac{P}{12EI}(2x_1^3-18l^2x_1+23l^3) \quad v(x_2)\Big|_{BC}=\frac{P}{2EI}\left(-\frac{x_2^3}{3}+\frac{3l}{2}x_2^2\right)$$

$$v(0)=\frac{23Pl^3}{12EI}\downarrow$$

4

$$M(x_1)=-\frac{wx_1^2}{2}+\frac{3wl}{8}x_1 \qquad M(x_2)=\frac{wl}{8}x_2$$

$$0\le x_1<\frac{l}{2}\longmapsto \qquad \longleftarrow 0\le x_2<\frac{l}{2}$$

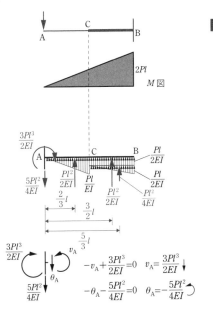

M 図

$$\frac{9wl^2}{128} \qquad \frac{wl^2}{16}$$

$$\frac{d^2v}{dx_1^2}\Big|_{AC}=\frac{w}{4EI}\left(x_1^2-\frac{3lx_1}{4}\right)$$

$$\theta(x_1)\Big|_{AC}=\frac{dv}{dx_1}\Big|_{AC}=\frac{w}{4EI}\left(\frac{x_1^3}{3}-\frac{3lx_1^2}{8}\right)+C_1$$

$$v(x_1)\Big|_{AC}=\frac{w}{4EI}\left(\frac{x_1^4}{12}-\frac{lx_1^3}{8}\right)+C_1x_1+C_2$$

$$\frac{d^2v}{dx_2^2}\Big|_{BC}=-\frac{wlx_2}{8EI}$$

$$\theta(x_2)\Big|_{BC}=\frac{dv}{dx_2}\Big|_{BC}=-\frac{wlx_2^2}{16EI}+C_3$$

$$v(x_2)\Big|_{BC}=-\frac{wlx_2^3}{48EI}+C_3x_2+C_4$$

$$v(0)\big|_{AC}=0 \quad C_2=0 \qquad v(0)\big|_{BC}=0 \quad C_4=0$$

$$\theta\left(\frac{l}{2}\right)\Big|_{AC}=-\theta\left(\frac{l}{2}\right)\Big|_{BC} \quad C_1+C_3=\frac{11wl^3}{384EI} \quad C_1=\frac{11wl^3}{768EI}$$

$$v\left(\frac{l}{2}\right)\Big|_{AC}=v\left(\frac{l}{2}\right)\Big|_{BC} \quad C_1-C_3=0 \qquad C_3=\frac{11wl^3}{768EI}$$

$$\theta(x_1)\Big|_{AC}=\frac{w}{4EI}\left(\frac{x_1^3}{3}-\frac{3lx_1^2}{8}\right)+\frac{11wl^3}{768EI} \qquad \theta(x_2)\Big|_{BC}=-\frac{wlx_2^2}{16EI}+\frac{11wl^3}{768EI}$$

$$v(x_1)\Big|_{AC}=\frac{w}{4EI}\left(\frac{x_1^4}{12}-\frac{lx_1^3}{8}\right)+\frac{11wl^3}{768EI}x_1 \quad v(x_2)\Big|_{BC}=-\frac{wlx_2^3}{48EI}+\frac{11wl^3}{768EI}x_2$$

$$\theta(x_2)\Big|_{BC}=0\rightarrow x_2=\sqrt{\frac{11}{3}}\times\frac{l}{4} \qquad v\left(\sqrt{\frac{11}{3}}\times\frac{l}{4}\right)\Big|_{BC}=\frac{11}{4608}\sqrt{\frac{11}{3}}\frac{wl^4}{EI}\downarrow$$

5.2

1 反力計算は、演習問題 5.b-1 と挑戦問題 5.3 の解答を参照。

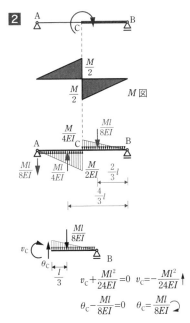

2

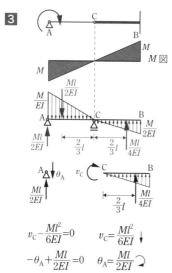

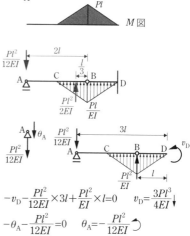

3

$$v_C - \frac{Ml^2}{6EI} = 0 \qquad v_C = \frac{Ml^2}{6EI} \downarrow$$

$$-\theta_A + \frac{Ml}{2EI} = 0 \qquad \theta_A = \frac{Ml}{2EI} \,\circlearrowright$$

4

$$-v_D - \frac{Pl^2}{12EI} \times 3l + \frac{Pl^2}{EI} \times l = 0 \qquad v_D = \frac{3Pl^3}{4EI} \downarrow$$

$$-\theta_A - \frac{Pl^2}{12EI} = 0 \qquad \theta_A = -\frac{Pl^2}{12EI} \,\circlearrowright$$

5.3

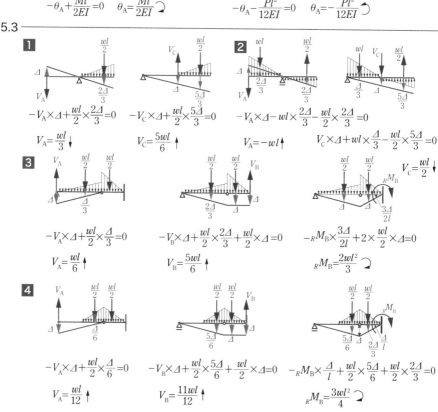

1

$$-V_A \times \Delta + \frac{wl}{2} \times \frac{2\Delta}{3} = 0 \qquad -V_C \times \Delta + \frac{wl}{2} \times \frac{5\Delta}{3} = 0$$

$$V_A = \frac{wl}{3} \downarrow \qquad\qquad V_C = \frac{5wl}{6} \uparrow$$

2

$$-V_A \times \Delta - wl \times \frac{2\Delta}{3} - \frac{wl}{2} \times \frac{2\Delta}{3} = 0$$

$$V_A = -wl \uparrow \qquad V_C \times \Delta + wl \times \frac{\Delta}{3} - \frac{wl}{2} \times \frac{5\Delta}{3} = 0$$

$$V_C = \frac{wl}{2} \downarrow$$

3

$$-V_A \times \Delta + \frac{wl}{2} \times \frac{\Delta}{3} = 0 \qquad -V_B \times \Delta + \frac{wl}{2} \times \frac{2\Delta}{3} + \frac{wl}{2} \times \Delta = 0 \qquad -_RM_B \times \frac{3\Delta}{2l} + 2 \times \frac{wl}{2} \times \Delta = 0$$

$$V_A = \frac{wl}{6} \uparrow \qquad\qquad V_B = \frac{5wl}{6} \uparrow \qquad\qquad {}_RM_B = \frac{2wl^2}{3} \,\circlearrowright$$

4

$$-V_A \times \Delta + \frac{wl}{2} \times \frac{\Delta}{6} = 0 \qquad -V_B \times \Delta + \frac{wl}{2} \times \frac{5\Delta}{6} + \frac{wl}{2} \times \Delta = 0 \qquad -_RM_B \times \frac{\Delta}{l} + \frac{wl}{2} \times \frac{5\Delta}{6} + \frac{wl}{2} \times \frac{2\Delta}{3} = 0$$

$$V_A = \frac{wl}{12} \uparrow \qquad\qquad V_B = \frac{11wl}{12} \uparrow \qquad\qquad {}_RM_B = \frac{3wl^2}{4} \,\circlearrowright$$

1

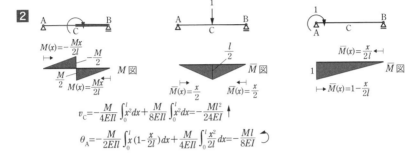

$$M(x)=-\frac{Px}{2} \qquad M(x)=-Px$$

$$\overline{M}(x)=-\frac{x}{2} \qquad \overline{M}(x)=-x$$

$$\overline{M}(x)=1-\frac{x}{2l}$$

$$v_{\mathrm{B}}=\frac{P}{8EI}\int_0^{2l}x^2dx+\frac{P}{EI}\int_0^{l}x^2dx=\frac{2Pl^3}{3EI}\downarrow \qquad \theta_{\mathrm{A}}=-\frac{P}{4EI}\int_0^{2l}x\left(1-\frac{x}{2l}\right)dx=-\frac{Pl^2}{6EI}\curvearrowright$$

2

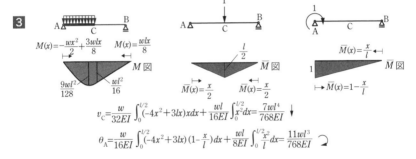

$$M(x)=-\frac{Mx}{2l} \qquad -\frac{M}{2} \qquad \frac{M}{2} \qquad M(x)=\frac{Mx}{2l}$$

$$\overline{M}(x)=\frac{x}{2} \qquad \overline{M}(x)=\frac{x}{2}$$

$$\overline{M}(x)=\frac{x}{2l} \qquad \overline{M}(x)=1-\frac{x}{2l}$$

$$v_{\mathrm{C}}=-\frac{M}{4EIl}\int_0^{l}x^2dx+\frac{M}{8EIl}\int_0^{l}x^2dx=-\frac{Ml^2}{24EI}\uparrow$$

$$\theta_{\mathrm{A}}=-\frac{M}{2EIl}\int_0^{l}x\left(1-\frac{x}{2l}\right)dx+\frac{M}{4EIl}\int_0^{l}\frac{x^2}{2l}dx=-\frac{Ml}{8EI}\curvearrowright$$

3

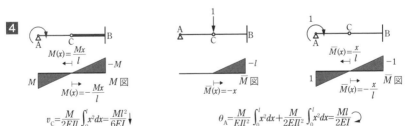

$$M(x)=-\frac{wx^2}{2}+\frac{3wlx}{8} \qquad M(x)=\frac{wlx}{8}$$

$$\frac{9wl^2}{128} \qquad \frac{wl^2}{16}$$

$$\overline{M}(x)=\frac{x}{2} \qquad \overline{M}(x)=\frac{x}{2}$$

$$\overline{M}(x)=\frac{x}{l} \qquad \overline{M}(x)=1-\frac{x}{l}$$

$$v_{\mathrm{C}}=\frac{w}{32EI}\int_0^{l/2}(-4x^2+3lx)xdx+\frac{wl}{16EI}\int_0^{l/2}x^2dx=\frac{7wl^4}{768EI}\downarrow$$

$$\theta_{\mathrm{A}}=\frac{w}{16EI}\int_0^{l/2}(-4x^2+3lx)\left(1-\frac{x}{l}\right)dx+\frac{wl}{8EI}\int_0^{l/2}\frac{x^2}{l}dx=\frac{11wl^3}{768EI}\curvearrowright$$

4

$$M(x)=\frac{Mx}{l} \qquad -M$$

$$M \qquad M(x)=-\frac{Mx}{l}$$

$$\overline{M}(x)=-x$$

$$\overline{M}(x)=\frac{x}{l} \qquad -1$$

$$\overline{M}(x)=-\frac{x}{l}$$

$$v_{\mathrm{C}}=\frac{M}{2EIl}\int_0^{l}x^2dx=\frac{Ml^2}{6EI}\downarrow \qquad \theta_{\mathrm{A}}=\frac{M}{EIl^2}\int_0^{l}x^2dx+\frac{M}{2EIl^2}\int_0^{l}x^2dx=\frac{Ml}{2EI}\curvearrowright$$

5章

1

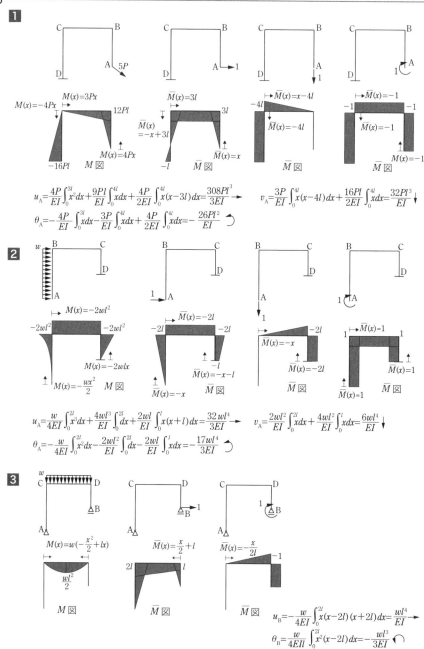

$$u_A=\frac{4P}{EI}\int_0^{3l}x^2dx+\frac{9Pl}{EI}\int_0^{4l}xdx+\frac{4P}{2EI}\int_0^{4l}x(x-3l)\,dx=\frac{308Pl^3}{3EI}\longrightarrow \qquad v_A=\frac{3P}{EI}\int_0^{4l}x(x-4l)\,dx+\frac{16Pl}{2EI}\int_0^{4l}xdx=\frac{32Pl^3}{EI}\downarrow$$

$$\theta_A=-\frac{4P}{EI}\int_0^{3l}xdx-\frac{3P}{EI}\int_0^{4l}xdx+\frac{4P}{2EI}\int_0^{4l}xdx=-\frac{26Pl^2}{EI}\ \circlearrowright$$

2

$$u_A=\frac{w}{4EI}\int_0^{2l}x^3dx+\frac{4wl^3}{EI}\int_0^{2l}dx+\frac{2wl}{EI}\int_0^{l}x(x+l)\,dx=\frac{32}{3}\frac{wl^4}{EI}\longrightarrow \qquad v_A=\frac{2wl^2}{EI}\int_0^{2l}xdx+\frac{4wl^2}{EI}\int_0^{l}xdx=\frac{6wl^4}{EI}\downarrow$$

$$\theta_A=-\frac{w}{4EI}\int_0^{2l}x^2dx-\frac{2wl^2}{EI}\int_0^{2l}dx-\frac{2wl}{EI}\int_0^{l}xdx=-\frac{17wl^4}{3EI}\ \circlearrowright$$

3

$$u_B=-\frac{w}{4EI}\int_0^{2l}x(x-2l)\,(x+2l)\,dx=\frac{wl^4}{EI}\longrightarrow$$

$$\theta_B=\frac{w}{4EIl}\int_0^{2l}x^2(x-2l)\,dx=-\frac{wl^3}{3EI}\ \circlearrowleft$$

4

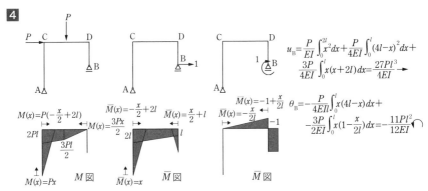

$$u_B = \frac{P}{EI}\int_0^{2l} x^2 dx + \frac{P}{4EI}\int_0^l (4l-x)^2 dx + \frac{3P}{4EI}\int_0^l x(x+2l)\,dx = \frac{27Pl^3}{4EI} \longrightarrow$$

$$\theta_B = -\frac{P}{4EIl}\int_0^l x(4l-x)\,dx + \frac{3P}{2EI}\int_0^l x\left(1-\frac{x}{2l}\right)dx = -\frac{11Pl^2}{12EI} \curvearrowright$$

$M(x)=P(-\frac{x}{2}+2l)$　$\overline{M}(x)=-\frac{x}{2}+2l$　$\overline{M}(x)=\frac{x}{2}+l$　$\overline{M}(x)=-1+\frac{x}{2l}$　$\overline{M}(x)=-\frac{x}{2l}$

$M(x)=\frac{3Px}{2}$

$M(x)=Px$　*M* 図　$\overline{M}(x)=x$　$\overline{M}$ 図　$\overline{M}$ 図

5.6

1

N 図

$\overline{N}$ 図

	N	$\overline{N}$	l	$N\overline{N}l$
AB	$-5P/2$	$-5/8$	$5l$	$125Pl/16$
AC	$+3P/2$	$+3/8$	$6l$	$54Pl/16$
BC	$-5P/8$	0	$5l$	0
BD	$-15P/8$	$-5/8$	$5l$	$375Pl/64$
CD	$+P$	$+1$	$8l$	$8Pl$
B'D	$-15P/8$	$-5/8$	$5l$	$375Pl/64$
B'C	$-5P/8$	0	$5l$	0
A'C	$+3P/2$	$+3/8$	$6l$	$54Pl/16$
A'B	$-5P/2$	$-5/8$	$5l$	$125Pl/16$
$\Sigma N\overline{N}l$				$1347Pl/32$
				$v_C = \dfrac{1347Pl}{32EA} \downarrow$

2

N 図

$\overline{N}$ 図

	N	$\overline{N}$	l	$N\overline{N}l$	$N\overline{N}l/EA$
AB	$-\sqrt{3}P/2$	$-1/2$	$2l$	$+\sqrt{3}Pl/2$	$+\sqrt{3}/2\,(\times Pl/EA)$
AC	$-P/2$	$+\sqrt{3}/2$	$\sqrt{3}l$	$-3Pl/4$	$-\sqrt{3}/4$
AD	$+\sqrt{3}P/2$	$+1/2$	$2l$	$+\sqrt{3}Pl/2$	$+\sqrt{3}/2$
BD	$-\sqrt{3}P/2$	$-1/2$	$2l$	$+\sqrt{3}Pl/2$	$+\sqrt{3}/2$
CD	$-\sqrt{3}P/2$	$-1/2$	l	$+\sqrt{3}Pl/4$	$+\sqrt{3}/4$
$\Sigma N\overline{N}l/EA$					$3\sqrt{3}/2$
					$u_C = \dfrac{3\sqrt{3}Pl}{2EA} \longrightarrow$

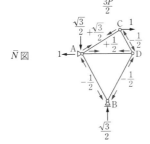

3

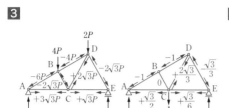

N 図

$\bar{N}$ 図

4

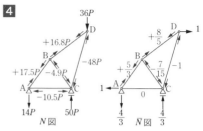

N 図

$\bar{N}$ 図

	N	$\bar{N}$	l	$N\bar{N}l$	$N\bar{N}l/EA$
AB	$-6P$	-1	$2\sqrt{3}l$	$12\sqrt{3}Pl$	$12(\times Pl/EA)$
AC	$+3\sqrt{3}P$	$+\sqrt{3}/2$	$4l$	$18Pl$	18
BC	$-2\sqrt{3}P$	0	$2l$	0	0
BD	$-4P$	-1	$2\sqrt{3}l$	$8\sqrt{3}Pl$	8
CD	$+2\sqrt{3}P$	$+2\sqrt{3}/3$	$4l$	$16Pl$	16
CE	$+\sqrt{3}P$	$+\sqrt{3}/6$	$4l$	$2Pl$	2
DE	$-2\sqrt{3}P$	$-\sqrt{3}/3$	$4l$	$8Pl$	8
		$\Sigma N\bar{N}l/EA$			64

$$v_C = \frac{64Pl}{EA} \downarrow$$

	N	$\bar{N}$	l	$N\bar{N}l$	$N\bar{N}l/EA$
AB	$+17.5P$	$+5/3$	$3l$	$87.5Pl$	$87.5(\times Pl/EA)$
AC	$-10.5P$	0	$3.6l$	0	0
BC	$-4.9P$	$-7/15$	$3l$	$6.86Pl$	6.86
BD	$+16.8P$	$+8/5$	$4l$	$107.52Pl$	35.84
CD	$-48P$	-1	$5l$	$240Pl$	240
	$\Sigma N\bar{N}l/EA$				370.2

$$u_D = \frac{370.2Pl}{EA} \longrightarrow$$

6.1

1

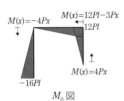

$M_0 \boxtimes$

$M_1 \boxtimes$

$$v_{0b} = \frac{3P}{EI}\int_0^{4l} x(x-4l)\,dx + \frac{16Pl}{2EI}\int_0^{4l} x\,dx = \frac{32Pl^3}{EI}$$

$$v_{1b} = \frac{1}{EI}\int_0^{4l} x^2\,dx + \frac{16l^2}{2EI}\int_0^{4l} dx = \frac{160l^3}{3EI}$$

$$\frac{32Pl^3}{EI} + \frac{160l^3}{3EI}X = 0 \qquad X = -\frac{3}{5}P$$

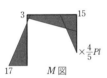

$M \boxtimes$

$\times \frac{4}{5}Pl$

2

$M_0 \boxtimes$

$M_1 \boxtimes$

$$u_{0a} = \frac{w}{4EI}\int_0^{2l} x^3\,dx + \frac{4wl^3}{EI}\int_0^{2l} dx + \frac{2wl}{EI}\int_0^l x(x+l)\,dx = \frac{32wl^4}{3EI}$$

$$u_{1a} = \frac{1}{2EI}\int_0^{2l} x^2\,dx + \frac{4l^2}{EI}\int_0^{2l} dx + \frac{1}{EI}\int_0^l (x+l)^2\,dx = \frac{35l^3}{3EI}$$

$$\frac{32wl^4}{3EI} + \frac{35l^3}{3EI}X = 0 \qquad X = -\frac{32}{35}wl$$

$$M(x) = -\frac{wx^2}{2} + \frac{32wl}{35}x$$

$$M'(x) = -wx + \frac{32}{35}wl = 0 \quad x = \frac{32}{35}l$$

$$M\left(\frac{32}{35}l\right) = \frac{1}{2}\left(\frac{32}{35}\right)^2 wl^2$$

$M \boxtimes$

$\times \frac{wl^2}{35}$

3

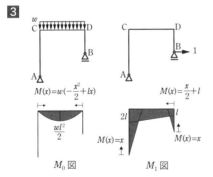

$M(x) = w\left(-\frac{x^2}{2} + lx\right)$

$M(x) = \frac{x}{2} + l$

$\frac{wl^2}{2}$

$M(x) = x$

$M(x) = x$

$M_0 \boxtimes$

$M_1 \boxtimes$

$$u_{0b} = -\frac{w}{4EI}\int_0^{2l} x(x-2l)(x+2l)\,dx = \frac{wl^4}{EI}$$

$$u_{1b} = \frac{1}{EI}\int_0^{2l} x^2\,dx + \frac{1}{4EI}\int_0^{2l}(x+2l)^2\,dx + \frac{1}{EI}\int_0^l x^2\,dx = \frac{23l^3}{3EI}$$

4

$M(x) = P\left(-\frac{x}{2} + 2l\right)$

$M(x) = -\frac{x}{2} + 2l$

$M(x) = \frac{x}{2} + l$

$M(x) = \frac{3Px}{2}$

$2Pl$

$\frac{3Pl}{2}$

$2l$

l

$M(x) = Px$

$M(x) = x$

$M(x) = x$

$M_0 \boxtimes$

$M_1 \boxtimes$

$$u_{0b} = \frac{P}{EI}\int_0^{2l} x^2\,dx + \frac{P}{4EI}\int_0^l (4l-x)^2\,dx + \frac{3P}{4EI}\int_0^l x(x+2l)\,dx$$

$$= \frac{27Pl^3}{4EI}$$

$$u_{1b} = \frac{1}{EI}\int_0^{2l} x^2\,dx + \frac{1}{4EI}\int_0^{2l}(x+2l)^2\,dx + \frac{1}{EI}\int_0^l x^2\,dx = \frac{23l^3}{3EI}$$

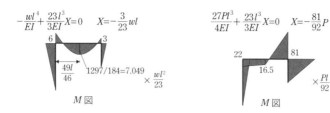

$$-\frac{wl^4}{EI}+\frac{23l^3}{3EI}X=0 \quad X=-\frac{3}{23}wl$$

$$\frac{27Pl^3}{4EI}+\frac{23l^3}{3EI}X=0 \quad X=-\frac{81}{92}P$$

$\frac{49l}{46}$ 1297/184=7.049 $\times\frac{wl^2}{23}$

M 図

22   81   16.5 $\times\frac{Pl}{92}$

M 図

6.2

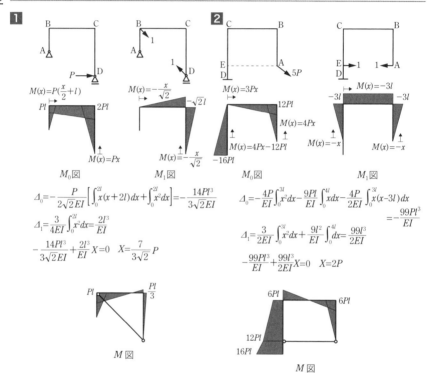

1

$M(x)=P(\frac{x}{2}+l)$

Pl $2Pl$ $M(x)=Px$

M_0図

$M(x)=-\frac{x}{\sqrt{2}}$ $-\sqrt{2}l$

$M(x)=-\frac{x}{\sqrt{2}}$

M_1図

$$\Delta_0=-\frac{P}{2\sqrt{2}EI}\left[\int_0^{2l}x(x+2l)\,dx+\int_0^{2l}x^2dx\right]=-\frac{14Pl^3}{3\sqrt{2}EI}$$

$$\Delta_1=\frac{3}{4EI}\int_0^{2l}x^2dx=\frac{2l^3}{EI}$$

$$-\frac{14Pl^3}{3\sqrt{2}EI}+\frac{2l^3}{EI}X=0 \quad X=\frac{7}{3\sqrt{2}}P$$

Pl $\frac{Pl}{3}$

M 図

2

$M(x)=3Px$

$12Pl$

$M(x)=4Px$

$M(x)=4Px-12Pl$

$-16Pl$

M_0図

$M(x)=-3l$

$-3l$ $-3l$

$M(x)=-x$ $M(x)=-x$

M_1図

$$\Delta_0=-\frac{4P}{EI}\int_0^{3l}x^2dx-\frac{9Pl}{EI}\int_0^{4l}xdx-\frac{4P}{2EI}\int_0^{3l}x(x-3l)\,dx=-\frac{99Pl^3}{EI}$$

$$\Delta_1=\frac{3}{2EI}\int_0^{3l}x^2dx+\frac{9l^2}{EI}\int_0^{4l}dx=\frac{99l^3}{2EI}$$

$$-\frac{99Pl^3}{EI}+\frac{99l^3}{2EI}X=0 \quad X=2P$$

$6Pl$ $6Pl$ $12Pl$ $16Pl$

M 図

3

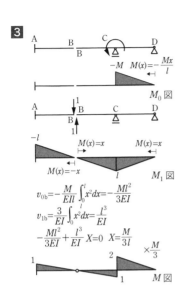

$$v_{0b}=-\frac{M}{EIl}\int_0^l x^2 dx=-\frac{Ml^2}{3EI}$$

$$v_{1b}=\frac{3}{EI}\int_0^l x^2 dx=\frac{l^3}{EI}$$

$$-\frac{Ml^2}{3EI}+\frac{l^3}{EI}X=0 \quad X=\frac{M}{3l}$$

4

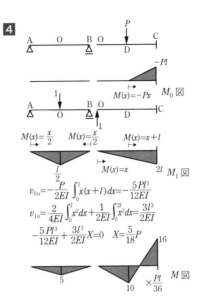

$$v_{0o}=-\frac{P}{2EI}\int_0^l x(x+l)dx=-\frac{5Pl^3}{12EI}$$

$$v_{1o}=\frac{2}{4EI}\int_0^l x^2 dx+\frac{1}{2EI}\int_0^{2l} x^2 dx=\frac{3l^3}{2EI}$$

$$-\frac{5Pl^3}{12EI}+\frac{3l^3}{2EI}X=0 \quad X=\frac{5}{18}P$$

6.3

1

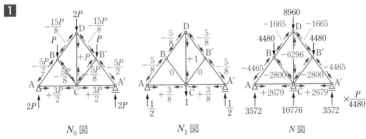

	N_0	N_1	l	N_0N_1l
AB	$-5P/2$	$-5/8$	$5l$	$125Pl/16$
AC	$+3P/2$	$+3/8$	$6l$	$54Pl/16$
BC	$-5P/8$	0	$5l$	0
BD	$-15P/8$	$-5/8$	$5l$	$375Pl/64$
CD	$+P$	$+1$	$8l$	$8Pl$
B'D	$-15P/8$	$-5/8$	$5l$	$375Pl/64$
B'C	$-5P/8$	0	$5l$	0
A'C	$+3P/2$	$+3/8$	$6l$	$54Pl/16$
A'B	$-5P/2$	$-5/8$	$5l$	$125Pl/16$
ΣN_0N_1l				$1347Pl/32$
			$\Delta_0=\frac{1347Pl}{32EA}$	

	N_1	N_1	l	N_1N_1l
AB	$-5/8$	$-5/8$	$5l$	$125l/64$
AC	$+3/8$	$+3/8$	$6l$	$54l/64$
BC	0	0	$5l$	0
BD	$-5/8$	$-5/8$	$5l$	$125l/64$
CD	$+1$	$+1$	$8l$	$8l$
B'D	$-5/8$	$-5/8$	$5l$	$125l/64$
B'C	0	0	$5l$	0
A'C	$+3/8$	$+3/8$	$6l$	$54l/64$
A'B	$-5/8$	$-5/8$	$5l$	$125l/64$
ΣN_1N_1l				$560l/32$
			$\Delta_1=\frac{560l}{32EA}$	

$$\frac{1347Pl}{32EA}+\frac{560l}{32EA}X=0 \quad X=-\frac{1347}{560}P$$

2

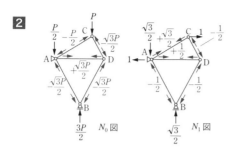

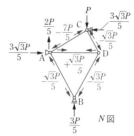

	N_0	N_1	l	N_0N_1l	N_0N_1l/EA
AB	$-\sqrt{3}P/2$	$-1/2$	$2l$	$+\sqrt{3}Pl/2$	$+\sqrt{3}/2(\times Pl/EA)$
AC	$-P/2$	$+\sqrt{3}/2$	$\sqrt{3}l$	$-3Pl/4$	$-\sqrt{3}/4$
AD	$+\sqrt{3}P/2$	$+1/2$	$2l$	$+\sqrt{3}Pl/2$	$+\sqrt{3}/2$
BD	$-\sqrt{3}P/2$	$-1/2$	$2l$	$+\sqrt{3}Pl/2$	$+\sqrt{3}/2$
CD	$-\sqrt{3}P/2$	$-1/2$	l	$+\sqrt{3}Pl/4$	$+\sqrt{3}/4$
		$\Sigma N_0N_1l/EA$			$3\sqrt{3}/2$

$$\Delta_0 = \frac{3\sqrt{3}Pl}{2EA}$$

	N_1	N_1	l	N_1N_1l	N_1N_1l/EA
AB	$-1/2$	$-1/2$	$2l$	$l/2$	$l/2(\times l/EA)$
AC	$+\sqrt{3}/2$	$+\sqrt{3}/2$	$\sqrt{3}l$	$3\sqrt{3}l/4$	$3l/4$
AD	$+1/2$	$+1/2$	$2l$	$l/2$	$l/2$
BD	$-1/2$	$-1/2$	$2l$	$l/2$	$l/2$
CD	$-1/2$	$-1/2$	l	$l/4$	$l/4$
		$\Sigma N_1N_1l/EA$			$5l/2$

$$\Delta_1 = \frac{5l}{2EA}$$

$$\frac{3\sqrt{3}Pl}{2EA} + \frac{5l}{2EA}X = 0 \quad X = -\frac{3\sqrt{3}}{5}P$$

3

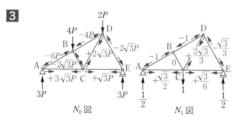

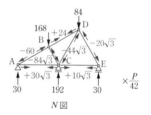

	N_0	N_1	l	N_0N_1l	N_0N_1l/EA
AB	$-6P$	-1	$2\sqrt{3}l$	$12\sqrt{3}Pl$	$12(\times Pl/EA)$
AC	$+3\sqrt{3}P$	$+\sqrt{3}/2$	$4l$	$18Pl$	18
BC	$-2\sqrt{3}P$	0	$2l$	0	0
BD	$-4P$	-1	$2\sqrt{3}l$	$8\sqrt{3}Pl$	8
CD	$+2\sqrt{3}P$	$+2\sqrt{3}/3$	$4l$	$16Pl$	16
CE	$+\sqrt{3}P$	$+\sqrt{3}/6$	$4l$	$2Pl$	2
DE	$-2\sqrt{3}P$	$-\sqrt{3}/3$	$4l$	$8Pl$	8
		$\Sigma N_0N_1l/EA$			64

$$\Delta_0 = \frac{64Pl}{EA}$$

	N_1	N_1	l	N_1N_1l	N_1N_1l/EA
AB	-1	-1	$2\sqrt{3}l$	$2\sqrt{3}l$	$2(\times l/EA)$
AC	$+\sqrt{3}/2$	$+\sqrt{3}/2$	$4l$	$3l$	3
BC	0	0	$2l$	0	0
BD	-1	-1	$2\sqrt{3}l$	$2\sqrt{3}l$	2
CD	$+2\sqrt{3}/3$	$+2\sqrt{3}/3$	$4l$	$16l/3$	$16/3$
CE	$+\sqrt{3}/6$	$+\sqrt{3}/6$	$4l$	$l/3$	$1/3$
DE	$-\sqrt{3}/3$	$-\sqrt{3}/3$	$4l$	$4l/3$	$4/3$
		$\Sigma N_1N_1l/EA$			14

$$\Delta_1 = \frac{14l}{EA}$$

$$\frac{64Pl}{EA} + \frac{14l}{EA}X = 0 \quad X = -\frac{32}{7}P$$

4

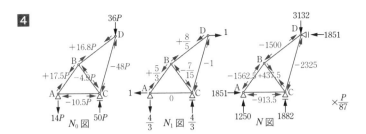

	N_0	N_1	l	N_0N_1l	N_0N_1l/EA
AB	+17.5P	+5/3	3l	87.5Pl	87.5(×Pl/EA)
AC	−10.5P	0	3.6l	0	0
BC	−4.9P	−7/15	3l	6.86Pl	6.86
BD	+16.8P	+8/5	4l	107.52Pl	35.84
CD	−48P	−1	5l	240Pl	240
	$\Sigma N_0N_1l/EA$				370.2
				$\Delta_0 = \dfrac{370.2Pl}{EA}$	

	N_1	N_1	l	N_1N_1l	N_1N_1l/EA
AB	+5/3	+5/3	3l	25l/3	25/3(×l/EA)
AC	0	0	3.6l	0	0
BC	−7/15	−7/15	3l	49l/75	49/75
BD	+8/5	+8/5	4l	256l/25	256/75
CD	−1	−1	5l	5l	5
	$\Sigma N_1N_1l/EA$				87/5
				$\Delta_1 = \dfrac{87l}{5EA}$	

$$\frac{370.2Pl}{EA} + \frac{87l}{5EA}X = 0 \quad X = -\frac{617}{29}P$$

6.4

1

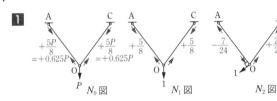 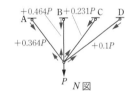

	N_0	N_1	l	N_0N_1l
OA	+5P/8	+5/8	5l	125Pl/64
OC	+5P/8	+5/8	5l	125Pl/64
	ΣN_0N_1l			250Pl/64
			$\Delta_{01} = \dfrac{250Pl}{64EA}$	

	N_1	N_1	l	N_1N_1l
OA	+5/8	+5/8	5l	125l/64
OC	+5/8	+5/8	5l	125l/64
	ΣN_1N_1l			250l/64
			$\Delta_{11} = \dfrac{250l}{64EA}$	

	N_1	N_2	l	N_1N_2l
OA	+5/8	−7/24	5l	−175l/192
OC	+5/8	+25/24	5l	625l/192
	ΣN_1N_2l			450l/192
			$\Delta_{12}=\Delta_{21} = \dfrac{450l}{192EA}$	

	N_0	N_2	l	N_0N_2l
OA	+5P/8	−7/24	5l	−175Pl/192
OC	+5P/8	+25/24	5l	625Pl/192
	ΣN_0N_2l			450Pl/192
			$\Delta_{02} = \dfrac{450Pl}{192EA}$	

	N_2	N_2	l	N_2N_2l
OA	−7/24	−7/24	5l	245l/576
OC	+25/24	+25/24	5l	3125l/576
	ΣN_2N_2l			1685l/288
			$\Delta_{22} = \dfrac{1685l}{288EA}$	

$$\frac{250Pl}{64EA} + \left(\frac{250l}{64EA} + \frac{4l}{EA}\right)X_1 + \frac{450l}{192EA}X_2 = 0 \quad X_1 = -\frac{625}{1346}P = -0.464P$$

$$\frac{450Pl}{192EA} + \frac{450l}{192EA}X_1 + \left(\frac{1685l}{288EA} + \frac{20l}{3EA}\right)X_2 = 0 \quad X_2 = -\frac{135}{1346}P = -0.100P$$

2

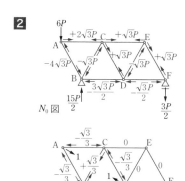

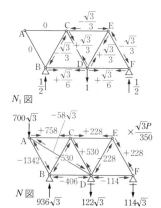

	N_0	N_1	l	$N_0 N_1 l$
AB	$-4\sqrt{3}P$	0	$2l$	0
AC	$+2\sqrt{3}P$	0	$2l$	0
BC	$-\sqrt{3}P$	$-\sqrt{3}/3$	$2l$	$2Pl$
BD	$-3\sqrt{3}P/2$	$+\sqrt{3}/6$	$2l$	$-3Pl/2$
CD	$+\sqrt{3}P$	$+\sqrt{3}/3$	$2l$	$2Pl$
CE	$+\sqrt{3}P$	$-\sqrt{3}/3$	$2l$	$-2Pl$
DE	$-\sqrt{3}P$	$+\sqrt{3}/3$	$2l$	$-2Pl$
DF	$-\sqrt{3}P/2$	$+\sqrt{3}/6$	$2l$	$-Pl/2$
EF	$+\sqrt{3}P$	$-\sqrt{3}/3$	$2l$	$-2Pl$
	$\Sigma N_0 N_1 l$			$-4Pl$

$$\Delta_{01} = -\frac{4Pl}{EA}$$

	N_1	N_1	l	$N_1 N_1 l$
AB	0	0	$2l$	0
AC	0	0	$2l$	0
BC	$-\sqrt{3}/3$	$-\sqrt{3}/3$	$2l$	$2l/3$
BD	$+\sqrt{3}/6$	$+\sqrt{3}/6$	$2l$	$l/6$
CD	$+\sqrt{3}/3$	$+\sqrt{3}/3$	$2l$	$2l/3$
CE	$-\sqrt{3}/3$	$-\sqrt{3}/3$	$2l$	$2l/3$
DE	$+\sqrt{3}/3$	$+\sqrt{3}/3$	$2l$	$2l/3$
DF	$+\sqrt{3}/6$	$+\sqrt{3}/6$	$2l$	$l/6$
EF	$-\sqrt{3}/3$	$-\sqrt{3}/3$	$2l$	$2l/3$
	$\Sigma N_1 N_1 l$			$11l/3$

$$\Delta_{11} = \frac{11l}{3EA}$$

	N_1	N_2	l	$N_1 N_2 l$
AB	0	$-\sqrt{3}/3$	$2l$	0
AC	0	$-\sqrt{3}/3$	$2l$	0
BC	$-\sqrt{3}/3$	$+\sqrt{3}/3$	$2l$	$2l/3$
BD	$+\sqrt{3}/6$	$-\sqrt{3}/3$	$2l$	$-l/3$
CD	$+\sqrt{3}/3$	$-\sqrt{3}/3$	$2l$	$-2l/3$
CE	$-\sqrt{3}/3$	0	$2l$	0
DE	$+\sqrt{3}/3$	0	$2l$	0
DF	$+\sqrt{3}/6$	0	$2l$	0
EF	$-\sqrt{3}/3$	0	$2l$	0
	$\Sigma N_1 N_2 l$			$-l/3$

$$\Delta_{12} = \Delta_{21} = -\frac{l}{3EA}$$

	N_0	N_2	l	$N_0 N_2 l$
AB	$-4\sqrt{3}P$	$-\sqrt{3}/3$	$2l$	$8Pl$
AC	$+2\sqrt{3}P$	$-\sqrt{3}/3$	$2l$	$-4Pl$
BC	$-\sqrt{3}P$	$+\sqrt{3}/3$	$2l$	$-2Pl$
BD	$-3\sqrt{3}P/2$	$-\sqrt{3}/3$	$2l$	$3Pl$
CD	$+\sqrt{3}P$	$-\sqrt{3}/3$	$2l$	$-2Pl$
CE	$+\sqrt{3}P$	0	$2l$	0
DE	$-\sqrt{3}P$	0	$2l$	0
DF	$-\sqrt{3}P/2$	0	$2l$	0
EF	$+\sqrt{3}P$	0	$2l$	0
	$\Sigma N_0 N_2 l$			$3Pl$

$$\Delta_{02} = \frac{3Pl}{EA}$$

	N_2	N_2	l	$N_2 N_2 l$
AB	$-\sqrt{3}/3$	$-\sqrt{3}/3$	$2l$	$2l/3$
AC	$-\sqrt{3}/3$	$-\sqrt{3}/3$	$2l$	$2l/3$
BC	$+\sqrt{3}/3$	$+\sqrt{3}/3$	$2l$	$2l/3$
BD	$-\sqrt{3}/3$	$-\sqrt{3}/3$	$2l$	$2l/3$
CD	$-\sqrt{3}/3$	$-\sqrt{3}/3$	$2l$	$2l/3$
CE	0	0	$2l$	0
DE	0	0	$2l$	0
DF	0	0	$2l$	0
EF	0	0	$2l$	0
	$\Sigma N_2 N_2 l$			$10l/3$

$$\Delta_{22} = \frac{10l}{3EA}$$

$$-\frac{4Pl}{EA} + \frac{11l}{3EA}X_1 - \frac{l}{3EA}X_2 = 0$$

$$\frac{3Pl}{EA} - \frac{l}{3EA}X_1 + \left(\frac{10l}{3EA} + \frac{2\sqrt{3}l}{\sqrt{3}EA}\right)X_2 = 0$$

$$X_1 = \frac{183}{175}P \quad X_2 = -\frac{87}{175}P$$

7.1

1

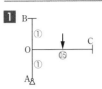

$M_{AO}=0$

$M_{OA}+M_{OB}+M_{OC}=0$

$$\begin{bmatrix} 4 & 2 \\ 2 & 10 \end{bmatrix}\begin{Bmatrix} \theta_A \\ \theta_O \end{Bmatrix}=\begin{Bmatrix} 0 \\ 1 \end{Bmatrix}\frac{Pl}{4EK_0}$$

$\theta_A=-\dfrac{Pl}{72EK_0}$

$\theta_O=\dfrac{2Pl}{72EK_0}$

M図　$\times\dfrac{Pl}{72}$

2

$M_{BA}+M_{BC}+M_{BD}=0$

$M_{CB}+M_{CE}=Pl$

$$\begin{bmatrix} 16 & 2 \\ 2 & 8 \end{bmatrix}\begin{Bmatrix} \theta_B \\ \theta_C \end{Bmatrix}=\begin{Bmatrix} 1 \\ 4 \end{Bmatrix}\frac{Pl}{4EK_0}$$

$\theta_B=0$

$\theta_C=\dfrac{Pl}{8EK_0}$

M図　$\times\dfrac{Pl}{4}$

3

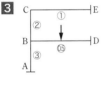

$M_{BA}+M_{BC}+M_{BD}=0$

$M_{CB}+M_{CE}=0$

$$\begin{bmatrix} 22 & 4 \\ 4 & 12 \end{bmatrix}\begin{Bmatrix} \theta_B \\ \theta_C \end{Bmatrix}=\begin{Bmatrix} 1 \\ 0 \end{Bmatrix}\frac{Pl}{4EK_0}$$

$\theta_B=\dfrac{3Pl}{248EK_0}$

$\theta_C=-\dfrac{Pl}{248EK_0}$

M図　$\times\dfrac{Pl}{248}$

4

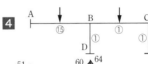

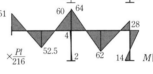

$\times\dfrac{Pl}{216}$　　M図

$M_{BA}+M_{BC}+M_{BD}=0$

$M_{CB}+M_{CE}=0$

$$\begin{bmatrix} 14 & 2 \\ 2 & 8 \end{bmatrix}\begin{Bmatrix} \theta_B \\ \theta_C \end{Bmatrix}=\begin{Bmatrix} 0 \\ -1 \end{Bmatrix}\frac{Pl}{4EK_0}$$

$\theta_B=\dfrac{Pl}{216EK_0}$

$\theta_C=-\dfrac{7Pl}{216EK_0}$

7.2

1

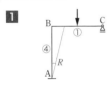

$\times\dfrac{Pl}{28}$　M図

$M_{BA}+M_{BC}=0$

$M_{CB}=0$

$-\dfrac{M_{AB}+M_{BA}}{l}=0$

$$\begin{bmatrix} 20 & 2 & -24 \\ 2 & 4 & 0 \\ -24 & 0 & 48 \end{bmatrix}\begin{Bmatrix} \theta_B \\ \theta_C \\ R \end{Bmatrix}=\begin{Bmatrix} 1 \\ -1 \\ 0 \end{Bmatrix}\frac{Pl}{8EK_0}$$

$\theta_B=\dfrac{6Pl}{224EK_0}$

$\theta_C=-\dfrac{10Pl}{224EK_0}$

$R=\dfrac{3Pl}{224EK_0}$

2

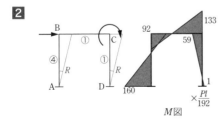

$\times\dfrac{Pl}{192}$　M図

$M_{BA}+M_{BC}=0$

$M_{CB}+M_{CD}=Pl$

$-\dfrac{M_{AB}+M_{BA}}{l}-\dfrac{M_{CD}+M_{DC}}{l}=P$

$$\begin{bmatrix} 20 & 2 & -24 \\ 2 & 8 & -6 \\ -24 & -6 & 60 \end{bmatrix}\begin{Bmatrix} \theta_B \\ \theta_C \\ R \end{Bmatrix}=\begin{Bmatrix} 0 \\ 1 \\ 1 \end{Bmatrix}\frac{Pl}{EK_0}$$

$\theta_B=\dfrac{17Pl}{384EK_0}$

$\theta_C=\dfrac{58Pl}{384EK_0}$

$R=\dfrac{19Pl}{384EK_0}$

6章　7章

3

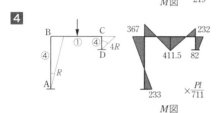

$M_{BA}+M_{BC}=0$

$M_{CB}+M_{CD}=0$

$-\dfrac{M_{AB}+M_{BA}}{l}-\dfrac{M_{CD}+M_{DC}}{2l}=P$

$46 \quad 35 \quad 122 \quad 67$

M図 $\quad\times\dfrac{Pl}{219}$

$\begin{bmatrix} 10 & 1 & -24 \\ 1 & 10 & -12 \\ -24 & -12 & 120 \end{bmatrix}\begin{Bmatrix}\theta_B\\\theta_C\\R\end{Bmatrix}=\begin{Bmatrix}0\\0\\2\end{Bmatrix}\dfrac{Pl}{EK_0}$

$\theta_B=\dfrac{76Pl}{876EK_0}$

$\theta_C=\dfrac{32Pl}{876EK_0}$

$R=\dfrac{33Pl}{876EK_0}$

4

$367 \quad 232 \quad 411.5 \quad 82 \quad 233$

M図 $\quad\times\dfrac{Pl}{711}$

$M_{BA}+M_{BC}=0$

$M_{CB}+M_{CD}=0$

$-\dfrac{M_{AB}+M_{BA}}{4l}-\dfrac{M_{CD}+M_{DC}}{l}=0$

$\begin{bmatrix} 20 & 2 & -24 \\ 2 & 20 & -96 \\ -24 & -96 & 816 \end{bmatrix}\begin{Bmatrix}\theta_B\\\theta_C\\R\end{Bmatrix}=\begin{Bmatrix}1\\-1\\0\end{Bmatrix}\dfrac{Pl}{2EK_0}$

$\theta_B=\dfrac{134Pl}{5688EK_0}$

$\theta_C=-\dfrac{314Pl}{5688EK_0}$

$R=-\dfrac{33Pl}{5688EK_0}$

7.3

1

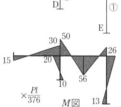

$EK_0\begin{bmatrix} 12 & 6 & 0 & 0 & 0 \\ 6 & 24 & 2 & 4 & 0 \\ 0 & 2 & 8 & 0 & 2 \\ 0 & 4 & 0 & 8 & 0 \\ 0 & 0 & 2 & 0 & 4 \end{bmatrix}\begin{Bmatrix}0\\\theta_B\\\theta_C\\0\\0\end{Bmatrix}=\begin{Bmatrix}M_{AB}\\Pl/8\\-Pl/8\\M_{DB}\\M_{EC}\end{Bmatrix}$

$30 \quad 50 \quad 15 \quad 20 \quad 10 \quad 56 \quad 26 \quad 13$

$\times\dfrac{Pl}{376} \quad M$図

$\begin{bmatrix} 24 & 2 \\ 2 & 8 \end{bmatrix}\begin{Bmatrix}\theta_B\\\theta_C\end{Bmatrix}=\begin{Bmatrix}1\\-1\end{Bmatrix}\dfrac{Pl}{8EK_0}$

$\theta_B=\dfrac{5Pl}{752EK_0}$

$\theta_C=-\dfrac{13Pl}{752EK_0}$

2

$EK_0\begin{bmatrix} 16 & 4 & 0 & 4 & 0 \\ 4 & 20 & 2 & 0 & 4 \\ 0 & 2 & 4 & 0 & 0 \\ 4 & 0 & 0 & 8 & 0 \\ 0 & 4 & 0 & 0 & 8 \end{bmatrix}\begin{Bmatrix}\theta_A\\\theta_B\\\theta_C\\0\\0\end{Bmatrix}=\begin{Bmatrix}Pl/4\\0\\-Pl/4\\M_{DA}\\M_{EB}\end{Bmatrix}$

$97 \quad 105 \quad 34 \quad 8 \quad 78.5 \quad 91.5 \quad 17 \quad 4$

$\times\dfrac{Pl}{288} \quad M$図

$\begin{bmatrix} 16 & 4 & 0 \\ 4 & 20 & 2 \\ 0 & 2 & 4 \end{bmatrix}\begin{Bmatrix}\theta_A\\\theta_B\\\theta_C\end{Bmatrix}=\begin{Bmatrix}1\\0\\-1\end{Bmatrix}\dfrac{Pl}{4EK_0}$

$\theta_A=\dfrac{17Pl}{1152EK_0}$

$\theta_B=\dfrac{4Pl}{1152EK_0}$

$\theta_C=-\dfrac{74Pl}{1152EK_0}$

3

$EK_0\begin{bmatrix} 12 & 2 & 0 & 4 & 0 \\ 2 & 20 & 4 & 0 & 4 \\ 0 & 4 & 8 & 0 & 0 \\ 4 & 0 & 0 & 8 & 0 \\ 0 & 4 & 0 & 0 & 8 \end{bmatrix}\begin{Bmatrix}\theta_A\\\theta_B\\\theta_C\\0\\0\end{Bmatrix}=\begin{Bmatrix}Pl/4\\-Pl/4\\0\\M_{DA}\\M_{EB}\end{Bmatrix}$

$40 \quad 49 \quad 21 \quad 28 \quad 20 \quad 61.5 \quad 14$

$\times\dfrac{Pl}{212} \quad M$図

$\begin{bmatrix} 12 & 2 & 0 \\ 2 & 20 & 4 \\ 0 & 4 & 8 \end{bmatrix}\begin{Bmatrix}\theta_A\\\theta_B\\\theta_C\end{Bmatrix}=\begin{Bmatrix}1\\-1\\0\end{Bmatrix}\dfrac{Pl}{4EK_0}$

$\theta_A=\dfrac{20Pl}{848EK_0}$

$\theta_B=-\dfrac{14Pl}{848EK_0}$

$\theta_C=\dfrac{7Pl}{848EK_0}$

4

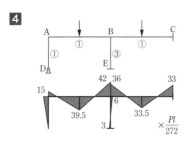

$$EK_0 \begin{bmatrix} 8 & 2 & 0 & 2 & 0 \\ 2 & 20 & 2 & 0 & 6 \\ 0 & 2 & 4 & 0 & 0 \\ 2 & 0 & 0 & 4 & 0 \\ 0 & 6 & 0 & 0 & 12 \end{bmatrix} \begin{Bmatrix} \theta_A \\ \theta_B \\ 0 \\ \theta_D \\ 0 \end{Bmatrix} = \begin{Bmatrix} Pl/8 \\ 0 \\ M_{CB}-Pl/8 \\ 0 \\ M_{EB} \end{Bmatrix}$$

$$\begin{bmatrix} 8 & 2 & 2 \\ 2 & 20 & 0 \\ 2 & 0 & 4 \end{bmatrix} \begin{Bmatrix} \theta_A \\ \theta_B \\ \theta_D \end{Bmatrix} = \begin{Bmatrix} 1 \\ 0 \\ 0 \end{Bmatrix} \frac{Pl}{8EK_0}$$

$$\theta_A = \frac{10Pl}{544EK_0}$$
$$\theta_B = -\frac{Pl}{544EK_0}$$
$$\theta_D = -\frac{5Pl}{544EK_0}$$

7.4

1

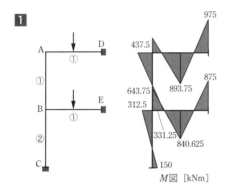

M図　[kNm]

	AB	AD		DA
DF	0.5	0.5		–
FEM	0	−800	800	800
D_1	400	400		0
C_1	100	0	−100	200
D_2	−50	−50		0
C_2	−25	0	25	−25
D_3	12.5	12.5		0
Σ	437.5	−437.5		975

	BC	BA	BE		EB
DF	0.5	0.25	0.25		–
FEM	0	0	−800	800	800
D_1	400	200	200		0
C_1	0	200	0	−200	100
D_2	−100	−50	−50		0
C_2	0	−25	0	25	−25
D_3	12.5	6.25	6.25		0
Σ	312.5	331.25	−643.75		875

	CB
C_1	200
C_2	−50
Σ	150

2

	AB	AE		EA
DF	0.8	0.2		–
FEM	0	−1000	1000	1000
D_1	800	200		0
C_1	−125	0	125	100
D_2	100	25		0
C_2	−50	0	50	12.5
D_3	40	10		0
Σ	765	−765		1112.5

	DB	BD	BC	BA	BF		FB
DF	–	0.125	0.375	0.25	0.25		–
FEM	−1000	1000	0	0	0	−1000	0
D_1	0	−125	−375	−250	−250		0
C_1	−62.5	0	400	0	0	−400	−125
D_2	0	−50	−150	−100	−100		0
C_2	−25	0	0	50	0	−50	−50
D_3	0	−6.25	−18.75	−12.5	−12.5		0
Σ	−1087.5	818.75	−543.75	87.5	−362.5		−175

	CB
C_1	−187.5
C_2	−75
Σ	−262.5

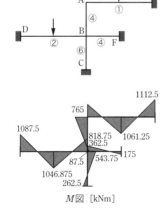

M図　[kNm]

1

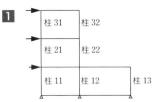

柱31：$\bar{k}=\dfrac{2+3}{2\times2}=1.25$　　柱32：$\bar{k}=\dfrac{2+3}{2\times3}=0.833$

　　　$a=\dfrac{1.25}{2+1.25}=0.385$　　　　$a=\dfrac{0.833}{2+0.833}=0.294$

　　　$D_{31}=0.385\times2=0.769$　　$D_{32}=0.294\times3=0.882$　　　　$\Sigma D_3=0.769+0.882=1.651$

柱21：$\bar{k}=\dfrac{3+3}{2\times2}=1.5$　　柱22：$\bar{k}=\dfrac{3+3+2}{2\times3}=1.333$

　　　$a=\dfrac{1.5}{2+1.5}=0.429$　　　$a=\dfrac{1.333}{2+1.333}=0.4$

　　　$D_{21}=0.429\times2=0.857$　　$D_{22}=0.4\times3=1.2$　　　　$\Sigma D_2=0.857+1.2=2.057$

柱11：$\bar{k}=\dfrac{3+3}{2\times4}=0.75$　　柱12：$\bar{k}=\dfrac{3+2+3+2}{2\times5}=1.0$　　柱13：$\bar{k}=\dfrac{2+2}{2\times3}=0.667$

　　　$a=\dfrac{0.75}{2+0.75}=0.273$　　　$a=\dfrac{1.0}{2+1.0}=0.333$　　　　$a=\dfrac{0.667}{1+0.667}=0.4$

　　　$D_{11}=0.273\times4=1.091$　　$D_{12}=0.333\times5=1.667$　　　$D_{13}=0.4\times3=1.2$

　　　　　　　　　　　　　　　　　　　　　$\Sigma D_1=1.091+1.667+1.2=3.958$

1層：$Q_{11}=\dfrac{1.091}{3.958}\times160=44.1\text{kN}$　　　　2層：$Q_{21}=\dfrac{0.857}{2.057}\times120=50.0\text{kN}$

　　　$Q_{12}=\dfrac{1.667}{3.958}\times160=67.4\text{kN}$　　　　　　$Q_{22}=\dfrac{1.2}{2.057}\times120=70.0\text{kN}$

　　　$Q_{13}=\dfrac{1.2}{3.958}\times160=48.5\text{kN}$　　　　　3層：$Q_{31}=\dfrac{0.769}{1.651}\times70=32.6\text{kN}$

　　　　　　　　　　　　　　　　　　　　　　　　$Q_{32}=\dfrac{0.882}{1.651}\times70=37.4\text{kN}$

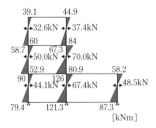

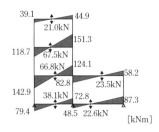

M図

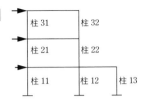

2

柱31：$\bar{k}=\dfrac{2+3}{2\times3}=0.833$　　柱32：$\bar{k}=\dfrac{2+3}{2\times2}=1.25$

$\qquad a=\dfrac{0.833}{2+0.833}=0.294$　　　$a=\dfrac{1.25}{2+1.25}=0.385$

$\qquad D_{31}=0.294\times3=0.882$　　$D_{32}=0.385\times2=0.769$　　$\Sigma D_3=0.882+0.769=1.651$

柱21：$\bar{k}=\dfrac{3+3}{2\times3}=1.0$　　柱22：$\bar{k}=\dfrac{3+3+2}{2\times2}=2.0$

$\qquad a=\dfrac{1.0}{2+1.0}=0.333$　　　$a=\dfrac{2.0}{2+2.0}=0.5$

$\qquad D_{21}=0.333\times3=1.0$　　$D_{22}=0.5\times2=1.0$　　　$\Sigma D_2=1.0+1.0=2.0$

柱11：$\bar{k}=\dfrac{3}{4}=0.75$　　柱12：$\bar{k}=\dfrac{3+2}{5}=1.0$　　柱13：$\bar{k}=\dfrac{2}{3}=0.667$

$\quad a=\dfrac{0.5+0.75}{2+0.75}=0.455$　　$a=\dfrac{0.5+1.0}{2+1.0}=0.5$　　$a=\dfrac{0.5+0.667}{2+0.667}=0.438$

$\quad D_{11}=0.455\times4=1.818$　　$D_{12}=0.5\times5=2.5$　　$D_{13}=0.438\times3=1.313$

$\qquad\qquad\qquad\qquad\qquad\qquad\Sigma D_1=1.818+2.5+1.313=5.631$

1層：$Q_{11}=\dfrac{1.818}{5.631}\times130=42.0\mathrm{kN}$　　2層：$Q_{21}=\dfrac{1.0}{2.0}\times100=50.0\mathrm{kN}$

$\qquad Q_{12}=\dfrac{2.5}{5.631}\times130=57.7\mathrm{kN}$　　　$Q_{22}=\dfrac{1.0}{2.0}\times100=50.0\mathrm{kN}$

$\qquad Q_{13}=\dfrac{1.313}{5.631}\times130=30.3\mathrm{kN}$　　3層：$Q_{31}=\dfrac{0.882}{1.651}\times70=37.4\mathrm{kN}$

$\qquad\qquad\qquad\qquad\qquad\qquad\qquad Q_{32}=\dfrac{0.769}{1.651}\times70=32.6\mathrm{kN}$

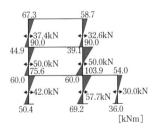 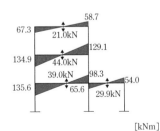

*M*図

8.1

$$(1) P_k = \frac{\pi^2 E(2I)}{l^2} = 2 \times \frac{\pi^2 EI}{l^2} = 2P$$

$$(2) P_k = \frac{\pi^2 E(3I)}{(2l)^2} = 0.75 \times \frac{\pi^2 EI}{l^2} = 0.75P$$

$$(3) P_k = \frac{\pi^2 EI}{(0.5l)^2} = 4 \times \frac{\pi^2 EI}{l^2} = 4P$$

8.2

1

$A = \pi r^2 = 3.14 \times 10^2 = 314 \text{mm}^2$

$P_y = \sigma_y \times A = 180 \times 314 = 56.5 \text{kN}$

$\varepsilon_y = \dfrac{\sigma_y}{E} = \dfrac{180}{2.0 \times 10^5} = 0.9 \times 10^{-3}$

$\Delta l_y = \varepsilon_y \times l_k = 0.9 \times 10^{-3} \times 1000 = 0.9 \text{mm}$

2

$I = \dfrac{\pi d^4}{4} = \dfrac{3.14 \times 10^4}{4} = 7850 \text{mm}^4$

$P_k = \dfrac{\pi^2 EI}{l_k^2} = \dfrac{3.14^2 \times 2.0 \times 10^5 \times 7850}{1000^2} = 15.5 \text{kN}$

$\sigma_k = \dfrac{P_k}{A} = \dfrac{15.5 \times 10^3}{314} = 49.3 \text{N/mm}^2$

$\varepsilon_k = \dfrac{\sigma_k}{E} = \dfrac{49.3}{2.0 \times 10^5} = 2.46 \times 10^{-4}$

$\Delta l_y = \varepsilon_y \times l_k = 2.46 \times 10^{-4} \times 1000 = 0.246 \text{mm}$

3

$i = \sqrt{\dfrac{I}{A}} = \sqrt{\dfrac{7850}{314}} = 5 \text{mm}$

$\lambda = \dfrac{l_k}{i} = \dfrac{1000}{5} = 200$

$\sigma_k = \dfrac{\pi^2 E}{\lambda^2} = \dfrac{3.14^2 \times 2.0 \times 10^5}{200^2} = 49.3 \text{N/mm}^2$

9.1

$P = \dfrac{E_A A_A + E_B A_B}{l} \Delta l = 2.8 \times 10^6 \times \Delta l$

$\varepsilon_{Ay} = \dfrac{40}{2 \times 10^4} = 2.0 \times 10^{-3}$

$\Delta l_{Ay} = 2.0 \times 10^{-3} \times 500 = 1.0 \text{mm}$

$P_{Ay} = 2.8 \times 10^6 \times 1.0 = 2800 \text{kN}$

$P = \dfrac{E_B A_B (\Delta l - \Delta l_{Ay})}{l} + P_{Ay} = 1.2 \times 10^6 \times (\Delta l - 1.0) + 2.8 \times 10^6$

$\varepsilon_{By} = \dfrac{90}{3 \times 10^4} = 3.0 \times 10^{-3}$

$\Delta l_{By} = 3.0 \times 10^{-3} \times 500 = 1.5 \text{mm}$

$P_{By} = 1.2 \times 10^6 \times (1.5 - 1.0) + 2.8 \times 10^6 = 3400 \text{kN}$

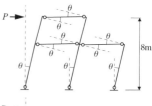

9.2

1

$M_p = \dfrac{120 \times 250^2}{4} \times 300 = 562.5 \text{kNm}$

$W = P \times 8\theta = 8P\theta$

$U = 4 \times M_p \theta + 2 \times 2 M_p \theta + (2M_p + 2 \times 3M_p) \times \theta = 16 M_p \theta$

$W = U \quad 8P\theta = 16 M_p \theta$

$P = 2 M_p = 2 \times 562.5 = 1125 \text{kN}$

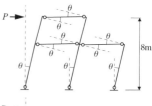

2

$W = P \times 5\theta = 5P\theta$

$U = M_p(\theta + 2\theta) + 2M_p(\theta + 2\theta) + 2 \times 2M_p \theta$
$+ (2M_p + 4M_p) \times 2\theta + 3M_p \theta = 28 M_p \theta$

$W = U \quad 5P\theta = 28 M_p \theta$

$P = \dfrac{28 M_p}{5} = \dfrac{28 \times 562.5}{5} = 3150 \text{kN}$

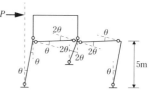